# LOUCURA LÚCIDA

ENCADERNAÇÃO **LABORATÓRIO GRÁFICO ARTE E LETRA**

CAPA E ILUSTRAÇÃO **FERNANDA FANTIN**

© 2024, EDITORA ARTE & LETRA

---

M 386
MARTIRANI, MARIA CÉLIA
LOUCURA LÚCIDA / MARIA CÉLIA MARTIRANI. – CURITIBA : ARTE & LETRA, 2024.

224 P.

ISBN 978-65-87603-70-4

1. CRÍTICA LITERÁRIA    I. TÍTULO

CDD   808.84

---

ÍNDICE PARA CATÁLOGO SISTEMÁTICO:
1. CRÍTICA LITERÁRIA    808.84
CATALOGAÇÃO NA FONTE
BIBLIOTECÁRIA RESPONSÁVEL: ANA LÚCIA MEREGE - CRB-7 4667 CO863

**ARTE & LETRA EDITORA**
Curitiba - PR - Brasil / CEP: 80420-180
Fone: (41) 3223-5302
www.arteeletra.com.br | contato@arteeletra.com.br | @arteeletra

MARIA CÉLIA MARTIRANI

# LOUCURA LÚCIDA

curitiba-pr
2024

# PREFÁCIO
## A alma de Maria Célia e as formas da Literatura[1]

Claudio Magris

Uma tradição hebraica diz que o mundo continua a existir e a se manter, sem se romper, nem se destruir na desordem, na violência e no absurdo que o compõem – graças a trinta e seis Justos, de quem não se conhecem os nomes, nem se sabe onde vivem, mas cuja humanidade representa, de certo modo, o contraponto necessário à injustiça do mundo e da História. Além do mais, é notório que o Senhor prometera a Abraão não destruir Sodoma, desde que tivesse lá encontrado apenas dez desses Justos.

A literatura, universo fascinante e impuro de beleza, mentira, amor, cinismo, profecia, egocentrismo, com as suas cordas, que tocam o bem e o mal da vida, sendo-lhe a imagem mais autêntica, ora sedutora, ora impiedosa, também talvez não existisse, sem a presença de almas e inteligências não menos justas do que as daqueles trinta e seis desconhecidos.

Maria Célia Martirani é uma dessas almas e inteligências justas, dotada de um grande e profundo conhecimento da literatura, desvelando-a numa mediação genial e amorosa. Salvando-a - se salvação significa - para cada realidade criada pelo homem, não morrer com quem a criou nem com a matéria da qual é constituída, mas sobreviver, transformando-se no tempo, plenamente fiel a si mesma, entrando no coração dos homens, tornando-se necessária à sua existência.

O que distingue a obra ousada e generosa de Maria Célia Martirani é a copresença de amor e inteligência; de compreensão histórica e cultural da literatura dos mais variados países, enriquecida por um conhecimento preciso e profundo e por uma crítica tão abrangente, que não deixa de lado os textos menos conhecidos além de aderir, com paixão, aos já consagrados que, graças também a ela, nutrem tantos outros ou, pelo menos, os nutrem melhor.

Não por acaso, Maria Célia é uma grande tradutora. Eu mesmo tive a sorte e o privilégio de ter sido traduzido por ela, de ter me tornado, também graças a ela, um autor brasileiro; de ter encontrado, graças

---

[1] Tradução de Maria Célia Martirani do Prefácio: "L'anima di Maria Célia e le forme della letteratura" de Claudio Magris (In: MARTIRANI, Maria Célia. *Lucida follia: saggi di letteratura dal boom ispanico ad Alessandro Baricco – premessa di Claudio Magris*. Firenze: Franco Cesati Editore, 2016)

a ela, leitores, intérpretes, novos grandes amigos que, de outra forma, não me teriam encontrado e que eu não teria encontrado. O tradutor é, sob qualquer ponto de vista, um coautor; alguém que sabe unir a fidelidade e a dedicação ao outro, ao texto que traduz, com a própria personalidade; que o recria com fidelidade e originalidade, mantendo-lhe a essência e fazendo com que se torne, ao mesmo tempo, algo diverso e novo; extraindo-lhe – por assim dizer – não apenas os aspectos essenciais e difíceis de descobrir, mas também aspectos inéditos, muitas vezes, desconhecidos pelo próprio autor. Quando eu apresento, em um outro país, um livro meu, traduzido naquela língua, começo falando do meu original em italiano e dizendo: "este, eu escrevi" e, mostrando, depois, o mesmo livro traduzido, digo: "este, fomos nós que escrevemos".

O tradutor é o primeiro crítico do texto que traduz, porque descobre as suas grandezas, misérias e truques; é difícil enganar um tradutor. Quem traduz descobre sentidos implícitos; descobre potencialidades inerentes a um texto, que precisam, muitas vezes, ser vertidas para uma outra língua, para alcançarem toda a plenitude de significado. O tradutor é um verdadeiro criador; fato que parece ter sido esquecido hoje em dia, mas que era bem conhecido em tempos antigos. John Dryden considerava a tradução, que fizera da *Eneida*, a sua obra-prima poética; Vincenzo Monti é importante na Literatura Italiana, não pelas obras de sua própria autoria, mas muito mais pela sua tradução da *Ilíada*, que tanto influenciou a linguagem poética italiana. Borges elucidou de uma vez por todas o ato de traduzir na parábola *A busca de Averróis*: a procura pela palavra justa para traduzir o termo "tragédia" no texto de Aristóteles nada mais é do que a metáfora da busca pelo Absoluto. Mas na obra do tradutor há também muito amor, muita humildade, uma infinita capacidade de estar ao lado do outro para sustentá-lo, segui-lo, colocando a si mesmo sempre em segundo plano. É este o traço dominante, no que diz respeito às relações que estabelecemos com o outro, quem quer que seja esse outro. É a essência do amor, da capacidade de amar.

Todas essas características estão presentes na riqueza, variedade, profundidade e inteligência interpretativa dos ensaios que compõem este livro. Temos diante de nós uma grande intérprete dos mais consagrados textos literários, que os trata com autoridade, mas também com o frescor de uma estudante que está aprendendo, abrindo toda a mente e o coração enquanto os lê e interpreta. Não há, em nenhuma destas páginas, nem mesmo uma linha de rigidez profissional, nem de *routi-*

*ne*, nem de protagonismo intelectual. O aspecto notabilíssimo destes ensaios é que não são escritos por um "intelectual", mas por um leitor, nutrido, todavia, de vastíssima preparação e profundo conhecimento.

Há nestes textos, uma "ingenuidade", no sentido forte do termo, análogo ao que Schiller usava para designar uma tal capacidade criativa, que cria em uníssono com a natureza, quase como se fosse a própria natureza. Uma ingenuidade que impede qualquer fechamento, qualquer prepotência categórica.

Este livro é um grande diálogo e o diálogo é a forma por excelência, por meio da qual se buscam, ao mesmo tempo, a verdade, a essência de um fenômeno, de uma obra ou da própria vida. De certo modo, a característica que melhor o representa, encontra-se logo no início do capítulo dedicado a Rilke e ao anjo rilkeano, cujo olhar penetra, para além do visível, no invisível – como escreve explicitamente a autora. Mas esse anjo tutelar de Rilke - ela adverte - não é revelador de nenhuma sacralidade imutável, já que: "a missão de custodiar e a de ser o porta-voz da mensagem divina para o humano se reverte e reitera um tipo de instabilidade — a do desamparo — marcadamente moderna". E continua: "Nesse sentido, não haveria repouso possível para o homem — o que, de certa forma, aproxima a poesia de Rilke da filosofia heideggeriana, sob cuja perspectiva nosso estar no mundo é marcado pela ameaça constante da efemeridade, do desligamento, do estranhamento e do constante exílio".

Com uma cultura admirável, a autora investiga a experiência rilkeana da modernidade, propondo, a partir da mesma, uma profunda reflexão sobre a própria modernidade em suas múltiplas nuances e traços culturais. Cumpre esse propósito, sempre com leveza, aproximando o indecifrável da concreta simplicidade do quotidiano. Tal postura amorosa implica numa grande sede de mundo e de vida, em suas mais variadas formas e consequentemente, nas infindáveis formas artísticas que as representam.

Interessantíssimas, em particular – e também essas revelando a expressão de um interesse crítico indissolúvel da participação humana – são as considerações feitas, pela autora, sobre a Literatura da Migração, sobre os limites de tal conceito e o que ele abrange, legítima ou indevidamente. Tal eixo analítico se une perfeitamente ao sentido profundo da ambiguidade do romance, analisado pela autora, por exemplo, nos ensaios dedicados a Kundera ou a Balzac. Este, por sinal, é o que ocupa o lugar central na antologia e é uma verdadeira obra-prima crítica.

No ensaio sobre Kundera, as observações sobre o riso, sobre os aspectos kafkianamente religiosos do humorismo, evidenciam a dissonância como característica fundamental, como a própria essência do romance, pelo menos a do contemporâneo.

A Balzac, é dedicado um longo e interessante ensaio, que evoca, com leveza, muitas das mais importantes discussões críticas concernentes ao famoso autor, ilustrando-as e integrando-as no próprio discurso. Daí resulta que a obra balzaquiana venha a ser lida, pela autora, como espelho de época, cuja estrutura profunda é tão relevante quanto as mudanças na vida coletiva e privada, os novos poderes sociais e sua inter-relação com as paixões individuais. A história dos costumes - que conforme lembra Maria Célia, Balzac reivindicava como específico gênero literário – é interpretada em uma esplêndida exposição ensaística. Esta se revela como um longo percurso, em que se retomam algumas das mais importantes obras balzaquianas e o modo como se entrecruzam, se enriquecem e se integram ao grande epistolário do autor. A propósito, em particular, são analisadas, de modo instigante, as cartas que ele trocava com suas leitoras em verdadeiros "flertes epistolares", que ajudam a reconstituir-lhes um nítido perfil psicológico, testemunhado pelo próprio Balzac e por seus intérpretes.

Revelando um grande conhecimento das mais diversas literaturas e de seu recíproco influenciar-se, Maria Célia se detém ainda no tema do "crime" como meio de alcançar a riqueza, tentação que se apresenta, por exemplo, a Rastignac.

Balzac, Eça de Queirós, Dostoiévski, Bennet e outros grandes autores: a perspectiva de Maria Célia Martirani é a de uma crítica e a de um ensaísmo animados pelo sentido profundo de que a literatura se tornou, como já havia dito Goethe, *Weltliteratur*, literatura universal e que cada obra singular merece ser lida em sua peculiar especificidade, apenas se analisada em relação a outras num refinado exercício de crítica comparatista. Tal postura visa pôr em evidência o conjunto de encontros, influências, imbricações, que entendem a criação literária para além dos limites das fronteiras nacionais.

Assim a literatura, mesmo mantendo intacta suas idiossincrasias, torna-se uma grande leitura do mundo, dos mais variados tempos e aspectos da vida.

O livro de Maria Célia é um panteão da literatura universal: Canetti, Marías, Bowles, José Donoso, o boom da literatura latino-americana

; as obras de Primo Levi, desde o inferno dantesco de Auschwitz, imortalizado em É isto um homem? até aquela singular poesia do trabalho celebrada em *A chave estrela*. E ainda: Mario Benedetti ou Calvino, mas também o Fleming de James Bond. Análises psicológicas, mas também estruturais, verdadeiras chaves para entrar no universo do romance de início do século XX, daquelas "obras-primas falidas", como La Capria as define. Isso, não porque não reconheça a grandeza de Joyce, Svevo, Musil ou Faulkner, mas porque são autores que, em seu entendimento, assumiram sobre si mesmos, nas próprias estruturas narrativas que criaram, a fragmentação de qualquer tipo de ordem ou de qualquer totalidade, a impossibilidade de narrar o mundo e a História ordenadamente. Assumiram a cisão entre a linguagem da História e a das histórias, entre a linguagem racional do engajamento político e da comunicação quotidiana e a linguagem necessariamente fragmentada da narrativa da vida.

Um grande lugar na antologia é dedicado ao Brasil e à sua extraordinária literatura, mas sem nenhuma visão redutora, fixada na própria cultura, como por exemplo, o belíssimo ensaio sobre Lygia Fagundes Telles, cuja leitura torna obrigatório, impaciente, quase imperativo o desejo e o dever de ler os seus livros, não para acrescentar algo à própria cultura, mas por uma necessidade existencial. Este é o efeito mais alto que exercita ou deveria exercitar toda crítica verdadeira.

Não se terminaria nunca de citar os vários ensaios deste livro e, sobretudo, de lê-los e relê-los. Um profundo diálogo, nutrido das mais variadas literaturas do mundo, que preenche, da forma mais elevada, autêntica e necessária, a função da verdadeira crítica: a de analisar os grandes textos, a fim de que os leitores a quem Maria Célia se dirige os leiam com mais conhecimento e fundamento, mas à sua própria maneira, para integrá-los à sua própria vida.

Trata-se, enfim de uma crítica que é, justamente, tradução: tradução do que os livros significam no mundo, naquilo que significam na vida de quem os lê. Parafraseando o título de um famoso e genial ensaio do jovem Lukács, este livro traduz a alma de Maria Célia nas formas dos livros que ela, Beatriz da viagem através da literatura, nos conduz pela mão, a ler.

## A PRECISÃO do BOTE

O nome de Lygia Fagundes Telles[2] está, inevitavelmente e não sem razão, associado ao dos grandes escritores da literatura brasileira, ao dos famosos "imortais" da ABL. A vasta trajetória que tem percorrido como romancista, contista e militante ativa nos embates teóricos e políticos que envolvem o ofício literário nos faz dirigir um olhar mais que atento ao conjunto de sua obra, que vem ganhando consecutivas reedições, ampliadas e comentadas. Naturalmente, acompanhando o movimento crescente dessa pluralidade ficcional, há também, um rico acervo de estudos a respeito de sua criação. Além da acurada crítica de Fabio Lucas — tido, talvez, como dos mais habilitados leitores especializados na obra de Lygia — deparamo-nos com análises muito valiosas, tais como as de José Paulo Paes e Silviano Santiago, publicadas na edição de março de 1998 dos *Cadernos de literatura brasileira*, do Instituto Moreira Salles, todo dedicado à autora. Assim, Paes, por exemplo, percebe a grandeza de um percurso literário em que, especialmente os romances **Ciranda de pedra** (1953), **Verão no aquário** (1962) e **As meninas** (1973) se alinhariam como típicos romances de formação.

Guardando as particularidades e as tramas de cada um, é possível, com efeito, perceber que a sucessão de desencontros sofridos pelas protagonistas — respectivamente Virgínia, Raíza e Lorena — apontam para um núcleo de desrazão e absurdo nos assuntos do mundo. Aqui, os traços específicos do *bildungsroman* estariam concentrados no fato de que suas heroínas precisam enfrentar uma série de conflitos, deixando-se marcar por eles, integrando, em seu caráter, as experiências pelas quais vão passando.

Interessa notar que, originalmente (**Os anos de aprendizagem de Wilhelm Meister**, de Goethe, é de 1795-96), o protagonista desse tipo de romance era sempre um jovem do sexo masculino, uma vez que

---

[2] Lygia Fagundes da Silva Telles (São Paulo, 19 de abril de 1918– São Paulo, 3 de abril de 2022), também conhecida como "a dama da literatura brasileira" e "a maior escritora brasileira" enquanto viva, foi uma escritora brasileira, considerada por acadêmicos, críticos e leitores uma das mais importantes e notáveis escritoras brasileiras do século XX e da história da literatura brasileira. Além de advogada, romancista e contista, Lygia teve grande representação no pós-modernismo, e suas obras retratavam temas clássicos e universais como a morte, o amor, o medo e a loucura, além da fantasia.
No presente ensaio, publicado no Jornal Rascunho, em abril de 2010, fazemos referência aos romances *Ciranda de pedra* (1953), *Verão no aquário* (1962) e *As meninas* (1973), *As horas nuas* (1989); *Invenções e memória* (2001) e ao livro de contos: *A noite escura e mais eu* (1995), além do fundamental estudo sobre a autora: Lygia Fagundes Telles In: *Cadernos de literatura brasileira*. São Paulo, Instituto Moreira Salles, março 1998.

às mulheres não era possível, à época, a liberdade de movimentos que permitia, ao herói, o contato com as múltiplas experiências sociais, decisivas no percurso do autoconhecimento.

A dicção discursiva de afirmação do feminino em Lygia, ao eleger, com frequência, como centros gravitacionais de seus enredos, mulheres, busca de certo modo equilibrar as forças, numa sociedade em que as relações de poder eram mantidas pela imposição do masculino. Sem ser "feminista" no sentido literal do termo, ao tratar das dificuldades e conflitos de uma geração de mulheres que, especialmente a partir da década de 50, precisava lutar por igualdade de direitos em meio às tradições reacionárias machistas, a autora enfrentou com pertinência o tema dos preconceitos que se travavam, então, contra a mulher.

Inseridas, pois, no amplo leque dos chamados romances de formação, há que perceber o quanto as mencionadas obras da autora jogam com duas tendências fundamentais: por um lado, a necessidade de expressar o mundo concreto, por outro, a necessidade de superá-lo. Da tensão entre a realidade e a possibilidade, entre o real presente e um alternativo resulta o caráter particularmente *híbrido* desse tipo de romance.

### Via-crúcis de heroína

Em **Ciranda de pedra**, temos Virgínia, lidando com as desavenças de um mundo familiar, fechado e rígido, em que não consegue ser aceita. O título remete às estátuas dos cinco anões que enfeitam a fonte da mansão do suposto pai da heroína, mansão onde passa a viver após a morte de sua mãe adúltera e o suicídio de seu verdadeiro pai. Ali é tratada com irritada condescendência pela governanta alemã de suas duas meia-irmãs e se sente excluída da roda de amigos delas, a que sonha pertencer. Essa roda é simbolicamente representada pela ciranda dos cinco anões: "a resistência dos dedos de pedra" não permite o ingresso de Virgínia.

Diante do conflito doloroso da rejeição, ela acaba criando para si mesma a alternativa de ficar interna em um colégio, inclusive no período de férias. A partir do afastamento — com tudo de aprendizado que a ruptura dos vínculos aparentes possa comportar — Virgínia adquire condições de voltar à mansão da família, vendo-a, agora, com novos olhos. Nesse processo de autoconhecimento, na viagem que deve fazer no sentido da própria maturação individual, ao final, consegue ler criticamente aquela hipócrita ciranda familiar, à qual não vale a pena querer pertencer.

Depois de cumprida essa trajetória, a via-crúcis de heroína em crise, a ex-menininha de unhas roídas conclui:

*O mal maior foi* (ela, Virgínia) *não estar nunca presente, não ver de perto as coisas que assim de longe se fantasiavam como num sortilégio. Teria visto tudo com simplicidade, sem sofrimento. (...) Os semideuses eram apenas cinco criaturas dolosamente humanas.*

Em síntese, **Ciranda de pedra** aborda uma profusão de temas que vão desde o adultério, a loucura e o homossexualismo feminino até a impotência masculina, a falta de perspectivas profissionais e o trauma da ausência do pai, tudo costurado sobre o pano de fundo da decadência de certa estrutura familiar e do processo de formação de uma personalidade (no caso, a de Virgínia).

### Sufoco

De modo análogo, o segundo romance de Lygia, **Verão no aquário**, também tem por protagonista uma jovem, Raíza, cujos conflitos existenciais estão basicamente centrados no relacionamento perturbado com a mãe, Patrícia. Aqui, a simbologia do verão muito quente, traduzido em termos da opressão exercida pela mãe, associado à estreiteza protetora e artificial do aquário/redoma onde a moça se sente como que confinada, revelam um tipo de aprisionamento do qual Raíza busca se libertar.

Se, no primeiro romance, a situação concreta que é preciso superar é a da rejeição, representada por meio da impenetrabilidade no círculo familiar feito de pedra, aqui a protagonista deve lidar com o sufoco (comparado ao calor escaldante de certos verões) da presença racional da mãe, muito ocupada com as questões do mundo prático e, em contrapartida, a ausência de um pai idealizado, obsessivamente lembrado e associado a um espaço mágico e lúdico.

É assim que a jovem descreve o tipo de mal-estar que se estabelece entre as duas: "Há um germe que se instalou em nós, mas agora resolvi reagir, não quero mais esse vazio, não quero mais esse desespero, quero fortalecer a minha vontade".

Outra vez, o problema concreto e a necessidade de superação.

Enfim, o retrato da adolescente quebrando as paredes de vidro do pequeno mundo em que se sente obrigada a viver, buscando um mundo alternativo, por meio do autoconhecimento, à procura de uma identidade: "Estou me despedindo do meu aquário, mamãe, estou me preparando para o mar, não percebe?".

O romance **As meninas**, de 1973, assim como os dois anteriores, traz à cena três protagonistas tão jovens como Virgínia e Raíza. Os projetos de vida de Lorena, Lia e Ana Clara tipificam os caminhos ou descaminhos com que se defrontava a juventude universitária dos anos 60-70, quando o regime militar se impôs de modo violento e absoluto. Nesse caso, porém, substituem-se os grilhões circunscritos às cirandas familiares pelos amplos conflitos do mundo, datados num tempo fortemente marcado pela repressão.

Os desencontros existenciais que nesse romance se verificam poderiam ser assim resumidos: Lorena se mortifica com uma virgindade que insiste em manter, numa época de total liberação sexual; Lia encarna visceralmente o ideal revolucionário, junto a Miguel, seu amante e companheiro de militância, com quem viaja para a Argélia; Ana Clara, obstinada em enriquecer por meio de sua beleza de modelo profissional — alternativa de superação de uma infância feita só de miséria, violência e degradação — acaba morrendo por overdose de cocaína.

A superação dos conflitos, aqui, no processo de formação de cada uma delas, será catalisada pela figura central de Lorena. Como bem observa José Paulo Paes[3]:

*No desenlace da efabulação de **As meninas**, a figura de Lorena ganha um relevo que lhe dá redondeza ficcional. É ela que garante a Lia os meios de ir ao encontro do amado na Argélia; é ela quem toma as medidas necessárias para tornar menos ignóbil a morte de Ana Clara, evitando um escândalo cuja repercussão iria arruinar as inocentes freiras que lhes davam abrigo. Sua intervenção ativa em situações do mundo mostram que, dentro da delicada concha de ordem, limpeza, requinte e supérfluo em que se compraz em viver, há mais do que aquela "intelectual burguesa podre de chique" a que faz referência Ana Clara num momento de despeito.* (PAES, 1998, p.5)

Segundo Lukács, é no romance de formação, síntese entre o idealismo abstrato e o romance de desilusão, que a forma adquire sua melhor possibilidade. Daí porque esse tipo de romance desenvolve o que ele denomina "experiência compreensiva" ou "reflexão polêmica". Não parece ser outra a estratégia de Lygia, ao investir magistralmente nos fluxos introspectivos do monólogo interior de seus personagens, numa

---

[3] PAES. José Paulo. Lygia Fagundes Telles In: *Cadernos de literatura brasileira*. São Paulo, Instituto Moreira Salles, março 1998, p.5.

narrativa que se volta aos estados mentais, ainda que não descuide dos acontecimentos históricos e sociais.

Narrativas de subjetividades, essas três obras, fundamentais no *corpus* ficcional da autora, elegem o processo, o percurso, a viagem do eu atormentado em seus embates com o mundo e as formas reflexivas da introspecção do narrar como tônica dominante.

### Romance outonal

Se **Ciranda de pedra**, **Verão no aquário** e **As meninas** focalizavam a fase juvenil da construção do feminino, o romance **As horas nuas** (1989) se volta para sua fase outonal. As questões do envelhecimento e da solidão roubam a cena, num processo de desnudamento da atriz **Rosa Ambrósio**, mulher de meia-idade atormentada pelos efeitos do tempo sobre seu corpo, revelados em forma de memórias, que ela registra num gravador. Enquanto se desnuda diante do leitor — o que justifica o título — e também do gato *voyeur* Rahul, Rosa tece, ao longo da narrativa, um exame de consciência ou balanço de vida, num ritual de *mea culpa* bastante recorrente na voz de outros protagonistas da autora.

A inexorabilidade do tempo, contra o qual a atriz tenta lutar em vão, é descrita de modo sagaz pelo gato, que presencia tudo, na cena bizarra em que ela aparece tingindo os pelos pubianos:

*Não sei por que esses bandidos tinham que nascer brancos, resmungou ela. Já estava de luvas quando mergulhou mais uma vez a escova na tintura do copo. Inclinou-se para frente. Abriu as pernas e bem devagar foi passando a tinta nos pelos do púbis. Com a mão livre, abriu a caixa rosada no tampo de mármore e dela tirou um lenço de papel para limpar o fio de tinta negra que lhe escorria pela coxa, Ô! Meu Pai!...*

É o gato quem a observa e narra, num tom de sensual ironia, que, por mais que as luzes daquele dia sejam indício de primavera, para Rosona — cuja imagem madura se reflete nua no espelho — inicia-se o outono:

*Aperto os olhos feridos. Quando volto a abri-los, Rosona está posando de estátua diante do espelho coroado, os braços languidamente erguidos para prender os cabelos no alto da cabeça. Está sorrindo para a própria imagem que parece filtrar uma certa luz cálida, Sou o Outono, diria a imagem nua que se imobilizou no instante de perfeição. Não fora o triângulo do púbis todo borrado de tinta negra, travessura de algum moleque obsceno que passou lambrecando as estátuas do parque.*

A velhice e tudo que ela comporta é um dos temas recorrentes na obra da autora, que jamais a concebe de modo tranquilo e natural. Ao contrário, o processo da passagem dos anos e as limitações que isso impõe chegam, no discurso reflexivo e confessional de seus personagens, ao limite do desespero.

É o que se dá no conto *Boa noite, Maria*, um dos mais fascinantes de **A noite escura e mais eu**, cuja primeira edição é de 1995. Aqui, a rica senhora Maria Leonor de Bragança, que, devido às fragilizações impostas pela idade busca ser apenas Maria, encontra um homem bem mais jovem, Julius Fuller, num aeroporto, ao voltar de uma viagem.

O enredo vai sendo tecido com a precisão e a maestria de quem sabe que um passo em falso, quando se trata de narrativas curtas como o conto, pode por tudo a perder. Aos poucos, vamos tomando conhecimento de que o que Maria busca — no desespero de seu envelhecimento solitário — é tão somente a presença de um amigo que a ajude a morrer. E o que poderia ser extremamente dramático e sinistro, na narrativa de Lygia, transforma-se num ritual poético de profunda delicadeza nas lides com a morte.

Como acontece em muitas de suas narrativas curtas, o recurso à ambiguidade bem construída dilui o *pathos* que esse tipo de tema, inevitavelmente, carrega. O que se tem como resultado é a abordagem de uma questão seriíssima, traduzida — pelos modos do narrar — em sublime desfecho.

Os mesmos problemas em relação ao passar dos anos, acenados em **As horas nuas**, nesse conto são retomados de modo pungente, tocando num dos temas mais polêmicos da atualidade, o da eutanásia assistida, também conhecida como suicídio passivo ou "doce morte":

*Sem saber como, a verdade é que estava só e precisando apenas de alguém que a ajudasse a viver. E a morrer quando chegasse a hora de morrer. Uma morte sem humilhação e sem dor. A morte respeitosa — mas era pedir muito? Precisava de um amigo e não de um assassino, ela concluiu e achou graça. Baixou a cabeça. Tamanho horror pelas doenças aviltantes que deixam a boca torta e o olho vidrado. E a fralda, Ah! Senhor, a fralda não! O amigo tem que amar esse próximo como a si mesmo, se ainda é possível o amor. Permitir que esse próximo amado fique indefinidamente num estado miserável não é cruel? E a compaixão? Seria um simples gesto de compaixão, a morte por compaixão. Vida vegetativa? Mas que vida vegetativa se os vegetais viviam e morriam limpos, sem a baba, sem os cheiros.*

Quando Julius decide acompanhá-la, o sinuoso trajeto que os dois cumprem num táxi, do aeroporto até o apartamento dela, na primeira metade do conto, gera, no leitor, uma série de suspeitas em relação àquele estranho aventureiro que poderia, por exemplo, aproximar-se da elegante senhora para explorá-la, roubá-la e até — como bem previsível em narrativas contemporâneas à la Rubem Fonseca —, a sangue frio e com requintes de sádica violência, assassiná-la.

Mas as desconfianças ao redor do comportamento do belo homem de cabelos cor-de-palha e intensos olhos verdes vão se dissipando, na andadura ardilosa de um narrar que se contém a princípio, para afinal atingir o clímax, fechando com o prêmio tão almejado pela protagonista e tão inesperado pelo leitor: ele se revela, de fato, confiável como o bom amigo, que lhe trará a redenção da doce morte.

**Recorte justo**
Enfrentando, a partir de diversos temas, a contraditória complexidade humana, Lygia, em sua prolífera produção de contos, demonstra excepcional habilidade. Alguns deles, muito comentados, analisados e elogiados pela crítica, reeditados em diferentes antologias ou adaptados para a televisão e o cinema, são já conhecidos do grande público. Vejam-se, a exemplo, o sucesso de *Venha ver o pôr do sol*, *Seminário dos ratos*, *As formigas*, *Pomba enamorada* (considerado por Saramago uma verdadeira obra-prima), *Herbarium*, *A estrutura da bolha de sabão*, *As pérolas*, *Um chá bem forte e três xícaras* e *A caçada*, entre tantos outros. Seja em qualquer dos ângulos da existência sobre a qual a autora incida seu olhar, de fato, ela é capaz de fazer o recorte justo e preciso, exigido pela narrativa que não pode se demorar, que não pode vacilar.

Percebemos nos procedimentos adotados pela autora, nesse caso, aquele alto grau de exigência já anunciado por Edgar Allan Poe ao afirmar que todo conto bem realizado deve surtir um "efeito único", atingido por um movimento interno de significação, que aproxime parte com parte, além de um ritmo e um tom singulares que só leituras repetidas — se possível, em voz alta — serão capazes de encontrar.

Se pensarmos na construção do sinistro em *Venha ver o pôr do sol*, esse efeito único, obtido desde o primeiro passo sorrateiro em direção à presa, dá-nos a impressão exata do bote bem armado do animal que, ardiloso e dissimulado, confere liberdade de ação à vítima, apenas para, ao final, desferir o golpe certeiro, com toda a precisão exigida, a fim de que se cumpra seu intento. De saída, desde o primeiro parágrafo, insinua-se o cenário de total abandono daquela tarde:

*Ela subiu sem pressa a tortuosa ladeira. À medida que avançava, as casas iam rareando, modestas casas espalhadas sem simetria e ilhadas em terrenos baldios. No meio da rua sem calçamento, coberta aqui e ali por um mato rasteiro, algumas crianças brincavam de roda. A débil cantiga infantil era a única nota viva na quietude da tarde.*

Ela é Raquel, a presa que será vítima do bote de Ricardo, seu ex-namorado que, por ciúme, convida-a para um reencontro amigável a um passeio num cemitério (local insuspeito, em que ninguém os veria juntos), acabando por trancá-la e abandoná-la atrás das grades de um jazigo antigo. Ele é o animal que se camufla, camaleão adestrado a adquirir diferentes nuances de pele, em meio ao exuberante silêncio verde dos ciprestes, a cada alteração de claro-escuro, acompanhando os jogos de luz e sombra no gradual entardecer daquele lugar abandonado. Desde o início, fragilizada, acreditando piamente no contar mentiroso daquele que a seduz, Raquel nem de longe desconfia de que acabará sendo vítima de tamanha atrocidade.

Mais do que o precioso recurso à quebra de expectativa, e não só em contos que gravitam em torno de situações sinistras (como *As formigas, O jardim selvagem, Dolly, Anão de jardim* etc.), o expediente estratégico de que lança mão a contista é o da *excisão*, melhor dizendo, o do afastamento, de um desvincular entre o *incipt* narrativo, o cerne do que se está por narrar e os modos sinuosos pelos quais essa matéria vai se configurando, num jogo dialético de aproximação/distanciamento.

A *excisão*, segundo esclarece o escritor argentino Ricardo Piglia, no interessante **O laboratório do escritor**, é o que justifica o caráter *duplo* da forma do conto. Para o autor, em suas tentativas de teorizar o gênero, um conto, na verdade, revela sempre duas histórias: uma secreta, oculta; outra explícita.

Essa aparente dissonância — a deslocar Raquel para longe do sinistro que está por vir, numa credulidade ingênua, facilmente capaz de conduzir a presa, que não deixa de ser também o leitor, às malhas finas da armadilha, da qual não conseguirá escapar — é revelada pelo caráter de ambiguidade inerente aos modos de narrar da autora. Ambiguidade que só é alcançada por conta do desvincular entre o que se quer contar (o secreto) e as artimanhas da linguagem tecidas para tanto (o que se explicita).

Depois de tudo bem armado, a presa/leitor sucumbe ao bote preciso:

*Durante algum tempo ele ainda ouviu os gritos que se multiplicaram, semelhantes aos de um animal sendo estraçalhado. Depois, os uivos foram ficando mais remotos, abafados como se viessem das profundezas da terra. Assim que atingiu o portão do cemitério, ele lançou ao poente um olhar mortiço. Ficou atento. Nenhum ouvido humano escutaria agora qualquer chamado. Acendeu um cigarro e foi descendo a ladeira. Crianças ao longe brincavam de roda.*

### Inocência perdida

De modo análogo ao anterior, mas numa ambientação totalmente diversa, é que se estrutura o conto *Segredo* (em **A noite escura e mais eu**, o livro de contos favorito da autora). A trama se desenrola diante do impasse de uma menina de quase dez anos que precisa entrar num bordel, para pegar uma bola que lá caíra.

No início, o cenário de uma cidade interiorana descreve a tal Rua da Viúva, que era preciso evitar, da mesma forma que se evitavam os leprosos em pequenos bandos e que "mendigavam sacudindo as moedas que faziam blim-blim nas canecas de folha". Embora as escolhas lexicais reflitam tempos de outrora, em que o preconceito contra as prostitutas era exagerado, o conto não cai no narrar excessivamente datado que poderia restringi-lo a um retrato de época. Ao contrário, sempre pautada pelo princípio do desvincular a história oculta da outra que se explicita, a voz narrativa instaura a tensão entre a menina assustada que atravessa um corredor até chegar ao quintal onde está a bola e a prostituta loira que a conduz.

Nesse ritual de perda de inocências por parte da menina, há um segredo que precisará ser mantido entre as duas: o de que ela não conte a ninguém que esteve lá. A história oculta, apenas sugerida, dá a entender que o pai da criança é um dos clientes daquela mulher, um dos frequentadores da casa; daí o porquê da necessidade do segredo.

O que se explicita é a situação de timidez da menina, num misto de curiosidade e constrangimento, ao ir tomando contato com aquele universo tão proibido, e com a gentileza da prostituta loira que a ajuda, comovida com a presença que evocaria a de uma filha dela própria, já morta. Mais uma vez, arma-se, senão o bote contra o animal acuado, o momento preciso da surpresa que se intensifica por meio desses ardis do narrar.

### Ficção e ficção

Tratando de um dos temas mais instigantes da criação literária, nos 14 contos de **Invenções e memória** (obra vencedora do Prêmio Jabuti em 2001) Lygia investe na representação das imbricações entre memória e ficção. Em entrevista concedida a Edla van Steen, pergunta: "A invenção fica sendo verdade quando se acredita nela?". E a resposta que ela mesma nos dá, por meio do que escreve, é que a memória é matéria tão ficcional que se torna impossível tentar estabelecer qualquer fronteira entre as duas instâncias. Em depoimento feito ainda em 1993 na Sorbonne, em Paris, ela esclarece:

*Vejo minha vida e obra seguindo trilhos tão paralelos e tão próximos e que podem (ou não) se juntar lá adiante. ( ... ) Mas quando me estendo demais nessas respostas, pulo de um trilho para outro, misturo a realidade com o imaginário e acabo por fazer ficção em cima da ficção...*

Num dos contos desse livro, *Que se chama solidão*, uma menina presencia o cenário da morte de Leocádia — uma de suas pajens de infância —, que, para se livrar da gravidez indesejada, provoca o aborto, não conseguindo se salvar. Importa notar o quanto, nesse caso, a memória (da infância) interfere na invenção, até o fantástico desfecho da narrativa: "Chão da infância. Algumas lembranças me parecem fixadas nesse chão movediço, aquelas minhas pajens". E continua registrando a voz da mãe, diante do ocorrido:

*Enfiou a agulha de tricô tão lá no fundo, meu Deus, meu Deus... — a voz sumiu para voltar mais forte. Grávida de quatro meses e eu sem desconfiar de nada, ela era gordinha, engordou um pouco mais, pensei. Então, Leocádia? Eu perguntei e ainda me reconheceu ( ... )*

*Em dezembro tinha quermesse. Minha mãe e tia Laura foram na frente porque eram as barraqueiras, eu iria mais tarde com a Custódia que ficou preparando o peru. Quando passei pelo jasmineiro no quintal (anoitecia), vi o vulto esbranquiçado por entre os galhos. Parei. A cara úmida de Leocádia abriu-se num sorriso, colhia jasmins. A quermesse, vamos? Convidei e ela recuou um pouco, Não posso ir, eu estou morta.*

Qualquer tentativa de análise que queira abranger, com detalhes, uma obra do porte da realizada por Lygia Fagundes Telles seria vã. Melhor ouvir o que tem a dizer a mocinha que coleta folhas vegetais para o primo botânico que se hospeda por curto tempo na sua casa, no conto *Herbarium*: "era preciso fazer render o instante em que *(o primo)* se detinha em mim, ocupá-lo antes de ser posta de lado como as folhas sem interesse, amontoadas no cesto. Então *(eu)* ramificava perigos, exagerava dificuldades, inventava histórias que encompridavam a mentira".

Que possamos nós, leitores, tal como o privilegiado primo, continuar demorando prazerosamente nessa ficção, em que o contar mentiroso sabe que a verdade, muitas vezes, *é tão banal quanto a folha de uma roseira*.

## A SABEDORIA DA INCERTEZA

Para Milan Kundera[4], o termo que melhor pode definir *romance* é, certamente, ambiguidade. De fato, em sua antologia de ensaios e entrevistas sobre literatura *A arte do romance*, ele afirma:

*Compreender com Cervantes o mundo como ambiguidade, ter que afrontar, ao invés de uma só verdade absoluta, um monte de verdades relativas que se contradizem (verdades incorporadas em egos imaginários chamados personagens), possuir, portanto, como única certeza a sabedoria da incerteza exige uma força não menos grande.* (KUNDERA, 1988, p.12)

À vontade inerente ao homem de julgar antes de compreender, vontade sobre a qual se fundam as religiões e as ideologias que reduzem a compreensão do universo a fórmulas maniqueístas e dogmáticas, o romance responde com a relatividade essencial das coisas humanas. Ele propõe um tipo de reflexão que se traduz como *sabedoria da incerteza*, capaz de con-

---

[4] **Milan Kundera** (Brno, 1 de abril de 1929) é um escritor tcheco, exilado na França, conhecido por seu livro *A Insustentável Leveza do Ser* (1983).Naturalizado francês desde 1981, sua cidadania checa foi revogada em 1979. Uma nova cidadania foi fornecida em 2019. Porém, Kundera se considera um escritor francês e deseja que sua literatura seja estudada como literatura francesa e como tal classificada nas livrarias. Sua obra mais conhecida e aclamada é *The Unbearable Lightness of Being* (*A Insustentável Leveza do Ser* no Brasil), publicada antes da Revolução de Veludo de 1989, quando o regime comunista da Checoslováquia baniu seus livros.
**Principais obras**
**Poesia:** *Člověk zahrada čirá* (*Homem jardim claro*) – 1953, primeira coleção de poesia /*Poslední máj* (*Maio passado*) – 1955 / *Monology* (*Monólogos*) – 1957 **Contos:** *Risíveis Amores* (1969)
**Romances:** *A Brincadeira* (1967)/ *A Vida Está em Outro Lugar* (1973) /*A Valsa dos Adeuses* (1976) / *O Livro do Riso e do Esquecimento* (1978) / *A Insustentável Leveza do Ser* (1983)/ *A Imortalidade* (1990) / *A Lentidão* (1995) / *A Identidade* (1997) / *A Ignorância* (2000)/ *A Festa da Insignificância* (2014) **Peças de teatro:** Brasil: *Jacques e seu mestre, homenagem a Denis Diderot em três actos* / Portugal: *Jacques e o seu amo* (1981) **Ensaios:** *A Arte do Romance* (1986)/ *Os testamentos traídos* (1993)/ *A Cortina* (2005)/ *Um encontro* (2009)
Neste artigo, publicado no Jornal Rascunho, em março de 2010, referimo-nos à obra *A arte do romance*, trad. Teresa Bulhões C. da Fonseca & Vera Mourão, Rio de Janeiro, Nova Fronteira, 1988.

frontar a implacável necessidade humana de ler o mundo sob o prisma do bem ou do mal, como se fossem entidades nitidamente discerníveis. Assim é que, exemplifica o autor, essa forma de concepção induz a reducionismos: "é sempre necessário que alguém tenha razão: *ou* Ana Karenina é vítima de um déspota obtuso *ou* então Karenin é vítima de uma mulher imoral; *ou* K., inocente, é esmagado pelo tribunal injusto, *ou* então atrás do tribunal se esconde a justiça divina e K. é culpado". Ao que poderíamos acrescentar a famosa polêmica ao redor da personagem Capitu de Machado de Assis: *ou* Capitu traiu Bentinho e é culpada *ou* tudo não passou de elucubração da mente atormentada do narrador e a ré é inocente.

No fundo, forjamos um estar sempre diante de um imenso tribunal que nós mesmos criamos e no qual imperam os veredictos dos que, com o dedo em riste, julgam, ao pé da letra, a lei da alternância do *ou* isto *ou* aquilo e não exercitam o dom abrangente da compreensão.

Daí porque os totalitarismos jamais podem se conciliar com o espírito do romance, em cuja base residem a interrogação e a complexidade.

Para Kundera, ao aprendermos a exercitar esse dom, entraremos em contato com o que só o romance nos pode oferecer: a liberdade e a leveza de estar no mundo, iluminados pelo *riso de Deus*, que é o que retira o peso da gravidade que nos prende racionalmente ao chão.

### Abaixo os agelastes

Contra a severidade extremada do "penso, logo existo" cartesiano o romancista tcheco retoma um interessante neologismo de François Rabelais, a palavra *agelaste*, do grego: "aquele que não tem senso de humor". Tal como o brilhante autor de **Gargântua** e **Pantagruel**, Kundera teme os *agelastes*, já que não existe paz possível entre eles e o romancista:

*Não tendo nunca ouvido o riso de Deus, os agelastes são convencidos de que a verdade é clara, de que todos os homens devem pensar a mesma coisa e que eles mesmos são exatamente aquilo que pensam ser. Mas é precisamente ao perder a certeza da verdade e o consentimento unânime dos outros que o homem torna-se indivíduo. O romance é o paraíso imaginário dos indivíduos. É o território em que ninguém é dono da verdade, nem Ana nem Karenin, mas em que todos têm o direito de ser compreendidos, tanto Ana como Karenin.* (KUNDERA, 1988, p.141)

Melhor dizendo, a falta de capacidade de compreender o mundo por meio da relativização da verdade gera a homogeneização que só aceita o igual ou parecido, vetando o que seria a rica experiência de assimilar o diverso, rechaçando as características individuais.

### Dissonância necessária

Justamente porque escapa ao senso comum, alargando os processos de apreensão da realidade, o romance cria a dissonância. Esta é, inclusive, uma das características constitutivas que, segundo o autor, não permitirão que ele pereça.

De fato, em tempos como os nossos, em que se fala em "crise do romance", em que se diz que "o romance morreu", Kundera reverte a questão ao afirmar que não é que esse gênero literário esteja no fim de suas forças, mas que se tem esforçado para encontrar lugar num mundo que não é mais o seu. E acrescenta que se a razão de ser do romance é manter "o mundo da vida sob uma iluminação perpétua e nos proteger contra o esquecimento do ser", então sua existência, hoje, é mais do que necessária.

O espírito do romance, que é de complexidade, se contrapõe ao espírito comum da mídia que caracteriza o nosso tempo. O problema se agrava uma vez que toda cultura, de modo geral, encontra-se nas mãos da mídia que, como agente de unificação planetária, amplifica e canaliza o processo de redução. De fato, ela tem o poder de distribuir no mundo inteiro os mesmos clichês e simplificações a serem aceitos pelo maior número, por todos, pela humanidade inteira.

### O coração das coisas

Uma possível reação a esse processo de uniformização é criar uma espécie de despojamento, indo direto ao "coração das coisas". Nesse caso, Kundera toma o exemplo do músico que tanto admira: Leos Janacek, que fugiu das regras "cibernéticas" da composição, em que a originalidade perece em detrimento de esquemas preconcebidos. O que Janacek ensina é que somente a nota que diz alguma coisa de essencial tem o direito de existir. Esse ensinamento também deve se aplicar ao romance, para que sobreviva em meio ao atravancamento criado pela "técnica", pelas convenções que trabalham em lugar do autor. Em resumo, é imperativo desembaraçar o romance do automatismo da técnica romanesca.

**Da leveza**

Quanto mais o homem pensa, mais a verdade lhe escapa. Daí porque a sabedoria do romance seja diferente da sabedoria da filosofia.

Ao enaltecer a arte de Rabelais, Kundera revela o que lhe é mais admirável: o fato de que sua vasta erudição nunca franze o cenho, já que nesse autor temos a exemplificação mais fidedigna de que o romance nasce não do espírito teórico, mas do espírito do humor.

O que pode conciliar a seriedade das profundas questões existenciais humanas com esse espírito é a forma da leveza, pois a arte inspirada pelo *riso de Deus* é, em essência, não tributária, mas contraditória das certezas ideológicas.

Não parece ser outra a fonte na qual se nutre o autor de **A insustentável leveza do ser** ou de **Risíveis amores**, que, mesmo quando se propõe a teorizar sobre seu ofício, busca argumentos claros e uma tal leveza que o leitor dos textos desta antologia: *A arte do romance*, mal se dá conta de estar entrando em contato com famosos paradigmas da chamada "teoria da literatura".

A obra, dividida em sete partes, trata de conceituar o romance, lançando mão de artifícios que vão desde a constatação desse universo de incertezas, a partir da análise de Cervantes até a leitura atenta de **Os sonâmbulos** de Herman Broch, passando por lições de composição musical — que teriam interferido em toda a produção do romancista — até um denso capítulo dedicado a Kafka. Finaliza com um pequeno dicionário de verbetes de 64 palavras, chaves de entrada para a compreensão do universo ficcional.

Em todos inclusive, diante dos temas mais exigentes, tais como os da arte da composição e da tradução, respiramos a leveza, no tom com que desfilam diante de nós os mais variados assuntos que povoam os estudos literários.

Desse modo, Kundera põe em prática uma de suas crenças fundamentais, não só como ficcionista, mas também como ensaísta, nessa exímia capacidade de refletir sobre o fazer literário: a da harmoniosa convivência entre a erudição e o leve riso dos que não precisam asseverar verdades, mas sim ancorar-se em incertezas:

*Unir a extrema gravidade da questão e a extrema leveza da forma é minha ambição desde sempre. E não se trata de uma ambição puramente artística. A união de uma forma frívola e de um assunto grave desvenda nossos dramas (os que se passam em nossas camas assim como os que representamos no grande palco da história) em sua terrível insignificância.* (KUNDERA, 1988, p.86)

### Explorador da existência

Ao tratar da imagem do romancista, o autor esclarece que este é, acima de tudo, um explorador da existência e não um historiador ou um profeta.

Ao definir o romance como o gênero literário que se dedica a examinar não a realidade, mas a existência — na perspectiva heideggeriana de "ser-no-mundo" — Kundera crê que o romancista toque de perto o campo das possibilidades humanas, tudo aquilo de que o homem é capaz, tudo aquilo em que pode se tornar.

Nesse sentido, tece crítica ferrenha contra alguns escritores que se deixam fascinar pela estética "mass midiática", aparecendo e se projetando mais do que suas próprias obras. Retoma de Flaubert a ideia de que "o romancista é aquele que quer desaparecer atrás de sua obra", o que significa renunciar ao papel de homem público:

*Não é fácil hoje, quando tudo que é muito ou pouco importante deve passar pelo palco insuportavelmente iluminado dos mass mídia que, contrariamente à intenção de Flaubert, faz desaparecer a obra atrás da imagem de seu autor. Nesta situação, da qual ninguém pode escapar inteiramente, a observação de Flaubert me parece quase uma advertência: prestando-se ao papel de homem público, o romancista põe em perigo sua obra que corre o risco de ser considerada como um simples apêndice de seus gestos, de suas declarações, de seus pontos de vista. Ora, o romancista não é o porta-voz de ninguém e vou levar esta afirmação até dizer que ele não é nem mesmo o porta-voz de suas próprias ideias.* (KUNDERA, 1988, p.139)

Em tempos em que tudo se espetaculariza — como já percebera G. Debord —, de fato, a imagem do ficcionista tornou-se demasiadamente pública. Basta que lembremos, por exemplo, do grande espetáculo em que se têm transformado muitos dos eventos e feiras de livros. Até os mais renomados e famosos escritores, hoje, mais do que em outros tempos, precisam "dar o ar da graça", acompanhando uma estratégia de marketing em que, para verem suas obras vendidas, precisam seguir a lei do mercado que exige deles ampla exposição pública.

O risco é que, no mundo supercarregado de imagens, a excessiva luminosidade acabe por ofuscar a obra em detrimento da aparição de seu autor, que também sofre um significativo desgaste, uma vez que tudo que é muito visto, em pouquíssimo tempo, é posto de lado, assim como o resto de um universo em que as coisas e os seres, simplesmente, se descartam.

### O espanto de Kafka

Entre todos os nomes admirados e analisados por Kundera, a maior reverência é a destinada a Franz Kafka. Ele o considera como uma verdadeira *revolução estética*, pois o que o torna único é que ele não se pergunta — como os demais — quais são as motivações interiores que determinam o comportamento do homem. O tipo de pergunta que faz é radicalmente outro:

*Quais são ainda as possibilidades do homem num mundo em que as determinantes exteriores tornaram-se tão esmagadoras que as causas interiores não pesam mais nada?*

Esse espanto de Kafka diante da opressão das ciladas do mundo externo assemelha-se ao que, de modo análogo, afirma o autor tcheco em **A insutentável leveza do ser**: o romance não é uma confissão do autor, mas uma exploração do que é a vida humana, na armadilha em que se transformou o mundo.

Em Kafka, essa armadilha tem nome: o universo burocratizado. O *escritório*, nesse sentido, não aparece como um fenômeno social entre outros, mas como a essência do mundo. E o mundo que oprime é aquele em que se abolem as fronteiras entre o público e o particular. Talvez aí esteja a chave de compreensão do universo kafkiano, que toca de perto o problema da violação da intimidade, em que as duas esferas da vida, a íntima e a pública, se espelham. (KUNDERA, 1988, pp.100-106)

### Riso de Deus

A sétima parte desta antologia encerra o livro com o discurso proferido por Kundera, por ocasião do recebimento do Prêmio Jerusalém em 1985. A partir do aprendizado que o autor nos proporciona, concluímos, lançando mão de uma sua poética afirmação, extraída do provérbio judaico *O homem pensa, Deus ri*:

*Agrada-me pensar que a arte do romance veio ao mundo como o eco do riso de Deus.* (KUNDERA, 1988, p.140)

Em tempos apocalípticos como os nossos, de fim das utopias e morte da arte, ao menos há ainda quem acredite no romance como uma pincelada de vibrante leveza, na tela opaca das mesmices e superficialidades cotidianas.

## A TRADUÇÃO COMO PARTICULAR
## EXPERIÊNCIA DE LEITURA
*Triz*, de Pedro Süssekind[5]

Em instigante ensaio intitulado "*Wertherfieber*, bovarismo e outras patologias da leitura romanesca", o professor e crítico literário italiano Stefano **Calabrese (2009)** dedica-se a traçar um panorama dos efeitos da leitura de romances na Europa, especialmente a partir da segunda metade do século XVIII. Ao longo desse percurso faz-se necessário notar o quanto o século XIX é o que se destaca como um verdadeiro divisor de águas no que diz respeito às alterações comportamentais dos receptores de obras ficcionais.

A assim chamada "mania de leitura" se favoreceria, então, de aparatos simbólicos, estratégias diegéticas e mudanças do horizonte de expectativa, criados no bojo dos recursos procedimentais de que lançavam mão, em grande parte, os romancistas da época. Tudo colaborava para que se reforçassem modelos de identificação empática do leitor de romances com os mundos ficcionais, em sentido radicalmente oposto ao que se verificava antes. Isso se deu, em boa medida, pela decadência do paradigma trágico, que, como assinala Lessing, provocava um "ato de distanciamento cognitivo da mediocridade do leitor em relação à heroicidade da personagem literária" (Lessing *apud* **Calabrese, 2009**, p. 702).

O romance passa a ser então, mais do que tudo, um espaço de identificação possível (*homoiosis*), que legitima - para o leitor - a ilusão como condição na qual o sujeito se esquece de si mesmo "para adentrar no reino do indistinto, do desdiferenciado" (**Calabrese, 2009**, p. 703).

Uma das consequências desse processo de identificação é o deslocamento do que **Jauss (1993)** denomina "horizonte de expectativa interno" ao texto para o "horizonte de expectativa externo" ao texto, ou seja, para o do mundo da vida, onde o receptor pode, até mesmo, inventar uma nova identidade. Daí por que, conforme elucida Albert Thibaudet:

Se o romance sempre existiu, os leitores de romance (precisamente, *liseurs*) nascem apenas com a modernidade e constituem autênticos *viveurs de romans*, para os quais a literatura não se dá como um excedente compara-

---

[5] O presente artigo foi publicado na Revista de Estudos Literatura Brasileira Contemporânea da UNB - n. 57 (2019): Leitura e experiência - Ligia Gonçalves Diniz e Patrícia Trindade Nakagome (Org.), disponível em: https://periodicos.unb.br/index.php/estudos/issue/view/1792.

tivo ou uma adição de experiência, mas como uma despedida de si mesmo ou uma autossubtração (Thibaudet *apud* **Calabrese, 2009**, p. 715).

A partir daí, aquilo que acabará se constituindo, no limite, como um "caso patológico" é a exacerbação dessa "ilusão romanesca", quando os leitores passam a incorporar, literalmente, as características das personagens. De certa forma, anulam a si mesmos para eleger uma "morada virtual" no texto, numa espécie de "projeção dirigida", nos termos propostos por Ernst H. Gombrich em *Arte e ilusão*. Com efeito, para o eminente estudioso, o "conhecimento projetado" substitui a "percepção" (Gombrich *apud* **Calabrese, 2009**, p. 722).

O caso literário que aqui se pretende analisar, o romance *Triz* (2011), de Pedro Süssekind, em boa medida parece atualizar muitas dessas questões, pois toca de perto nos efeitos que as aventuras desastrosas do protagonista de um romance russo causam no espírito do personagem-narrador-leitor, que precisa traduzi-lo para o português. Mais do que uma patologia da literatura romanesca, o que aqui vai se delineando é um caso de patologia da tradução, entendida como leitura particular.

Evidencia-se, na referida obra, a figura do tradutor como o leitor que tem competência em diversos níveis linguísticos e extralinguísticos. A concepção do processo tradutório passou por uma série de propostas conceituais. Assim, conforme ensina o teórico italiano Enrico **Arcaini (1992)**, num primeiro momento, ela enfatizou a noção de código, na premissa da equivalência sintática, proposta por Kade. Um outro modelo seguinte teria colocado em evidência a importância, nas relações entre as línguas, do referente extralinguístico, entendido como mundo externo. Os códigos linguísticos, então, passam a ser entendidos como potencialidade de significado.

Arcaini postula como central a proposta de Bausch, que insiste em dar maior relevância à figura do tradutor. Segundo essa linha de análise, o modelo tradutório deve ser concebido como a combinação de diversas competências - a tradutória, a contextual, a linguística, sempre levando em consideração o papel do leitor:

O assunto de partida é um texto; *o tradutor é um leitor particular*, que deve compreender e transmitir ao destinatário os efeitos de sentido encontrados e as funções comunicativas expressas. O tradutor analisa o conteúdo semântico-informativo e, levando em conta as características estilísticas, opera escolhas linguísticas, assumindo, desse modo, a dimensão de autor, em uma fase que recria o texto. O tradutor tem, portanto, neste modelo, um papel de primeira importância (**Arcaini, 1992**, p. 19, tradução e grifo nossos).

De fato, Murilo Zaitsev Albuquerque, o protagonista de *Triz*, é um leitor particular, um estudioso de literatura russa, exímio tradutor, que é também viciado em corridas de cavalos. Cumpre observar quão significativas são as seguintes palavras, logo às primeiras páginas do romance, atribuídas a Charles Bukowski, em explícita investida intertextual: "a vida só faz sentido durante as horas de jogo" (**Süssekind, 2011**, p. 9).

O que, aos poucos, vai se anunciando, ao longo do entrecho narrativo, não é - como, talvez, se pudesse intuir - apenas mais um caso de jogador compulsivo, diante da inevitável derrocada material e moral, frequente em certa linhagem de personagens literários obcecados por jogatinas. Aliás, o próprio narrador nos remete a outros grandes romancistas russos, que tratam da temática do jogo, instaurando, assim, de modo explícito, como um de seus procedimentos narrativos, o diálogo intertextual, que com eles estabelece. É o que se dá com Dostoiévski (*O jogador*, 1866) e, principalmente, com o escritor Gustav Traub (e seu romance fictício, *A aposta*, que teria sido publicado na Rússia em 1914, obra que Murilo deve traduzir).

Além desses, entre os mais modernos, cumpriria lembrar de *Verão em Baden-Baden* (1981), de Leonid Tsípkin, ou ainda outro, de matriz freudiana, *Aurora* (1926), do austríaco Arthur Schnitzler, em que o primeiro-tenente Wilhem, devido às suas pulsões obsessivas, perde-se completamente diante da impossibilidade de saldar uma absurda dívida de jogo. Recorrente em todas essas obras encontra-se o desespero fatal dos que se endividam por conta do vício.

O que passa a ser a linha demarcatória entre Murilo e a maior parte desses personagens é o fato de que ele reflete sobre o ato de jogar como indissociável do ato de viver e também do ato de traduzir/ler (porque, ao longo do romance, revela-se tanto jogador quanto tradutor contumaz) e acredita mais no acaso e na intuição do que nas estratégias articuladas para a almejada vitória:

Já eu, que só enxergo nas corridas as imprevisíveis variações do acaso, até ouço as constantes e variáveis das análises estatísticas, acredito nelas, mas no caminho para o guichê de apostas sempre sou assaltado por alguma intuição definitiva e aparentemente infalível. Os números e os nomes se combinam, tomando forma, e finalmente escolho seguir aquela intuição em vez da estatística. Mesmo assim, é preciso admitir meu fracasso na tentativa de imitar Aleksiéi Ivânovitch, de "*Um jogador*" ou de Nikolai Kolotov, de "*A aposta*", afinal meu sangue russo talvez seja muito diluído para gestos dramáticos, dívidas acumuladas, derrocadas e riscos exagerados. Gasto um pouco, ponho na conta do divertimento; a alegria de um ou outro acerto, se não paga as perdas, compensa com sobra as apostas erradas... (**Süssekind, 2011**, p. 9).

Sem dúvida alguma, Murilo presta homenagem à cultura russa (neto de russo, é estudioso e amante da literatura russa, além de seu tradutor). Atualiza, recupera e dialoga com as obras que têm o jogo como assunto dominante. Mas vai bem além disso porque investe no conceito de leveza do acaso e em suas múltiplas variações, em que o que importa é apostar, mais do que ganhar ou perder. Estabelece, assim, uma curiosa aproximação entre as apostas que faz no Jóquei Clube do Rio de Janeiro, local em que costuma ir por ser viciado em corridas de cavalos, e a tradução do livro que está levando a efeito, justamente intitulado *A aposta*, do autor russo fictício Gustav Traub. Daí por que, tanto nas questões concernentes às corridas no Jóquei, quanto nas que dizem respeito a seus relacionamentos amorosos, ou mesmo nas escolhas tradutórias que precisa fazer, Murilo encarne, de certa forma, o que Schiller postulara em *Sobre a educação estética* (1795) a respeito do impulso lúdico como elemento necessário ao ato criativo. Tais ideias de Schiller, fundamentadas em Kant, em síntese revelam que é no estado lúdico, "desinteressado" ou "desinteresseiro" (isto é, sem interesse na existência material do objeto) que o homem supera as dilacerações da vida interessada.

E justamente uma das características mais interessantes do livro de Süssekind resida, talvez, nessa investida deliberada no discurso eminentemente estético, já que, como anunciamos antes, "a vida só faz sentido durante as horas de jogo".

Se a vida é jogo e a natureza lúdica é intrínseca ao humano - conforme ensina Johan **Huizinga em *Homo ludens* (2000)** - o homem deve jogar com a beleza e fruir o que o ato de apostar traz em si, enquanto fuga possível das demandas da realidade. É esse traço lúdico que perpassa todo o romance, para além do vício que, no caso, não faz do protagonista um perdedor aniquilado, mas alguém que vai aprendendo a jogar com as cartas que a vida lhe apresenta.

A conexão entre arte e vida é transfigurada no romance de Süssekind, na medida em que se estabelece uma equivalência entre o jogo/vício pelas corridas de cavalo e o outro jogo em que o narrador/leitor também se vicia: o da tradução.

De fato, mais do que ser o profissional a quem cabe a tarefa de traduzir a obra *A aposta* de Gustave Traub, em que o médico russo Nikolai Kolotov será vítima das armadilhas do carteado, Murilo se deixa contaminar por ela, dando indícios de que, assumindo as funções de seu métier, revela-se bem mais do que coautor do texto que se propõe a verter para o português. É como se passasse a vivenciá-lo em sua própria história pessoal. No limite, como já se observou anteriormente, a partir do artigo de Stefano Calabrese, está-se diante de um "caso patológico" de leitura, de exacerbação da "ilusão romanesca". O protagonista de *Triz*, sofrendo, sobremaneira, os efeitos da leitura vertiginosa que se propõe a fazer, incorpora, literalmente, as características do protagonista de *A aposta*. Reitera-se ainda, aqui, o conceito de "projeção dirigida" nos termos propostos por Ernst H. Gombrich, pois Murilo se anula para eleger uma "morada virtual", e o "conhecimento projetado" substitui a "percepção" (Gombrich *apud* Calabrese, 2009, p. 722).

Importa notar o quanto essa obra de Pedro Süssekind incita a uma profunda discussão sobre o papel do tradutor enquanto leitor particular, e ainda sobre os limites e o alcance de seu trabalho.

Italo **Calvino, em *Mondo scritto e mondo non scritto* (2002**, p. 84), já postulara que "*Tradurre è il vero modo di leggere un testo*", ou seja, "traduzir é o verdadeiro modo de ler um texto". Murilo radicaliza essa máxima, pois está tão impregnado do que traduz que talvez se pudesse afirmar que, para ele, "traduzir é o verdadeiro modo de *vivenciar* um texto".

Tratando magistralmente do tema, o filósofo Paul **Ricoeur (2011)**, no ensaio "Desafio e felicidade da tradução", introduz o conceito de "pulsão de traduzir", retomando a obra *A prova do estrangeiro* de Antoine Berman. Ele nota o quanto as inúmeras dificuldades ligadas à tradução, muitas vezes, tornam-na uma *aposta* difícil, ou mesmo impossível de se manter:

Essas dificuldades são resumidas de modo preciso no termo "prova", em seu duplo sentido de "provação" e de "exame". Colocar-se à prova, como se diz, de um projeto, de um desejo, mesmo de uma pulsão: a pulsão de traduzir. Para esclarecer essa prova, eu sugiro comparar a "tarefa do tradutor", de que fala Walter Benjamin, com o duplo sentido que Freud dá à palavra "trabalho", quando ele fala em um ensaio do "trabalho da lembrança", e em outro, do "trabalho do luto". Na tradução também se procede a uma certa salvação e a um certo consentimento de perda (**Ricoeur, 2011**, p. 21-22).

Conforme nos ensina o hermeneuta francês, o texto de Berman nos coloca diante da existência de dois parceiros em relação ao ato de traduzir: o estrangeiro e o leitor (destinatário da obra traduzida). Entre os dois é que se situa o tradutor - que acaba sendo posto à prova - "nessa desconfortável situação de mediador". Mas essa situação de desconforto pode ser minimizada se o tradutor renunciar ao ideal da tradução perfeita: "apenas essa renúncia permite viver, como uma deficiência aceita, a impossibilidade de servir a dois mestres: o autor e o leitor" (**Ricoeur, 2011**, p. 27).

Ricoeur ainda observa que, apenas a partir do que denomina "luto da tradução perfeita", é que é possível chegar à felicidade de traduzir, pois:

a felicidade de traduzir é um ganho quando, ligada à perda do absoluto linguístico, ela aceita a distância entre a adequação e a equivalência, a equivalência sem adequação. Nisso está sua felicidade. Admitindo e assumindo a irredutibilidade do par do próprio e do estrangeiro, o tradutor encontra sua recompensa no reconhecimento do estatuto incontornável da dialogicidade do ato de traduzir como o horizonte razoável do desejo de traduzir. A despeito da agonística que dramatiza a tarefa do tradutor, este pode encontrar sua felicidade no que eu gostaria de chamar de *hospitalidade linguística* (**Ricoeur, 2011**, p. 30).

No livro de Süsskind, a ênfase que se quer dar à influência da obra de Traub no espírito do narrador-leitor é de tal ordem que a composição romanesca, várias vezes, se utiliza do recurso da apropriação (*ipsis literis*) de trechos inteiros da obra daquele escritor, traduzidos pelo protagonista.

Se pensarmos no tradutor como um leitor exímio e extremamente habilitado, um leitor particular, um mediador capaz de exercer - como ninguém - uma verdadeira "hospitalidade linguística" no sentido ricoeuriano, no limite, o que aqui se apresenta é a instigante questão dos efeitos do texto no espírito de quem o lê e também da "pulsão de traduzir", que acomete Murilo, tanto quanto sua pulsão pelo jogo.

Assim é que teremos, lado a lado, as apostas nas quais o protagonista investe enquanto jogador viciado em corridas de cavalos, e as apostas que vive fazendo enquanto tradutor (posto à "prova", mediando a língua de partida - a do "estrangeiro" - e a língua de chegada, cujo destinatário é o leitor).

Ainda mais relevante, para reiterar a ideia de tradução enquanto "jogo", é o título do romance do escritor russo que está - naquele momento - sendo traduzido pelo protagonista: *A aposta*. Subjacente ao ato de traduzir, residiria, também, o risco implícito ao ato de jogar.

Importa notar o quanto esse tipo de procedimento enriquece o romance como um todo, porque, por meio do jogo tradutório, Süssekind aponta para outro grande achado da literatura contemporânea, qual seja, o das projeções.

Com efeito, no primeiro capítulo de *Triz*, tem-se Murilo apostando numa corrida de cavalos no Jóquei Clube do Rio de Janeiro. O segundo capítulo, num corte abrupto, nos desloca para um dos episódios do romance *A aposta*, em que o médico russo Nikolai Kolotov surge no inverno rigoroso de Paris, onde se exilara. Tratam-se, *a priori*, de dois universos muito distintos e dissociados.

É extremamente relevante observar que, do ponto de vista estrutural, o romance se constrói, sobretudo, por meio do recurso da "projeção dirigida", consequência irremediável do ato tradutório - nesse contexto, encarado como pulsão de um tipo peculiar e particular de leitura.

O ato leitor-tradutor, nesse sentido, é um eixo de força que opera em dois níveis. O primeiro, mais evidente, é o intraficcional, num viés metaliterário (já que Murilo é tradutor literário de Traub):

Kolotov cumprimenta o anfitrião, dizendo-lhe que é uma honra jogar numa mesa com banca tão ilustre. Então Fouquet o saúda amavelmente e indica o lugar vago bem ao lado daquele cavalheiro de grandes olhos negros (olhos vulpinos, segundo a definição de Traub que me levou a consultar o dicionário) dirigidos fixamente para as fichas vermelhas que equilibra em seus dedos finos, como se as examinasse (**Süssekind, 2011**, p. 35).

O segundo nível é o que se estabelece para fora do âmbito estrito do romance, em que a tradução serviria de ponte de intermediação entre o narrador e o leitor (como se o narrador também precisasse "traduzir" - no sentido de "fazer o receptor entender" - a história de Traub), que, se assim não fosse, ficaria sem saber que Murilo e Kolotov são protagonistas de romances distintos, que se tocam e se refletem especularmente, no jogo das projeções.

Em outras palavras, só depois de termos sido apresentados a Murilo e, em seguida, a Kolotov, é que ficamos sabendo que o primeiro é o tradutor do segundo e que se deixa contaminar tanto pelas atribulações e intrigas do médico viciado em "faraó" (espécie de jogo de cartas, comum à época - fins do século XIX, início do XX, na Rússia) que, a todo momento, evoca os parágrafos e situações que traduz do romance para a sua própria experiência, projetando-se neles (como num jogo de espelhos, em que um revela o outro e vice-versa). De certa forma, os níveis tradutórios de leitura se abrem aos níveis projecionais: Traub está para Süssekind, assim como Kolotov para Murilo.

Por meio de um instigante viés metaliterário, o escritor brasileiro contemporâneo Pedro Süssekind trabalha vários níveis de intertextualidade neste seu romance, *Triz*. De modo explícito, faz vir à luz a obra de um grande escritor russo fictício Gustav Traub, com quem o protagonista-narrador Murilo Zaitsev Albuquerque dialoga. Mas, talvez, seja apenas e tão somente pelo fato de encarnar de modo intenso e um tanto quanto obsessivo (vivenciando uma nítida "pulsão de traduzir", nos termos propostos por Paul Ricoeur) seu papel de tradutor-leitor, lidando com os embates de ser o mediador entre "o estrangeiro e o leitor", submetendo-se à dura "prova do estrangeiro" (como assevera Antoine Berman), que ele cresce, ao longo da narrativa, criando todas as complexidades necessárias para que se obtenha uma boa obra de ficção.

Trata-se, assim, de mais um romance contemporâneo que, ficcionalizando o ato de traduzir e de ler, valoriza a difícil mas apaixonante tarefa do tradutor, em que, mais que tudo, apoiado na premissa ricoeuriana da impossibilidade do "absoluto literário", em que se faz necessário aceitar o luto pela perda da tradução perfeita, o protagonista Murilo faz suas apostas, na vida e na arte, plenamente consciente de que, abrindo mão da presunção de fidelidade tradutória, consegue criar o que Paul Ricoeur denomina como "hospitalidade linguística", já que reconhece o "estatuto incontornável da dialogicidade do ato de traduzir como o horizonte razoável do desejo de traduzir" (Ricoeur, 2011, p. 30).

Concluindo, parece ser inevitável observar que o caso literário que aqui se buscou analisar potencializa uma das máximas protagonizadas por Hans Robert **Jauss, em seu célebre *A literatura como provocação* (1993)**.

De fato, nesse estudo, o eminente discípulo da hermenêutica de Gadamer, enfatiza o fulcral papel do leitor, minimizando, de certa forma, o próprio trabalho do autor e o texto criado, ultrapassando os dogmas marxistas e formalistas, que não privilegiavam o leitor no ato interpretativo, reforçando o conceito de horizonte de expectativas como impulsor da interpretação:

Uma obra não se apresenta nunca, nem mesmo no momento em que aparece, como uma absoluta novidade, num vácuo de informação, predispondo antes o seu público para uma forma bem determinada de recepção, através de informações, sinais mais ou menos manifestos, indícios familiares ou referências implícitas. Ela evoca obras já lidas, coloca o leitor numa determinada situação emocional, cria, logo desde o início, expectativas a respeito "do meio e do fim" da obra que, com o decorrer da leitura, podem ser conservadas ou alteradas, reorientadas ou ainda ironicamente desrespeitadas, segundo determinadas regras de jogo relativamente ao gênero ou ao tipo de texto (**Jauss, 1993**, p. 66-67).

O romance de Pedro Süssekind, nesse sentido, não deixa de ser, também, uma obra de apologia ao ato interpretativo, uma vez que confere destaque absoluto ao leitor (protagonista, narrador). Um leitor peculiar e particular que, enquanto tradutor, é o que "verdadeiramente lê o texto", sofrendo, inclusive, algumas das consequências inevitáveis decorrentes dos efeitos que esse seu comportamento de leitor acarreta.

Se, nos termos propostos por Ricoeur, Murilo vivencia uma "pulsão", uma vez que o impulso tradutório é o que o move (no bom sentido disso), nos termos de Stefano Calabrese, a imersão exacerbada na leitura faz com que ele possa se alinhar a outros tantos casos de "patologia" da leitura romanesca, anulando o próprio eu para "outrar-se" em Kolotov, de forma a projetar-se nele.

Seja como for, trata-se de um jogo ficcional instigante, em que os níveis de intertextualidade se aliam em prol da memória da literatura, a nos recordar que, enquanto leitores, somos múltiplos e que infinitas vozes, além da nossa própria, nos habitam.

**Referências**

- ARCAINI, Enrico (1992). Modelli teorici per la traduzione. In: MINISTERO PER I BENI E LE ATTIVITÀ CULTURALI. La traduzione. Roma: Divisione Editoria. (Quaderni di libri e riviste d'Italia, 28).
- BERMAN, Antoine (2011). A prova do estrangeiro In: RICOEUR, Paul. Sobre a tradução. Tradução e prefácio de Patrícia Lavelle. Belo Horizonte: Editora UFMG.
- CALVINO, Italo (2002). Tradurre è Il vero modo di leggere un testo. In: CALVINO, Italo. Mondo scritto e mondo non scritto. Milano: Mondadori.
- CALABRESE, Stefano (2009). Wertherfieber, bovarismo e outras patologias da leitura romanesca. In: MORETTI, Franco (Org.). A cultura do romance. Tradução de Denise Bottmann. São Paulo: Cosac Naify.
- HUIZINGA, Johan (2000). Homo ludens. Tradução de João Paulo Monteiro. São Paulo: Perspectiva.
- JAUSS, Hans Robert (1993). A literatura como provocação. Tradução de Teresa Cruz. Lisboa: Veja.
- RICOEUR, Paul (2011). Sobre a tradução. Tradução e prefácio de Patrícia Lavelle. Belo Horizonte: Editora UFMG.
- RICOEUR, Paul (2011). Desafio e felicidade da tradução. In: RICOEUR, Paul. Sobre a tradução. Tradução e prefácio de Patrícia Lavelle. Belo Horizonte: Editora UFMG, p. 21-31.
- SCHILLER, Friedrich (1963). Cartas sobre a educação estética da humanidade. Tradução de R. Schwarz. São Paulo: Herder.
- SÜSSEKIND, Pedro (2011). Triz. São Paulo: Editora 34.

## ALDEIA VIOLADA

A aldeia de Tel Ilan, próxima a Tel Aviv, surge, nestas **Cenas da vida na aldeia**, de Amós Oz[6], como um lugar que, antes de tudo, pretende se configurar como um daqueles *locus amoenus* descritos nos estudos de literatura medieval dedicados à recorrência das chamadas *paisagens ideais*.

É dessa maneira que esta aldeia de Oz se enquadra, a princípio, perfeitamente, nas descrições propostas, por exemplo, por Ernst Robert Curtius em **Literatura européia e Idade Média latina**[7]. Seriam elementos essenciais dos "lugares amenos" a presença de árvores (uma ou várias), bosques, campinas, fontes de regatos, com possíveis variantes como canto dos pássaros, flores, sopros de brisa. É também desses cenários cantados por vários poetas da antiguidade clássica (Teócrito, Virgílio, Petrônio e tantos outros) que surgem muitos dos temas caros à poesia pastoril e arcádica.

Os desdobramentos desses topos literários, sobretudo a partir da épica filosófica de fins do século 17, passarão a assumir múltiplas formas em suas descrições do paraíso terrestre. Daí por que, nas palavras de Alain de Lille, "a residência da Natureza que oferece o máximo de beleza natural" seja o "lugar dos lugares", cujas delícias são enriquecidas com especiarias, bálsamo, mel, vinho, cedros e abelhas, além de ornatos mitológicos. (CURTIUS, 1992, p.256)

---

[6] Amós Oz (1939- 2018) nasceu em Jerusalém e morreu em Telaviv. Viveu por trinta anos em um kibutz e viveu em Arad, no deserto de Neghev. Durante o período de estudante de Literatura e Filosofia na Universidade Hebraica de Jerusalém entre 1960 e 1963 publicou seus primeiros contos curtos. Oz participou na Guerra dos Seis Dias e na Guerra do Yom-Kippur e fundou, na década de 1970 juntamente com outros, o movimento pacifista israelita/israelense Schalom Achschaw *(Peace Now)*; pela *Solução de Dois Estados*. Fundador e principal representante do movimento israelita/israelense Paz Agora, foi o escritor mais influente de seu país. Poucos autores escreveram com tanta compaixão e clareza sobre as agruras presentes e passadas de Israel. Em romances como *Conhecer uma mulher* (1992), *Pantera no porão* (1999) ou *Meu Michel* (2002); explora a persistência do amor durante a guerra. Em 1991 foi eleito membro da Academia de Letras Hebraicas; em 1992, recebeu o *Prémio de Frankfurt pela Paz*, e ganhou o Prémio Israel, o mais prestigioso do país. Em 1998 (50º ano da Independência de Israel), recebeu o Prémio *Femina em França* e foi indicado para o Prémio Nobel de Literatura em 2002. Em 2004 recebeu o Prémio Internacional Catalunya, junto com o pacifista palestino Sari Nusseibeh, e o Prémio de Literatura do jornal alemão Die Welt, por *"Uma História de Amor e Escuridão"*, adaptado para o cinema. Neste texto, publicado no Jornal Rascunho, em junho de 2010, faz-se referência à obra: *Cenas da vida na aldeia*. Trad: Paulo Geiger, São Paulo, Cia das Letras, 2009.
[7] CURTIUS, Ernst Robert. *Literatura europeia e Idade Média latina*. Trad: Paulo Rónai. São Paulo, EDUSP, 2013, 3ªed.

### Lugar dos lugares

Assim é que a aldeia aqui representada vem descrita, logo às primeiras páginas, com toda a exuberância da natureza dadivosa, como uma das mais belas paisagens de Israel, um "lugar dos lugares":

*É lindo este lugar de vocês, senhor Tselkin! Espantoso! É a verdadeira Provence do Estado de Israel. Qual! Provence! Toscana! E essa sua paisagem! O bosque! Os vinhedos! Tel Ilan é simplesmente a aldeia mais encantadora de todo esse Estado tão levantino. Muito bonito!* (OZ, 2009, p.9)

Mas não nos deixemos levar pelas aparências... O que se esconderia nas sombras dos bosques, nos entremeios da paisagem generosa e complacente dessa espécie de ordem cósmica ancestral?

Como são os veios, os sulcos ocultos debaixo da pele intacta desse resistente ser-aldeia, tão bem personificado pelas diversas vozes que a narram?

*A aldeia era antiga e sonolenta, uma aldeia de mais de cem anos, com árvores grossas e telhados vermelhos e pequenas propriedades agrícolas, muitas das quais já se haviam transformado em tabernas que vendiam vinhos fabricados em adegas caseiras, azeitonas apimentadas, queijos feitos em casa, condimentos exóticos, frutas raras e trabalhos de macramê.* (OZ, 2009, p.47)

De fato, o que constataremos, no curso da narrativa, é que o irretocável desse lugar assim idealizado se configura apenas para servir como cenário, para que nele se instaurem, por meio de rupturas e contrastes, o inusitado, o estranho, o insólito.

### Constante ameaça

Melhor dizendo, cada uma das cenas que compõem o todo da obra sugere o impalpável, o que jaz subjacente à aparência de vida rotineira e tranquila e que carrega o puro ar local com o peso do que parece viver sob constante ameaça.

Aliás, o universo alegórico que aqui se propõe, tangenciando situações, às vezes absurdas, kafkianas ou no limite da exacerbação da espera, como em algumas narrativas de Dino Buzzati, não poderia deixar de remeter — ainda que indiretamente — ao contexto dos eternos conflitos entre palestinos e israelenses.

Sabe-se que um dos autores israelenses mais conhecidos por suas iniciativas pacifistas foi Amós Oz, detentor do Prêmio da Paz da Feira do Livro de Frankfurt. Sua postura crítica, antimilitarista e conciliadora, alinhada, por exemplo, a de alguns intelectuais e cineastas do porte de Amos Gitai (*Kippur*) e Eran Riklis (*Lemon Tree*), entre outros, renderam-no *persona non grata* em sua própria terra natal.

É claro, então, que as amenidades da aldeia idealizada como lugar paradisíaco, num primeiro momento passarão, necessariamente, pelo processo de deterioração, em que nada ou ninguém se mantém intacto, já que, diante das guerras constantes do Oriente Médio, a vida real é sempre turbulenta e amedrontadora.

Seria muito redutor tentar classificar todo engenho literário de Amós Oz como de mera filiação à vertente da literatura conhecida como fantástica. Mas há que se reconhecer que, nessas cenas de vida na aldeia, a força e a complexidade do narrar estão justamente nas rupturas com a ideia de perfeição e de bom acabamento do *locus amoenus*, a partir da escolha de uma série de elementos constituintes do fantástico.

**O fantástico**

No entendimento do escritor francês Roger Callois, em ***Au coeur du fantastique***[8], a chave de entrada para a compreensão desse gênero está, precisamente, no conceito de ruptura enquanto um escândalo da racionalidade, uma laceração, uma irrupção insólita, quase insuportável, no mundo da realidade:

*O fantástico é, assim, ruptura da ordem reconhecida, irrupção do inadmissível dentro da inalterável legalidade cotidiana, e não substituição total de um universo real por um exclusivamente fantasioso.* (CAILLOIS apud CESERANI, 1996, p.47)

Um dos episódios do livro em que melhor verificamos tal conceito é o terceiro: *Os que cavam*. Neste flagrante de cena da aldeia, vivem numa extremidade de Tel Ilan o ex-deputado Pessach Kedem — "um velho corcunda, alto, irascível e vingativo, de oitenta e seis anos, todo tendinoso e nodoso, áspero, a pele parecendo casca de oliveira" —, sua filha Rachel Franco — uma "viúva bonita e bem cuidada com cerca de quarenta e seis anos, professora de literatura na escola da aldeia, sempre vestida com bom gosto, com largas saias em agradáveis tons pastel que combinavam com os de sua echarpe, calçando mesmo durante o trabalho na escola sapatos de salto alto e usando delicados brincos, e às vezes

---

[8] CALLOIS, Roger *apud* CESERANI, Remo. *O fantástico*. Trad: Nilton Cezar Tridapalli, Curitiba: Ed. UFPR, 2006.

também um fino colar" (OZ, 2009, pp.43-46)— e o jovem árabe Adel — "um rapaz encurvado, tímido, mas também falastrão, que usava óculos pequenos demais, como se os tivesse tirado de um menino ou como se os preservasse desde sua infância. Esses óculos estavam amarrados num cordão e revelavam uma frequente tendência a embaçar na umidade, o que o obrigava a limpá-los e a tornar a limpá-los na manga da blusa que ele sempre vestia sobre amarfanhadas calças jeans. Em sua bochecha esquerda tinha uma covinha que lhe emprestava um ar infantil um pouco envergonhado. Só se barbeava no queixo e ao lado das orelhas, pois o resto de seu rosto ainda era liso e imberbe". (OZ, 2009, pp.60-63)

Há vários aspectos desta cena que chamam a atenção. O fluxo da narrativa corre com certa calmaria ao descrever, em minúcias, os personagens nela envolvidos, apresentando, inclusive, como interessante ponto de reflexão o fato de que, nessa casa, convivem israelenses e um estudante universitário árabe, em aparente harmonia.

Além de ajudar Rachel a limpar o jardim e contribuir com certas tarefas domésticas, Adel é o personagem escritor que se dirige para Tel Ilan, pois pretende escrever um livro em que as aldeias árabes e israelenses possam ser vistas comparativamente. Acredita ele que há, entre elas, no fundo, muitas semelhanças, para além de toda diversidade e hostilidade do ódio separatista. Logicamente, percebe-se no relato de Adel uma intencionalidade pacifista que, por si só, destoaria do contexto real que envolve aqueles países.

**Fator-surpresa**

Mas o fator-surpresa, o elemento inesperado que acabará por gerar a verdadeira ruptura com a inalterabilidade cotidiana é o fato de que o velho, à noite, quando todos dormem, passa a ouvir estranhos rumores no subterrâneo da casa, que lembrariam sons de picaretas, como se alguém lhe escavasse a base.

No início, Rachel analisa a fala do pai como a de um homem ansioso e insone que sofreria de alucinações. Mas, aos poucos, o aparente equilíbrio de uma vida regular e amena vai cedendo espaço ao barulho das escavações, que também será ouvido por Adel, para ao fim, correspondendo a uma inquietação anímica da professora, ser ouvido por ela.

A falta de retoque da cena está no final abrupto de uma ameaça, que se revela paulatina e joga o leitor na mesma espécie de abismo em que acabam sendo lançados os protagonistas.

Elementos recorrentes em todos os episódios da obra são os da invasão e os da dilacerante espera. Sejam hóspedes invasores, estranhas aparições, esperas vãs, cada uma das cenas permanece em aberto, inacabadas propositalmente, no contraponto necessário ao pano de fundo da aparente amenidade da aldeia idealizada. É por esse tipo de artifício, exatamente o de criar o inadmissível, interferindo na ordem comum das coisas, que a maestria de Amós Oz se presentifica, como hábil artesão de narrativas fantásticas.

### Toque do coletivo

A fim de retratá-los fidedignamente, há detalhes preciosos na descrição dos habitantes do lugar. Uma série de tipos desfila, cada qual com suas idiossincrasias, e é anunciada, abrindo cada um dos episódios, como: *Os que herdam, Os que são próximos, Os que cavam, Os que se perdem, Os que esperam, Os que são estranhos* e *Os que cantam.*

No modo como são elencados, há o toque do coletivo que, embora foque o que cada um desses aldeões apresenta como marca própria e individual, jamais os distancia da noção de "espécie humana", da ampla comunidade a que pertencem. Nos títulos desses capítulos, o aldeão, por mais circunscrito que seja à sua aldeia, habitante de Tel Ilan, sai do particular ao geral, extrapola o regional e o provinciano e se identifica com os aldeões do universo, na grande aldeia humana global que herda, aproxima-se, cava, perde-se, espera, estranha-se e canta. A problemática existencial dos seres da aldeia é, enfim, a mesma dos seres que habitam o mundo. Talvez, um pouco como o Tejo da aldeia pessoana de Alberto Caeiro, que, embora pequeno rio circunscrito, vai desaguar nos rios do mundo, ou como as veredas do sertão de Rosa, caminhos e descaminhos da vastidão desse mesmo mundo...

Assim nos irmanamos, reconhecemo-nos e a literatura, ainda que reforçando particularidades, é capaz de ecoar amplos traços de nossa singular humanidade.

### Violação

Inevitavelmente, pouco a pouco, a aldeia vai sendo violada, ou por meio de estranhas escavações a solapar sua base, ou das angustiantes esperas dos que insistem em não chegar, ou pela chegada insólita de hóspedes invasores, ou ainda por sombras de idílios de amores vãos.

A cada cena, retira-se um pouco daquela aura irretocável da cena inaugural, em que a aldeia resplandecia como o "lugar dos lugares", para afinal se reduzir ao inferno na terra.

O que se anuncia é a ameaça subliminar que, num crescendo, vai tomando forma até atingir o estágio de total devastação e ruína, descrito apocalipticamente no último capítulo, qual bomba relógio que fosse sendo alimentada ao longo da narrativa para, no rito derradeiro, explodir:

*Durante toda a noite vapores pestilentos elevam-se do pântano verde. Um cheiro adocicado de podridão se espalha entre nossas cabanas. Tudo que é de ferro oxida da noite para o dia, ervas peçonhentas derrubam as cercas, o bolor devora as paredes, a umidade faz a palha e o feno enegrecerem como carvão, mosquitos enxameiam por toda parte, nossos quartos estão cheios de insetos voadores e rastejantes. A própria poeira borbulha, pustulenta. Carunchos, traças e pulgões roem móveis, parapeitos de madeira e até telhas podres. O verão inteiro, nossas crianças padecem de furúnculos, eczemas e gangrenas. Os velhos morrem com as vias respiratórias decompostas. O odor fétido da morte exala também dos vivos.* (OZ, 2009, p.176)

Era isso que se escondia por trás da amena Tel Ilan: arrancando-lhe as máscaras do fantástico, a realidade cruel e avassaladora escancara sua face mais verdadeira.

## ÁRVORES ARRANCADAS À FORÇA:
### a questão migratória em *Vertigem do chão* de Cezar Tridapalli

#### O inimigo oportuno

O deslocamento de populações inteiras como as que, hoje em dia, partem sucessiva e incansavelmente em direção à Europa, tem sido tema central no debate das chamadas "crises migratórias", que assolam as principais potências mundiais.

Stuart Hall, analisando a fundo o fenômeno migratório, observa que, após a Segunda Guerra Mundial, as potências europeias descolonizadoras pensaram que poderiam simplesmente sair de suas esferas coloniais de influência, deixando as consequências do imperialismo para trás...E no entanto, o que vemos acontecer hoje é que:

Impulsionadas pela pobreza, pela seca, pela fome, pelo subdesenvolvimento econômico e por colheitas fracassadas, pela guerra civil e pelos distúrbios políticos, pelo conflito regional e pelas mudanças arbitrárias e de regimes políticos, pela dívida externa acumulada de seus governos para com os bancos ocidentais, as populações mais pobres do globo, em grande número, acabam por acreditar na mensagem do consumismo global e se mudam para os locais de onde vêm os "bens" e onde as chances de sobrevivência são maiores (Hall, 2015, p.48).

Inevitavelmente, a questão induz a incessantes e acirradas diatribes políticas. De um lado, há a imperativa necessidade desses indivíduos de lutar pela vida e que partem por não ter outra escolha, às vezes sendo acolhidos por uma pequena parcela da população. De outro, há a visão distorcida e redutora dos habitantes locais que, sem levar em conta as causas históricas, religiosas e econômicas, que geram tais deslocamentos, assumem posturas exacerbadamente xenófobas que, em boa parte, sustentam ideologias de extrema direita, com tendências partidárias neonazistas e neofascistas.

A complexidade do tema vem exigindo atenção constante de muitos filósofos, sociólogos, historiadores e hermeneutas. Entre eles, convém lembrar o nome do sociólogo Abdelmalek Sayad[9], que, embora tenha se dedicado mais especificamente à imigração argeliana na França, em muito contribuiu para as discussões atuais.

Com efeito, o eminente estudioso atenta ao fato crucial de que não é possível abordar os fenômenos migratórios, sem analisá-los à luz das teorias pós-coloniais[10]. Ressalta também que o indivíduo que se desloca é "imigrado" no país de chegada, mas continua a ser "emigrado" no país de origem, o que acarreta consequências psicológicas graves, como a do desajuste e estranhamento constantes e da inevitável sensação de não pertencimento.

Mais do que tudo, nota o quanto é preciso perceber na imigração, não apenas um problema social, político e jurídico, mas principalmente cognitivo, que diz respeito tanto aos cientistas da sociologia quanto aos estudiosos de epistemologia.

---

[9] Abdelmalek Sayad nasceu em Beni Djellil, na Argélia em 1933 e morreu na França em 1998. Sociólogo, foi diretor de pesquisa da CNRS e da École des hautes études en sciences sociales (EHESS) e assistente de Pierre Bordieu. É um dos nomes de referência, quando se trata de compreender os fenômenos migratórios, devido à lucidez com que se dedicou ao processo da imigração argelina na França. O conjunto de seus textos representam uma verdadeira "teoria da imigração" combinada à apresentação de uma belíssima metodologia de pesquisa que se poderia chamar de refinada "etnografia das migrações" (Salles & Araújo, 1999).

[10] Para os estudiosos italianos Gennaro Avallone e Salvo Torre, Sayad é uma das mais fascinantes figuras do novo pensamento que emerge a partir da década de 60, especialmente pelo fato de que é um pensador que pode ser definido integralmente como "pós-colonial", porque todo o seu percurso, biográfico e intelectual, pertence ao vasto segmento sociológico que desponta com a perda de eficácia do projeto colonial do Ocidente e se volta à construção de uma nova identidade social e política, que tem plena consciência da história das culturas desaparecidas, exploradas e subjugadas e dos limites dos modelos sociais europeus.

Um dos principais eixos analíticos de sua teoria se baseia no que denominou: "função espelho dos fenômenos migratórios", que, em síntese, postula que os migrantes seriam aqueles que, pelo simples fato de existirem entre nós, obrigam-nos a revelar quem somos: nos discursos que fazemos, no saber que produzimos, na identidade política que reivindicamos. Em outras palavras, a imigração – mais do que qualquer outro fenômeno – é capaz de revelar a natureza da sociedade que a acolhe (SAYAD *apud* LIBERTI, 2002, p.1).

A propósito, o jornalista e estudioso dos fenômenos migratórios na Itália, Stefano Liberti, em interessante artigo, retoma o quanto Sayad teria contribuído para complementar o que postulava Jacques Derrida, à época das primeiras lutas dos, assim chamados, *sans papiers*, na França, em 1997. O filósofo francês observava, então, que o migrante seria como uma chave: um elemento externo em relação ao ambiente interno, podendo, no máximo, olhar, do alto, a sociedade em que gostaria de se inserir, porém tendo a inexorável certeza de já ter abandonado o bolso em que vivia. Com essa metáfora da chave, ele chamava a atenção para o fato de que a condição de todo emigrado-imigrado é a de permanecer suspenso num limbo (equiparado ao da porta que não se abre), constituído por uma profunda e dupla ruptura: a de ser estrangeiro em seu país de origem e no de adoção, não pertencendo, portanto, a nenhum lugar. E se potencialmente, a chave tem a vantagem de servir como uma ponte, um elemento de junção capaz de fazer com que dois espaços fechados se comuniquem, na realidade, em nossas sociedades falsamente abertas, acaba se tornando símbolo de uma presença incômoda, testemunho de uma incapacidade permanente (DERRIDA *apud* LIBERTI, 2002, p.01).

Derrida falava, então, sobre a capacidade de acolhimento que a França, país historicamente de imigração, não parecia mais estar à altura de garantir. Suas reflexões partiam de um tema imprescindível: o emigrado-imigrado-chave havia chegado à soleira da porta e precisava ser acolhido. A porta precisava se abrir: o imigrado tinha levado a cabo uma escolha e precisava ser ajudado a despir-se da condição de emigrante.

Porém, no entendimento do estudioso italiano Liberti, o eminente pensador francês, devido às necessidades políticas do momento, acabava por ignorar, em seu discurso, o outro lado da medalha. De fato, este fazia referência às sociedades de origem dos migrantes que, tendo sofrido as rupturas em massa, decorrentes da partida de seus membros, reagiam, rejeitando-os, estigmatizando-os como traidores.

Assim, Derrida, e com ele, boa parte do pensamento europeu mais progressista, ignorava a dupla conotação negativa do limbo mencionado anteriormente: o imigrado-emigrado não apenas não é aceito no país de imigração, mas também é rejeitado no país de emigração, condenado à uma insuportável esquizofrenia mental entre dois mundos igualmente hostis (LIBERTI, 2002, p.01).

O autor nota que tal univocidade reflexiva trazia, como consequência, uma inevitável defasagem, que caracterizava e de certa forma ainda caracteriza boa parte dos estudos e das representações sobre o fenômeno: é muito abundante a literatura sobre a imigração, mas insuficiente a que diz respeito à emigração.

Daí por que ser fundamental – segundo Liberti - recorrer à obra de Abdelmalek Sayad, mais especificamente ao livro: *La doppia assenza* (2002), que se propõe a analisar o fenômeno migratório em sua inteireza: "das ilusões do emigrado aos sofrimentos do imigrado", como revela o subtítulo da obra.

Argelino, Sayad migrou para a França, mas jamais se naturalizou. Trabalhou por vinte anos como sociólogo das migrações, experimentando, na própria pele, a violência de um Estado que considera o imigrado como um intruso (ou um "clandestino", como hoje repete abusivamente a mídia mundial). Ainda que tendo se dedicado à emigração argelina na França (dos anos 60 e 70), seu trabalho assume um valor paradigmático, pois toca em situações análogas a quase todos os fenômenos migratórios: migrações de massa de uma sociedade prevalentemente rural, em direção à uma sociedade urbana e industrial, além do fato de que, em grande parte, tais migrações são a consequência direta advinda dos processos de colonização.

Uma das principais premissas advogadas pelo eminente sociólogo, retomadas por Stefano Liberti, fundamentais para o eixo de análise desta pesquisa é a de que:

Todo estudo dos fenômenos migratórios que esqueça de verificar as condições de origem dos emigrados está condenado a oferecer, do fenômeno migratório, apenas uma visão parcial e etnocêntrica. De um lado, é como se a existência daqueles indivíduos começasse no momento em que chegam ao país de destino. É apenas o imigrado e não o emigrado a ser levado em consideração; por outro lado, o problema, explícito e implícito, é sempre o da adaptação à sociedade de "acolhimento" (SAYAD *apud* LIBERTI, 2002, p.01).

Outro pensador contemporâneo ao qual é preciso recorrer, diante do tema, é o já citado anteriormente, "pai dos Estudos Culturais", Stuart Hall[11]. Em uma de suas mais que necessárias obras, nos alerta para o fato de que o "pós-colonial" não sinaliza uma simples sucessão cronológica de "antes-depois". O movimento que vai da colonização aos tempos pós-coloniais não induz a que concluamos que os problemas do colonialismo tenham sido resolvidos ou sucedidos por uma época livre de conflitos:

Ao contrário, o pós-colonial marca a passagem de uma configuração ou conjuntura histórica de poder para outra. Problemas de dependência, subdesenvolvimento e marginalização, típicos do "alto" período colonial, persistem no pós-colonial. Contudo, essas relações estão resumidas em uma nova configuração. No passado, eram articuladas como relações desiguais de poder e exploração entre as sociedades colonizadoras e colonizadas. Atualmente, essas relações são deslocadas e reencenadas como lutas entre forças sociais nativas, como contradições internas e fontes de desestabilização no interior da sociedade descolonizada, ou entre ela e o sistema global como um todo (HALL, 2003, p.56).

Acrescentando importantíssima contribuição ao debate, Zygmunt Bauman[12], em obra fundamental para a elucidação do assunto: *Estranhos à nossa porta* (2016), nota o quanto a chegada de uma massa de migrantes sem teto ajuda a explicar "o crescente sucesso da xenofobia, do racismo e da variedade chauvinista de nacionalismo e o sucesso

---

[11]Stuart Hall (Kingston, 3 de fevereiro de 1932 — Londres, 10 de fevereiro de 2014) foi um teórico cultural e sociólogo jamaicano que viveu e atuou no Reino Unido a partir de 1951. Hall, juntamente com Richard Hoggart e Raymond Williams, foi uma das figuras fundadoras da escola de pensamento que hoje é conhecida como Estudos Culturais britânicos ou a escola Birmingham dos Estudos Culturais. Disponível em: https://pt.wikipedia.org/wiki/Stuart_Hall.

[12] **Zygmunt Bauman** (Poznań, Polônia, 19 de novembro de 1925 – Leeds, Reino Unido, 9 de janeiro de 2017) foi um filósofo, sociólogo, professor e escritor polonês. Sua obra influencia estudos em sociologia, filosofia e psicologia. É **um dos maiores intelectuais do século XXI**. Ao estudar as interações humanas na Modernidade tardia, também denominada Pós-Modernidade, ele **percebeu que "as relações escorrem pelo espaço entre os dedos"**. Trata-se de relacionamentos menos duradouros, há um medo difuso que torna os indivíduos inseguros e autocentrados, assim, a segurança é buscada no prazer imediato que o consumo pode oferecer, no isolamento voluntário, no distanciamento dos diferentes e na fugacidade de relações que não suportam erros ou adversidades. Nesses fenômenos, Bauman encontrou um ponto comum: a **liquidez**. Baseado em sua perspicácia e genialidade, ele analisou com afinco o que conceituou como modernidade líquida, amor líquido e medo líquido. Sua última obra traduzida e publicada no Brasil é "Estranhos à Nossa Porta" de 2017 em que o filósofo se volta para a crise de refugiados na Europa. Disponível em : https://brasilescola.uol.com.br/sociologia/zygmunt-bauman.htm

eleitoral, ao mesmo tempo espantoso e inédito, de partidos e movimentos xenofóbicos, racistas e chauvinistas..." (BAUMAN, 2017, p.18).

Com efeito, o eminente filósofo assevera que a ansiedade generalizada da população europeia diante dos estranhos que lhe batem à porta, não só não é combatida pela maior parte dos governos, como é por eles fomentada. O sentido disseminado de insegurança – tão reiterado pela mídia - acaba favorecendo, de modo oportunista, a necessidade de aparatos de controle que sejam cada vez mais eficazes no combate a esses "invasores", favorecendo políticas governamentais que defendem enfaticamente a chamada "securitização":

A "securitização" é um truque de mágica, calculado para ser exatamente isso. Ela consiste em desviar a ansiedade, de problemas que os governos são incapazes de enfrentar (ou não têm muito interesse em fazê-lo), para outros, com os quais os governantes – diariamente e em milhares de telas – aparecem lidando com energia e (por vezes) com sucesso. No primeiro tipo de problema encontram-se fatores fundamentais da condição humana, como a oferta de empregos de qualidade, a confiança e a estabilidade da condição social, a proteção efetiva contra a degradação social e a imunidade quanto à negação da dignidade – todos esses determinantes da segurança e do bem-estar que os governos, os quais antes prometiam pleno emprego e uma ampla previdência social, são hoje incapazes de enunciar, que dirá fornecer. No segundo tipo, a luta contra terroristas que conspiram contra a segurança de pessoas comuns e suas estimadas posses facilmente se destaca e ganha predominância (BAUMAN, 2017, p.34).

Além disso, quanto mais se investe na tendência a "securitizar" o "problema da migração", mais se encontram, de forma totalmente distorcida, justificativas para a ascensão de governos xenófobos, que se fundamentam na urgência de proteger a população ameaçada.

De modo análogo, o professor e sociólogo italiano Alessandro Dal Lago observa o quanto seu país, a Itália, não apenas reagiu de modo negativo e hostil à chegada dos "estranhos", como também fez com que estes encarnassem a sua própria incapacidade de enfrentar os fenômenos migratórios, sobretudo a partir dos anos oitenta (DAL LAGO, 2012, p.71-95).

Por meio da consolidação do que o autor denomina "tautologia do medo", foi-se construindo – acima de tudo, por uma intervenção ativa da mídia – o círculo vicioso que poderia ser assim resumido: diante de inimigos que ameaçam a segurança dos cidadãos italianos/europeus, cumpre eleger medidas ostensivas de controle que visem à sua proteção. A "securitização" – nos termos apontados por Bauman - nesse caso, se justificaria como resposta à imagem hostil do "estrangeiro", construída sistematicamente (e de forma oportunista pelo aparato do poder) como a de um perigoso inimigo. Cumpre notar, conforme explica o professor Dal Lago, que a informação negativa dos migrantes como "problema", "praga" ou "ameaça" é construída e comunicada pelos órgãos de informação, principalmente pelo apelo excessivo a manchetes de efeito, cujas escolhas estilísticas parecem calculadas propositalmente para provocar um mal estar objetivo nos leitores.

Ele observa ainda que a variação quantitativa e estilística no tratamento das informações sobre a imigração corresponde a uma mudança temática decisiva. Se no curso dos anos oitenta, na Itália, as informações relativas à imigração eram sujeitas à uma grande variabilidade, a partir da primeira metade dos anos noventa, os jornais passam a dedicar ao tema uma atenção constante e crescente. Tratam-se de notícias, em grande parte negativas, que pretendem forjar uma imagem da imigração como problema social grave.

No início dos anos noventa, a imigração passa a ser quase que exclusivamente definida em termos de ilegalidade e degradação, enquanto a fonte privilegiada das notícias vem a ser constituída por um novo ator social: o cidadão que protesta contra a degradação, isto é contra a imigração.

Para Dal Lago, a existência desse modelo narrativo recorrente, utilizado por grande parte da imprensa italiana massivamente, revela um mecanismo "estável" da produção midiática do medo:

Defino como "tautológico" este mecanismo, quando a simples enunciação do alarme (neste caso, a "invasão de imigrados delinquentes") *demonstra* a realidade que ele denuncia. Tais mecanismos são conhecidos na Sociologia, a partir do conceito de "definição da situação", cunhado por W.I.Thomas, segundo o qual "se os homens definem as situações como reais, estas acabam se tornando reais em suas consequências." Em outros termos, uma situação social é aquilo que os atores nela envolvidos ou interessados definem que seja.... Na construção autopoietica[13] do significado, as definições subjetivas de uma situação

---

[13] O autor adverte que usa o termo "autopoietica" tomado como empréstimo da Biologia, que significa a capacidade dos sistemas vivos de se reproduzirem e de reproduzirem os próprios subsistemas e as suas relações, mantendo o equilíbrio homeostático. Na Sociologia, o conceito mais próximo ao de "autopoie-

se tornam reais, isto é, objetivas e isto ainda é mais verificável, quanto mais dizem respeito a aspectos socialmente delicados, como o "medo do inimigo" (DAL LAGO, 2012, p.73, trad. nossa).

A violência racista, a indiferença, a discriminação judiciária, a exclusão social são algumas das formas diversas pelas quais uma sociedade calcada no medo dos migrantes acaba por erigir uma barreira intransponível entre "eles" e "nós".

No entendimento do sociólogo, o que têm em comum imigrados marroquinos, algerianos, senegaleses ou romenos, ciganos, refugiados albaneses, bósnios ou curdos é o fato de *não* terem o direito de viver no espaço nacional porque *não* italianos, *não* europeus ocidentais, *não* desenvolvidos, *não* ricos. É mais do que evidente que a discriminação contra os estrangeiros, nesse caso, não atinge japoneses, norte-americanos, suíços ou tantos outros que também poderiam ser inseridos, formalmente, na categoria dos assim chamados "extracomunitários". Daí por que o título de sua obra – à qual aqui fazemos referência – seja construído por meio da negação: "*Não – pessoas*: a exclusão dos migrantes em uma sociedade global". (DAL LAGO, 2012, grifo nosso, trad. nossa)

Sua tese é a de que os estrangeiros, jurídica e socialmente ilegítimos (migrantes regulares, irregulares ou clandestinos, nômades, refugiados), constituem a categoria mais suscetível a ser tratada como a de "não-pessoas". Basta pensarmos, para começar, nos limites que a linguagem impõe à representação dessa categoria de seres humanos. Tratados pela imprensa e pela mídia em geral como "extracomunitários", "imigrados", "clandestinos", "irregulares" são estereotipados, não por meio do que se refere a características que lhe são inerentes, mas por aquilo que eles não são em relação a nós.

A partir dessa opacidade linguística, que corresponde a uma total invisibilidade social, afirmam-se as premissas para que eles não se constituam como pessoas e possam ser, literalmente, neutralizados. A censura linguística é uma das formas mais comuns de anulação das pessoas.

De certo modo, como "não-pessoas", os migrantes vão sendo privados de identidade e se tornam, em alguma medida, "invisíveis". São visíveis enquanto ameaça, mas invisíveis no que se refere a qualquer es-

---

sis" é o da "autorreferencialidade" (N. Luhmann, *Sistemi sociali*, il Mulino, Bologna, 1994). Mas aqui, nesse contexto, importa notar que a utilização desses conceitos se refere ao fato de que determinados sistemas (ao mesmo tempo sociais e simbólicos) se encontram em condições de produzir uma realidade virtual, a fim de manter a própria capacidade reprodutiva (Dal Lago, 2012, p.107. trad. nossa).

pécie de direito ou tentativa de inserção institucional. São invisíveis nos nichos de mercado do trabalho escravo e da economia informal, desde que aceitem as regras, sem contestar a própria subordinação. Dessa forma, a existência deles é tolerada e ignorada. Mas se passam a ser visíveis – ou pela natureza particular de sua atividade de trabalho, informal ou marginal, mas pública – ou porque envolvidos em algum caso de emergência, acabarão "etnizados" e culturalmente segregados.

A caracterização que a sociedade italiana lhes concede é sempre estigmatizada pelo signo do "não", o que produz uma espécie de neutralização, de exclusão discursiva. A propósito, o autor cita o caso de um menino, em que se evidencia – de modo absurdo – a que ponto chega a internalização, por parte dos imigrados, dessa falta absoluta de identidade, desse "não" pertencimento:

Um menino que aparenta ter entre oito ou dez anos é conduzido à prisão para menores, porque encontrado na rua, em um cruzamento, enquanto tentava vender alguma coisa e por ter tentado fugir dos policiais. Ele não tem documentos e não consegue fornecer, aos agentes da polícia, nenhum nome crível. Primeiro diz se chamar Dumbo, depois Mickey Mouse, depois Pato Donald, depois John: diz ser americano, mas parece árabe. Em seguida se declara francês (mas segundo os agentes policiais, poderia ser eslavo). Inicialmente, diz ter vindo de Roma, depois da Suíça, depois da América. Ao final – sempre conforme o relato dos policiais – começa a "delirar": "Sou um extraterrestre, venho do espaço!". Daí em diante, continua a reiterar que é um extraterrestre [...]

Um dia, o menino acaba perguntando indignado à uma assistente social que se tornara sua amiga: "Mas por que em vez de ser extracomunitário, não posso ser um extraterrestre"? (DAL LAGO, 2012, p.228, trad nossa).

Seguindo essa mesma linha de raciocínio, Michel Agier, considerado por Zygmunt Bauman, talvez, o "mais incisivo, coerente e, hoje, de longe o mais experiente e perceptivo pesquisador preocupado com o destino de mais de 200 milhões de pessoas (globalmente) deslocadas" (BAUMAN, 2017, p.88) sugere que a política migratória se destina a consolidar uma divisão entre duas grandes categorias mundiais cada vez mais reificadas: de um lado, um mundo limpo, saudável e visível; de outro, o mundo dos "remanescentes" residuais, sombrio, doente e invisível". Ele prevê que, se as práticas continuarem como estão, esse objetivo vai superar e minimizar todas as outras preocupações e funções aparentes: campos "não serão mais usados para manter vivos refugiados vulneráveis, mas para reunir e vigiar todos os tipos de população indesejável" (AGIER apud BAUMAN, 2017, p.88, 89).

Em importante artigo sobre a condição de refugiados e imigrantes, o professor e filósofo Vladimir Safatle retoma, também a propósito desse assunto, um trecho da obra *Édipo em Colona* de Sófocles, que vale transcrever:

"De fato, a tua sina deve ser terrível, e não lhe ficarei indiferente, eu que cresci no exílio, um desterrado como tu, e que arrisquei como ninguém a minha vida lutando muitas vezes em terras estranhas. Por isso, a nenhum forasteiro igual a ti eu hoje poderia recusar ajuda. (palavras de Teseu a um dos mais célebres refugiados da história do pensamento ocidental: Édipo)"

Expulso de sua terra, sem lugar e sem posses, Édipo pede asilo e recebe de Teseu mais do que esperava. Recebe o reconhecimento de que o desterro não deixa ninguém indiferente, mesmo que este outro seja alguém "irrepresentável" para nós, alguém cujas filiações não conhecemos. (SAFATLE, 2016, p.1)

Como não poderia deixar de ser, toda essa problemática passou a ser representada também pelas mais diversas manifestações e expressões artísticas, entre as quais se destaca a literatura.

### *Vertigem do chão* (2019) de Cezar Tridapalli

Com o propósito de ilustrar a complexidade do tema, partiremos a seguir para a análise de um caso literário de ficção brasileira contemporânea: o romance *Vertigem do chão* (2019) de Cezar Tridapalli[14]. O

---

[14] Cezar Tridapalli é um escritor brasileiro, nascido em Curitiba em 1974. É mestre em Estudos Literários pela Universidade Federal do Paraná (UFPR). Psicanalista, romancista e tradutor de livros sobre psicanálise, literatura e migração, colabora com vários jornais e revistas. Tradutor de Massimo Recalcati, Ilaria Gaspari, Donatella di Cesare, Rossana Campo, Ginevra Lamberti, Valentina Maini, Francesca Mannocchi. Responsável pelo módulo de Experiência Estética do programa de pós-graduação em Comunicação e Cultura da Universidade Positivo, além de professor no curso de pós-graduação do ESPE: Psicanálise, Arte e Literatura. Em 2011, publicou seu primeiro romance pela Editora 7Letras, *Pequena biografia de desejos*, aclamado pela crítica, assim como *O beijo de Schiller* (2012), vencedor do Prêmio Minas Gerais de Literatura, publicado pela Arte & Letra em 2014. *Vertigem do chão* é seu terceiro romance (Belo Horizonte, Moinhos, 2019).

título, de saída, nos coloca diante de um aparente paradoxo. De fato, em sentido mais denotativo, o termo "vertigem" remete à sensação de movimento giratório (*vertere* em latim, *girar*) ou oscilatório do corpo ou do seu entorno, causada por um distúrbio do equilíbrio, uma tontura ou rápida alienação dos sentidos. Pode-se ter, por exemplo, "vertigem de altura", mas soa, no mínimo inusitado, que alguém possa ser acometido por uma "vertigem do chão". E no entanto, por mais absurdo que possa parecer, é justamente das contradições desse estranho mal, que a construção romanesca vai se delineando, sem se perder em dicotomias estereotipadas, numa proposta ficcional complexa e arrebatadora.

Num primeiro momento, apresentam-se os protagonistas, o dançarino curitibano Leonel da Silva e o atleta holandês Stefan Bisschop, ambos gays, na soleira dos trinta anos, "separados por dez mil quilômetros", mas "iluminados pela ideia de se arrancar do chão que os prendia" (p.17). O primeiro, para fugir das convenções limitadoras de sua profissão num contexto provinciano e também do tédio de um relacionamento amoroso em ruínas, decide ir para Utrecht, na Holanda, referência internacional no mundo das artes e da dança contemporânea. O segundo, por vivenciar na própria pele a dor do assassinato do companheiro, em decorrência do recrudescimento das relações entre holandeses xenófobos e imigrados muçulmanos, idealiza uma vida mais amena nos trópicos brasileiros, escolhendo Curitiba como destino. A aproximá-los, a mesma vertigem, aqui na acepção conotativa de "tentação repentina", "desejo irresistível" em que apostavam – cada qual a seu modo – numa chance de reinvenção em terra estrangeira.

Cumpre notar o quanto a questão do corpo em movimento (Leonel dança e Stefan corre) se estiliza como importante metáfora da relação dialética entre "instabilidade e fixidez" (p.21), núcleo central a se desenvolver, expandindo-se ao longo de todo o romance: "A mecânica do movimento e sua dinâmica. Que cravar os pés no chão pode, na busca pela estabilidade radical, fazer o corpo cair, pensou Stefan, em Utrecht, pensou, em Curitiba, Leonel" (p.22)".

Assim, na primeira parte do livro, temos esse microcosmo, mais voltado ao corpo físico e às sutilezas que envolvem o difícil ajuste "equilíbrio x desequilíbrio", já que tal como algumas plantas nos comportamos como "raízes insistentes" (2019, p.21), acomodadas à terra habitual. De todo modo, o sentimento que prevalece e impulsiona os protagonistas a alçarem voo é a certeza da necessidade de criar asas, uma vez que seus chãos (tanto o do brasileiro, quanto o do holandês) lhes pareciam impróprios. Nesse caso, é o medo do enraizamento, aqui visto como problemático, enquanto inércia aniquiladora que pode causar uma explícita "vertigem do chão" - o do que aprisiona e reduz, o do que limita e castra o que lhe é diverso e estranho.

Mas o grande ganho do romance não se concentra nessa máxima. Vai muito além, investindo nas diversas nuances que o conceito de vertigem passa a assumir, ao expandir-se do corpo propriamente físico para o corpo social.

No que diz respeito à história de Stefan, surgem os ecos da voz do pai, a do velho Bisschop (ironicamente, o velho Bispo), representante de grande parte de holandeses que, ultrajados diante de assassinatos cometidos contra seus pares por imigrados muçulmanos, encontram na necessidade da securitização do Estado, uma boa justificativa para alicerçar discursos nacionalistas e xenófobos:

> O oude Bisschop fumava e na voz perdida em calmaria falava de novo sobre os imigrantes islâmicos, infelizmente se aproveitavam da tradição de tolerância holandesa, saíam fugidos de seus países e traziam de lá regras religiosas sem sentido. [...] Stefan cresceu ouvindo esse mesmo tom usado para assuntos sérios e troças. Se havia diferença entre uma coisa e outra, perguntava com a fisionomia gravemente interessada, realimentando a dúvida. Valorizava a tolerância e por isso pregava o sumiço de qualquer traço islâmico e de seus disseminadores, imigrantes que por trás do olhar de cão sem dono traziam junto verdades lunáticas. Era impossível convencer os fanáticos, inconformados porque a vida não tinha reticências. (TRIDAPALLI, 2019, p.143)

A reverberar na alma de Leonel, a voz contundente da personagem Fadilah, professora muçulmana com quem ele divide a moradia em Utrecht, num discurso em que se revela, a imensa dificuldade dos que são obrigados a sair do solo natal, num trecho de alta densidade poética:

> [...] E Leonel imaginou uma árvore, tentando não perder o raciocínio que o convidou a ver essa árvore desde pequena, ainda broto, plantada em solo específico e regada com as chuvas bastantes, que recebeu determinados ventos e foi crescendo até ficar bem enraizada, olhando sempre as mes-

mas coisas em mudanças tão lentas que olhos distraídos não percebiam. E, depois de todo esse tempo, que imaginasse o transplante, as raízes arrancadas pingando terra eram levadas a outro chão. Onde o ar costumeiro, a porosidade conhecida, a água na quantidade habitual? Era difícil ser arrancada desde as raízes e tatear às cegas solo novo. *El vértigo de ser plantado a la fuerza. La desorientación. El vértigo de la tierra.* Havia o risco de secar e também o de querer que o terreno desconhecido se transformasse no cenário das origens. Esse delírio produzia raiva, essa raiva não se cansava de fechar os olhos e partir como touro brabo para cima de tudo o que ameaçava dissuadi-la. *La ira es aullido.* [...] (TRIDAPALLI, 2019, p.143)

Ao acenar a essa complexa problemática do corpo social - tanto a dos que defendem de modo extremista o próprio chão, quanto a dos que são forçados à desterritorialização - a obra de Tridapalli toca num dos problemas mais candentes da contemporaneidade, o qual Zygmut Ballman classificou como a maior catástrofe humanitária deste século (ao que já nos referimos anteriormente). Sem emitir nenhum juízo de valor, o narrador de *Vertigem do chão* apresenta os dois lados da medalha e dessa forma evita cair no discurso tendencioso e medíocre dos estereótipos. Esse recurso é ainda mais explicitado pelos procedimentos formais de que lança mão. A alternância do que remete, ora a Leonel, ora a Stefan, devido à súbita quebra de referencialidade, acaba construindo um duplo fio narrativo, que embora os circunscreva em seus respectivos espaços, também os aproxima, numa espécie de fusão. Ou como afirma a respeito Reginaldo Pujol Filho:

Assim como os personagens estão em trânsito (de um país a outro, uma realidade a outra, nos mapas das cidades profundamente explorados no texto), transitamos nós por diversas consciências, às vezes com tal sutileza que podemos não perceber o fluir de uma voz a outra, de uma gramática pessoal a outra. (2020, p.1)

Se os dois jamais se encontram ao longo do curso do romance, é exatamente no constructo atento das formas do narrar que suas vidas se tocam, assumindo instigante função especular ou projecional. Ao leitor, cabe aderir às exigências de uma estrutura que também se pretende vertiginosa:

Fechou o livro, parou o globo. Leonel e Stefan, agora unidos pelo Google Maps, olhavam a forma irregular dos continentes divididos por fronteiras tênues. Os olhos e os dedos sobrevoavam um mundo sem vistos ou alfândega. Stefan digitou Brazilië, Leonel Holanda, ignorando os Países baixos. No zoom-out, alternaram o olhar entre o ponto onde estavam e o lugar para onde cogitavam ir. Stefan girou a cadeira e olhou na direção do Brasil. Leonel fez o mesmo, saindo da tela, o território imaginado além da parede. Lá estava o Brasil, lá a Holanda. Os olhos se bateram na metade do caminho, no Oceano Atlântico, às costas do Marrocos. Mas eles não se viram, havia apenas parede, esse horizonte que confina e conforta. Stefan viveu a perplexidade dos homens que julgavam ser a Terra plana, abismo no fim de tudo, de onde cairiam para sempre. Leonel evocou o retorno das Grandes Navegações. Era preciso impor-se o desafio, vontade e coragem de estabelecer outra ordem. E o caos é outra ordem. (TRIDAPALLI, 2019, p.36-37)

Dialogando com o polêmico tema das crises migratórias contemporâneas, *Vertigem do chão* nos habilita, assim, à uma análise que se nutra dos estudos sobre o pós colonialismo (como os que nesta pesquisa procuramos enunciar). A construção nefasta da imagem do imigrante - em termos análogos aos elencados pelo professor Dal Lago - reiterada quotidianamente por manifestações reacionárias extremistas são bem ilustradas pelo seguinte trecho do romance, em que se percebe, de modo claro, de que argumentos distorcidos se nutre a retórica xenófoba do ódio:

O monte de Adidas, Nike e Puma eles adoravam, e comparavam e se comoviam com o modelo novo do amortecimento que vinha do Vietnam, China, Bangladesh. Mas que não viessem vietnamitas, chineses, bengalis. Então que Stefan sentisse a situação: os imigrantes chegavam para fazer o que os nativos não queriam, mas que fossem discretos, invisíveis melhor. Aí a China soltava um peido, dava uma merda internacional, o desemprego aumentava e quem eram os culpados?
Os imigrantes ladrões de empregos que além de tudo eram chamados de vagabundos, disse Stefan pela primeira vez, de tanto ouvir a mesma lengalenga. Começava a aprender na marra. Se estivessem ali, Machiel e o *oude* Bisschop diriam que se marroquinos, turcos, somalis e todos esses pobres do mundo saíam de seus países depois de levarem

um chute na bunda, então era preciso recebê-los com um soco na cara. Depois de não conseguirem viver como gente na terra deles – eram os sujeitos mais fracos que vinham dos países mais fracos, os fracos dos fracos, portanto -, esses espermatozoides ruins quererem fecundar algum chão fértil só podia dar merda. Vinham encher o saco dos países que ao custo de tanta guerra, trabalho e filosofia conseguiram um estado de bem-estar social aceitável (TRIDAPALLI, 2019, p.200).

Entre as muitas acepções que pertencem ao campo semântico da palavra vertigem, há também a de "desvario". Talvez, a mais cruel seja a dessa loucura momentânea que degenera em violência.

Leonel, perseguido pela polícia holandesa no encalço de imigrantes; Stefan, perseguido pela truculência de gangues extremistas, que explicitam um dos traços mais abjetos do cenário brasileiro, acabam por revelar quem somos: nos discursos que fazemos, no saber que produzimos, na identidade política que reivindicamos.

**Conclusão**

Diante dos deslocamentos populacionais desastrosos que, em seu conjunto, representam a maior catástrofe humanitária deste século, continuam reverberando alguns questionamentos fundamentais, como os propostos, por exemplo por Stuart Hall em *Da diáspora. Identidades e mediações culturais*:

1. O que a experiência da diáspora lança sobre as questões da identidade cultural?
2. Como podemos conceber ou imaginar a identidade, a diferença e o pertencimento após a diáspora?
3. Já que a "identidade cultural" carrega consigo tantos traços de unidade essencial, unicidade primordial, individualidade e mesmice, como podemos pensar as identidades inscritas nas relações de poder, construídas pela diferença e disjuntura? (2003, p.28,29).

As representações artísticas de toda a ordem (entre elas, a literatura) se não conseguem trazer soluções a essa problemática tão relevante da contemporaneidade, ao menos lançam luz às mesmas, problematizando certas posturas reacionárias e xenófobas que, de modo reiterado, vêm surgindo, com plataformas eleitorais calcadas em discursos nacionalistas, extremamente ostensivos contra os migrantes.

Tal postura faz-se necessária porque o que passa a frequentar o terreno das representações (e na presente pesquisa isso é muito pertinente) não é mais o sujeito centrado, mas sim o que se dispersou para sempre de sua terra natal. É o que mantém fortes vínculos com seu lugar de origem e suas tradições, mas sem a ilusão de um retorno ao passado. É o que acaba sendo obrigado a negociar com as novas culturas em que vive, sem simplesmente ser assimilado por elas e sem perder completamente sua identidade. É o que carrega traços das culturas, das tradições, das linguagens e das histórias particulares pelas quais foi marcado. A diferença é que esse sujeito não mais pertence a uma, mas a várias "casas".

Curioso notar como o escritor Salman Rushdie compreende o fenômeno. Para ele, já que a palavra "tradução" vem, etimologicamente do latim e significa "transportar entre fronteiras", os escritores migrantes pertencem a dois mundos ao mesmo tempo e "tendo sido transportados através do mundo... são homens *traduzidos*" (Rushdie apud Hall, 2015, p.52). São, portanto, o produto das "novas diásporas" criadas pelas migrações pós-coloniais. Devem aprender a habitar, no mínimo duas identidades, a falar duas linguagens culturais, a traduzir e a negociar entre elas.

De modo análogo, o romance brasileiro contemporâneo *Vertigem do chão* (2019) de Cezar Tridapalli, que aqui buscamos analisar como caso literário, toca em cada uma dessas questões, ilustrando, em boa medida, o desajuste do não pertencimento, o limbo a que estão fadados os que, mesmo tentando se reinventar em terra estrangeira, não conseguem levar a cabo tal intento, tornando-se seres suspensos numa espécie de entrelugar, com todas as consequências a que esse mal-estar pode conduzir. Afinal, como *não-pessoas* (na categorização enunciada de modo crítico e em tom de denúncia pelo professor e sociólogo italiano Alessandro Dal Lago) os migrantes, nas sociedades reacionárias e desumanas que os recebem, acabam por se tornar literalmente seres invisíveis. Sua existência é pautada pelo que eles *não* representam ou como diria assertivamente o avô holandês do personagem Stefan, o *oude* Bisschop enunciando suas xenófobas convicções ao neto: os imigrantes precisavam vir para fazer o que os nativos não quisessem, "mas que fossem discretos, *invisíveis* melhor" (TRIDAPALLI, 2019, p.200).

Esse tipo de conduta e de abjeto comportamento por parte dos que se fecham "dentro de suas portas", diante do pânico que se instaura em relação aos "estranhos às nossas portas" (na acepção de Bauman) passariam assim a "justificar" – de modo errôneo e totalmente distorcido - as medidas de securitização impetradas, de forma crescente e ostensiva, pelo policiamento de vários governos extremistas, que se utilizam da propagação do medo como recurso estratégico de manutenção do controle e do poder, em detrimento dos que buscam alternativas mais acolhedoras e humanizadas em relação aos migrantes.

Refletindo sobre esse tipo de contexto e a partir da dinâmica do movimento em sua mais ampla acepção, a obra de Cezar Tridapalli que aqui se buscou analisar, trata das questões mais cruciais dos diversos tipos de deslocamentos: físicos, psíquicos e sobretudo existenciais. O que se obtém como resultado de tais procedimento narrativos é a máxima problematização - sem o direcionamento a respostas ou teses taxativas - dos conceitos de enraizamento, identidade e cultura, numa perspectiva que se coaduna com as linhas mestras de alguns pensadores e estudiosos do pós-colonialismo, como procuramos demonstrar.

## REFERÊNCIAS:

AGIER, Michel apud BAUMAN, Zygmunt. **Estranhos à nossa porta.** Trad: Carlos Alberto Medeiros. Rio de Janeiro: Zahar, 2017, p.88, 89.

AVALLONE, Genaro & TORRE, Salvo. **Abdelmalek Sayad: per una teoria postcoloniale delle migrazioni.** Disponível em: < http: // www.academia.edu 3761891 Abdelmalek_ Sayad_per_una_teoria_ postcoloniale_delle_migrazioni.> Acesso: em 02 Mar. 2016.

BAUMAN, Zygmunt. **Estranhos à nossa porta.** Trad: Carlos Alberto Medeiros. Rio de Janeiro: Zahar, 2017.

DAL LAGO, Alessandro. **Non persone: l'esclusione dei migrant in una società globale.** Milano: Feltrinelli, 1999.
DERRIDA, Jacques apud LIBERTI, Stefano. **Immigrati: il mito dell'integrazione secondo Abdelmalek Sayad.** Disponível em: <http://lostraniero.net/immigrati-il-mito-dellintegrazione-secondo--abdelmalek-sayad/, 2002, p.1.> Acesso: em 10 Mai. 2016.

FILHO, Reginaldo Pujol. **Dois personagens e dois percursos em *Vertigem do chão*.** Disponível em: https://www.revistacontinente.com.br/edicoes/234/dois-personagens-e-dois-percursos-em--vertigem-do-chao-

HALL, Stuart. **A identidade cultural na pós-modernidade.**12ª ed. Trad: Tomaz Tadeu da Silva & Guacira Lopes Louro. Rio de Janeiro, Lamparina, 2015.

_____. **Da diáspora: identidades e mediações culturais** (2008). 2ª ed. Org. Liv Sovik. Trad: Adelaide La Guardia Resende et al. Belo Horizonte: UFMG, 2008.

RUSHDIE, Salmon apud HALL, Stuart. **A identidade cultural na pós-modernidade.**12ª ed. Trad: Tomaz Tadeu da Silva & Guacira Lopes Louro. Rio de Janeiro, Lamparina, 2015, p.52.

SAYAD, Abdelmalek apud LIBERTI, Stefano. **Immigrati: il mito** dell'integrazione secondo Abdelmalek Sayad. Disponível em: < http://lostraniero.net/immigrati-il-mito-dellintegrazione-secondo-abdelmalek-sayad/, 2002, p.1,2.> Acesso: em 24 Ago.2016.

SAFATLE, Vladimir. **Refugiados que devem ser educados**. Disponível em https://www1.folha.uol.com.br/paywall/login.shtml?https://www1.folha.uol.com.br/colunas/vladimirsafatle/2016/02/1736945-refugiados-que-devem-ser-educados.shtmlm:

TRIDAPALLI, Cezar. **Vertigem do chão**. Belo Horizonte, Moinhos, 2019.

## AS DUAS ALMAS DE PRIMO LEVI

Sempre que se fala em Primo Levi[15], a primeira palavra que nos vem à mente é Auschwitz. De fato, este judeu italiano, membro da resistência partigiana à época de Mussolini, preso em 1943 e deportado para aquele campo de concentração nazista, tornar-se-á um dos nomes mais representativos da chamada literatura de testemunho, do período da segunda grande guerra. Seu primeiro livro É isto um homem? (1947), assim como *A trégua* (1963) e *Os afogados e os sobreviventes* (1986), eminentemente autobiográficos, buscam denunciar o inferno das experiências sofridas nos campos de concentração nazistas.

Segundo o autor, Auschwitz representou o divisor de águas de sua existência. Diante das atrocidades e traumas lá sofridos, o sobrevivente teria duas opções: lembrar ou esquecer.

Levi assume integralmente a postura dos que testemunham. Concebe a memória como antídoto contra os males do esquecimento, já que, apenas por meio da lembrança do vivido, é possível evitar que crimes hediondos como aqueles voltem a ser cometidos.

Vale retomar alguns dos versos do poema introdutório *Shemá*, escrito pelo autor em "É isto um homem?", em que essa necessidade de contar faz-se imperativa, como forma de alertar os homens para que fiquem vigilantes, a fim de que nunca, jamais se esqueçam do que ocorreu:

*Vós que viveis tranquilos*
*Nas vossas casas aquecidas*
*Vós que encontrais regressando à noite*
*Comida quente e rostos amigos:*
*Considerai se isto é um homem*
*Quem trabalha na lama*
*Quem não conhece paz*

---

[15] Primo Levi (1919-1987) nasceu em Turim, no norte da Itália. Em 1943, durante a Segunda Guerra, junta-se a um grupo da Resistência e é capturado. Passa cerca de um ano em Auschwitz e, em 1947, publica É isto *um homem?* Químico especializado em vernizes, Levi se divide entre as atividades de químico e de escritor até 1978, ano em que abandona o primeiro ofício para dedicar-se exclusivamente à literatura. *A chave estrela* é o primeiro livro dessa fase. Dele, a Companhia das Letras publicou *A trégua; Se não agora, quando?* e *71 contos de Primo Levi*, reunião de seus contos. O seguinte artigo foi publicado no Jornal Rascunho, em julho de 2009 e faz referência, principalmente, às seguintes obras do autor: LEVI, Primo. *A chave estrela*, trad: Maurício Santana Dias, São Paulo, Cia das Letras, 2009; _____ *Se questo è un uomo*, Torino, Einaudi, 1989.

*Quem luta por meio pão*
*Quem morre por um sim ou por um não*
*Considerai se isto é uma mulher*
*Sem cabelos e sem nome*
*Sem mais força para recordar*
*Vazios os olhos e frio o regaço*
*Como uma rã no inverno.*
**Meditai que isto aconteceu**
**Recomendo-vos estas palavras.**
**Esculpi-as no vosso coração.**
**Estando em casa andando pela rua**
**Ao deitar-vos e ao levantar-vos;**
**Repeti-as aos vossos filhos.**
*Ou então que desmorone a vossa casa*
*Que a doença vos entreve,*
*Que os vossos filhos vos virem a cara* (LEVI, 1989, epígrafe)

### *Levi, Calvino, Pavese*

Mas, nem toda literatura de Primo Levi se resumiu às questões do holocausto. De fato, ele surpreendeu os leitores ao publicar, em 1966, o volume de contos intitulado *Histórias Naturais*. Sob o pseudônimo de *Damiano Malabaila*, o escritor italiano passava da literatura de testemunho para o campo da ficção científica e do conto fantástico, rompendo o pacto autobiográfico dos três primeiros livros.

Em 1971, lançou nova antologia de contos: *Vício de forma*, em que confirmava as opções procedimentais do livro anterior, publicando, finalmente *Lilith*, seu terceiro livro de contos, em 1981.

Importa notar que aquilo que, num primeiro momento, foi lido pela crítica abalizada como uma guinada escapista e despropositada, para um autor de quem se esperava sempre um recorte literário de cunho mais realista, também ocorreu, em boa medida, com dois outros grandes nomes da literatura italiana da época: Italo Calvino e Cesare Pavese.

Calvino lançou seu primeiro romance: *O caminho para o ninho de aranhas*, em 1947 (mesma data em que Levi publica É isto um homem?) Trata-se de sua obra mais realista, uma transfiguração de suas experiências de combatente para contar a história de um adolescente durante a guerra.

Mas, nos anos 50, Calvino se direcionou definitivamente para a fantasia e para a alegoria, escrevendo os livros que o fizeram conhecido em vários países: *O visconde partido ao meio* (1952), *O barão nas árvores* (1957) e *O cavaleiro inexistente* (1959).

É também necessário verificar que essa mudança de enfoque ocorre com Cesare Pavese, se lembrarmos que em *Trabalhar cansa* (1936) temos evidenciado o viés mais realista, que deixa totalmente de existir em *Diálogos com Leucó* (1943-46).

O que é interessante é que, cada um desses três autores, respectivamente, souber lidar, de modo peculiar, com as mudanças que a concepção de arte e literatura vinham enfrentando então. Se num primeiro momento, urgia estar atrelado aos impactos sofridos durante a guerra, num tipo de criação que desse conta das atrocidades do mundo real, numa das vertentes mais fortes da cultura italiana, qual seja a do neorrealismo, paulatinamente, as potencialidades da linguagem literária, enquanto transfiguração alegórica e fantástica, vão se delineando como novas formas de representação.

### *O operário, o químico e o escritor*

Primo Levi exerça sua profissão de químico, especializado em vernizes, quando, depois de Auschwitz, torna-se, também, escritor. Durante alguns anos dedicou-se às duas atividades, mas, em certa fase da vida, acabou optando apenas pelo ofício da escrita.

*A chave estrela* (Cia das Letras, 2009 – trad. Maurício Santana Dias) de 1978 é o primeiro livro dessa nova fase e parece traduzir muito bem os impasses e as incertezas que rondavam a alma do escritor, quanto às suas duas funções.

De fato, ao concentrar a trama narrativa em dois personagens principais, o operário montador Faussone, que narra, o tempo todo, suas aventuras de trabalho, nas linhas de montagem e o químico - escritor anônimo, que ouve atento as histórias do trabalhador, para depois escrevê-las, vemos surgir uma espécie de alter ego de Levi. Embora tendo conhecido Faussone numa circunstância de trabalho em que fora convocado como químico, o que melhor o revela é a sua função de escritor, que precisa daquelas histórias para exercer seu ofício.

É tocante um dos trechos do livro, em que ele conta a Faussone sua história, comparando-a, metaforicamente às duas experiências distintas, vividas por Tirésias:

*... também me sentia um pouco como Tirésias, e não só pela dupla experiência: em tempos distantes também topei com deuses em disputa entre si, também encontrei serpentes em minha estrada, e aquele encontro me fez mudar de condição, dando-me um estranho poder de palavra; mas desde então, sendo um químico aos olhos do mundo e no entanto sentindo o sangue do escritor em minhas veias, parecia levar no corpo duas almas demasiadas. E não era preciso recorrer a sofismas, porque toda essa comparação era forçada: trabalhar no limite da tolerância ou mesmo fora da tolerância é a beleza de nosso trabalho. Ao contrário dos montadores, quando conseguimos forçar uma tolerância, fazer um acasalamento impossível, ficamos contentes e somos elogiados.* (LEVI, 2009, p.60)

O que constatamos, aqui, é que Levi parece querer dar conta de uma das questões centrais de sua existência: como conciliar os dois ofícios (o de químico e o de escritor), aparentemente tão distintos. Parece ser por isso, também, que ele enaltece as funções do operário Faussone, elevando-as, conferindo-lhes a dignidade exaltada do trabalho dedicado e honesto do *homo faber*, cuja labuta e suor quotidianos merecem ser postos em evidência.

Levi busca, então, aproximar esse homem, cujas mãos são agente primordial de criação ao "homem intelecto", cujas ideias e força imaginativa, também constroem o universo.

Desse modo, o operário, o químico e o escritor estão em pé de igualdade e nenhuma dessas funções supera a outra. O que os dignifica é a força de sua capacidade criativa, enquanto homens livres que tocam o poder quase divino e genesíaco de todas as formas de criação da vida.

Pode-se ler, aqui, também, nessa abordagem assumida por Levi, sua completa adesão às teorias gramscianas, que tanto influenciaram outros intelectuais daquela geração, especialmente no que diz respeito à postura do intelectual, em relação à sociedade. Nesse sentido, o *intelectual orgânico* seria aquele que trata das questões ideológicas da conjuntura política, sem nunca assumir o distanciamento dos que se fecham nas torres de marfim. Em síntese, seria aquele capaz de refletir intelectualmente sobre os problemas sociais, sem deixar de tocar os pés no chão da realidade, em contato direto e visceral com as necessidades mais agudas da população.

Por isso, o escritor químico intelectual, nesse caso, representa o ouvinte dos casos do operário, sendo-lhe todo ouvidos. Essencialmente, concede-lhe o protagonismo, pois visa quebrar as distâncias e investir na igualdade de posições entre o que transforma o barro com as próprias mãos e o que o recria com as ideias. Por isso, veremos desfilar, num amplo e diversificado leque narrativo, as mais excêntricas histórias do montador, que, por não conseguir ficar parado muito tempo em uma única cidade e por não querer se submeter às ordens aprisionantes de um só chefe, viaja pelo mundo, em verdadeiras expedições, carregadas do mesmo tom de aventuras das narrativas de viagem.

Muito mais do que um operário que vibra com o trabalho que, árdua e apaixonadamente executa, Faussone corporifica a ágil voz do narrador, contador ancestral de histórias infinitas, capazes de alimentar o espírito humano.

Interessa observar, nesse tipo de estratégia que, se por um lado, temos como cenário, um pano de fundo bastante simples, centrado na figura do trabalhador braçal que conta suas peripécias a um ouvinte atento, toda complexa densidade da obra se concentra nessa versatilidade dos modos de narrar de Faussone, que escapam a um tipo de padronização homogênea, que poderia conduzir a uma certa monotonia narrativa. Melhor dizendo, se a temática central da narrativa se reduzisse às histórias monotemáticas de um trabalhador e suas linhas de montagem, refletindo apenas sua visão de mundo uniforme e ensimesmada, talvez o desenvolvimento da história ficasse preso às malhas dessa teia, impedindo os malabarismos criativos dos mais altos e ricos voos ficcionais.

Talvez, a genialidade do escritor Primo Levi, nesse caso, possa estar, justamente, nessa capacidade de traduzir, de modo colorido e extremamente vibrante, o universo daquele trabalhador, confirmando o que sua intuição já asseverava: o trabalho bem executado, com intensidade e amor é capaz de libertar, na mesma medida em que as histórias bem narradas, também, libertam.

Como se respondesse ironicamente ao massacre de Auschwitz, em que a inscrição de entrada no campo dizia: *O trabalho liberta*, a proposta de Levi, em *A chave estrela* é a de provar que, o trabalho, de fato, pode, sim, significar algum tipo de transcendência, desde que não escravize, nem submeta o homem.

Não fosse assim, cairíamos no grande engodo do trabalho enquanto forma de alienação do trabalhador, eterno escravo do aparelhamento ideológico do poder, que submete alguns, em prol do bem-estar da classe dominante, nos círculos viciosos de manutenção do status quo.

É por isso que, em certa passagem do livro, fica muito claro que não se pretende, aqui, enaltecer todo e qualquer tipo de trabalho, mas apenas aquele em que o homem consegue se manter livre das amarras do poder.

O amor e a exaltação que Faussone sente, ao narrar suas múltiplas aventuras, nas viagens que faz pelo mundo, a trabalho, só podem ser enaltecidas, porque ele é um trabalhador livre, que, assim se define e assim justifica sua devoção:

*... o problema é que dou a alma em todos os trabalhos, o senhor sabe, até nos mais estúpidos: aliás, quanto mais estúpidos, mais eu me entrego. Para mim, cada trabalho que começo é como um primeiro amor...* (LEVI, 2009, p.91)

### Questão de nome

Cumpre observar o interessante jogo de linguagem envolvendo-lhe o nome. Conta que o nome que seu pai lhe dera, originalmente, seria Libero e que, depois, por questões de erro de registro, teria se tornado Libertino Faussone, conhecido como Tino. Libertino ou Libero traz, assim, já no nome, o ideal que nortearia sua existência: a de buscar sempre ser – conforme os ensinamentos do pai – um trabalhador sem patrão:

*...Meu pai queria me chamar de Libero porque queria que eu fosse livre. Não é que ele tivesse ideias políticas, de política só pensava que não se devia fazer a guerra, porque já tinha experimentado na pele; para ele, libero queria dizer trabalhar sem um patrão. Quem sabe até doze horas por dia numa oficina toda preta de fuligem e gelada no inverno, como a dele, talvez até como imigrante ou para cima e para baixo com o carreto, como os ciganos, mas sem ter um patrão, não na fábrica, não para passar toda a vida fazendo os mesmos movimentos agarrado a uma máquina até que não se é capaz de fazer mais nada, e aí o dispensam e aposentam e você fica sentado num banco de praça...* (LEVI, 2009, p.93)

Aproximando o ofício do operário ao ofício do escritor, numa ode de amor ao trabalho e à liberdade, Primo Levi nos dá a chave para o entendimento das contradições da alma humana. A sua chave é a que tem forma de estrela, a que para os trabalhadores que a carregam tem a mesma dimensão da "espada para os cavaleiros de antigamente". Talvez, aquela mesma estrela que sobreviveu aos campos de extermínio, capaz de continuar brilhando, ainda que a tenham tentado ofuscar no reino onde não entrava luz...

## AS REVERBERAÇÕES DA ONDA

O título de um dos mais recentes romances do escritor francês Emmanuel Carrère[16] pode muito bem indicar uma chave importante para a compreensão de um dos aspectos cruciais que norteiam seus modos de narrar. De fato: **Outras vidas que não a minha** nos orienta a uma leitura voltada ao universo alheio, em que os "outros" eleitos pela câmera do autor (que é também roteirista, tendo duas de suas obras adaptadas para o cinema) recebem todas as luzes. A princípio, esse fato não constituiria, por si só, nada de original, uma vez que a arte de "outrar-se", de vivenciar uma experiência da alteridade, pela perspectiva de que jamais estamos sós e de que o "outro" também, em alguma medida, nos habita, sempre foi decantada em prosa e verso.

Nesse sentido, há algo na dicção que Carrère confere a seus textos, que nos remete a algumas obras-primas do cinema, como por exemplo, *Retratos da vida* (de Claude Lelouch, 1981), *Babel* (de Alejando Iñárritu, 2006), nas quais um amplo mosaico de situações faz com que uma vida vá tocando outras ou *A vida dos outros* (dirigido por Von Donnesmarck, 2007), em que um frio e calculista agente da *Stasi* — polícia secreta da Alemanha Oriental — vai se deixar modificar radicalmente pela vida de um escritor, a quem fora incumbido de inspecionar e delatar.

Em qualquer dos casos é, de fato, "a vida dos outros" o que fascina. Mas a proposta de Carrère não se esgota aí. "A vida dos outros" que o atrai tende necessariamente, de modo obsessivo, a enfatizar que a matéria-prima em que seu olhar de ficcionista pretende incidir não é apenas o da aproximação exagerada da lente que, ávida por sugar o que está acontecendo ao redor, exagera e aumenta o foco, agigantando o universo alheio, quase a fazer com que quem está por trás da câmera desapareça. É eleger o outro, privilegiando a própria perspectiva, com a plena consciência de que esse que está, para além de mim, passa a existir

---

[16] Emmanuel Carrère nasceu em Paris em dezembro de 1957 e é considerado um dos grandes escritores da contemporaneidade. Formado pelo *Institut d'Études Politiques*, é escritor, roteirista e diretor. Sucesso de vendas na França, recebeu os prêmios Femina, Renaudot, FIL de Literatura, Prêmio da Biblioteca Nacional da França e Princesa de Astúrias, entre outros. Dele, a Alfaguara publicou: *O bigode, A colônia de férias, Um romance russo, Outras vidas que não a minha, Limonov* e *O Reino*. *O adversário* (publicado no Brasil pela Record – 1ª edição de 2007) foi adaptado também para o cinema. O presente artigo foi publicado no Jornal Rascunho em outubro de 2011 e faz referência às seguintes obras do autor: *Outras vidas que não a minha* (trad: André Telles, Rio de Janeiro, Objetiva, 2010); *O adversário* (trad: Marcos de Castro, Rio de Janeiro, Record, 2007); *O bigode e Colônia de férias* (trad: André Telles, Rio de Janeiro, Objetiva, 2011).

apenas a partir do momento em que meu olhar, minha atenção, meus ouvidos e todos os meus sentidos se curvam para capturá-lo e revelá-lo. Mas para mantê-lo no centro das atenções é preciso criar o distanciamento do retratista. Daí, talvez, se explique o porquê da necessidade de se reiterar que, embora haja um narrador disposto a contar as vidas alheias, nesta obra de Carrère, ele não se mistura às mesmas. Opta por filtrar os acontecimentos que lhes sucedem, de modo preciso e objetivo, livrando-se das amarras da pieguice e do melodrama, quase inevitáveis quando o eu que narra passa a se imiscuir na problemática existencial que o circunda, a ponto de ser tragado por ela.

**Narrador-retratista**

Emmanuel Carrère pretende, nesse sentido, ser um narrador-retratista, subserviente aos detalhes minuciosos do que as vidas alheias lhe suscitam, com plena consciência de que o risco de "outrar-se", em termos de criação ficcional, comportaria inevitavelmente o de "perder-se". E ele não quer correr esse risco. Logo de saída, faz questão de afirmar : são "outras vidas *que não a minha*".

Assim, num primeiro momento, temos a apresentação de um homem maduro (o narrador anônimo) que viaja com a mulher Hélène e os filhos para o Sri Lanka em férias exóticas. E fica muito claro que o casal, em crise, pensava em separação. Mas, analogamente ao que ocorre no romance **O céu que nos protege** de Paul Bowles[17], em que no deserto, a ameaça de morte do marido faz com que a mulher redescubra, em meio a uma crise relacional, sua capacidade de amar, também o casal de Carrère renascerá, após o terrível cataclismo que tem lugar no Sudeste Asiático, em dezembro de 2004. A tragédia concreta pela qual têm que passar faz com que relativizem os *seus* próprios problemas pessoais, as *suas* vidas privadas, quando se dão conta de que há *outras* vidas em risco e sua perspectiva se desloca do minúsculo universo egocêntrico para a amplidão da dor das perdas alheias. A catástrofe, a chamada *onda*, de modo imprevisível e terrificante, arrebata milhares de vítimas, deixando um número absurdo de mortos e feridos. A força descritiva assume toda sua potência, quando se curva ao que acontecera com Philippe, um dos sobreviventes:

*Foi então que a onda chegou. Um segundo antes o mar estava liso, um*

---
[17] Veja-se, a respeito, neste mesmo livro, o artigo: *Assombroso abandono*, em que me dedico, detalhadamente ao tema.

*segundo depois era uma parede tão alta quanto um arranha-céu e que se abatia sobre ele. Pensou, no lapso de um relâmpago, que ia morrer e que não teria tempo de sofrer. Afundou, carregado e embolado durante um tempo que lhe pareceu interminável no ventre imenso da onda, depois reemergiu de barriga para cima. Passou como um surfista por cima das casas, por cima das árvores, por cima da estrada. Em seguida, a onda partiu em sentido inverso, aspirando-o para o mar aberto. Percebeu que investia contra paredes desintegradas contra as quais ia se esmigalhar e teve o reflexo de se agarrar a um coqueiro, que largou, depois a outro, que teria igualmente largado se alguma coisa dura, um pedaço de cerca, não o houvesse imobilizado e imprensado contra o tronco. À sua volta passavam a toda a velocidade móveis, animais, pessoas, vigas, blocos de cimento. Fechou os olhos esperando ser moído por um daqueles enormes destroços e os manteve fechados até que o mugido monstruoso da correnteza se acalmasse e ele ouvisse outra coisa, gritos de homens e mulheres feridos, e compreendesse que o mundo não chegara ao fim, que ele estava vivo, que o verdadeiro pesadelo estava começando.* (CARRÈRE, 2009, pp.13,14)

Tal como um repórter atento, que surpreendentemente tem sua vida preservada, o narrador se investe do poder daquele que, estando no olho do furacão e diante das gigantescas dimensões do acidente e suas funestas consequências, toma por empréstimo a voz dos que sobreviveram e, a partir do distanciamento obtido pelo exercício objetivo do narrar, documenta, registra, testemunha, em minúcias, o ocorrido. Comportando-se mais como um espectador, que assiste — protegido pela tela — às avalanches, terremotos, carnificinas provocadas pelo terror, em todas as dimensões que ele assume, sem permitir que os vestígios lamacentos e aniquiladores da onda lhe embacem a visão. Desse modo, não deixa que as vozes trêmulas e traumatizadas pelas perdas comprometam a sua, que precisa ser límpida, para ser digna de narrar, à altura, aquela dor e sofrimento.

### Tendência testemunhal

Importa observar que há uma escolha por esse narrar distanciado, que busca o tom da objetividade, de uma certa transparência no contar, que não cede à postura do narrador dissimulado, cheio de artimanhas simbólicas e alegóricas, tão presente em muitas das obras da pós-modernidade. No máximo, estaremos, num ou noutro momento, diante de páginas dedicadas a arroubos ensaísticos, recorrentes na ficção contemporânea. De todo modo, a consciência do narrador, nesse romance, privilegia os relatos e transcreve-os de modo a não os perder, como se a memória do horror dependesse dessa objetividade para assegurar que aquilo ocorreu de fato e daquela maneira. Esse procedimento pode ser alinhado à tendência testemunhal da literatura do segundo pós-guerra, particularmente às obras que se voltam aos episódios relacionados ao inferno do holocausto nos campos de concentração nazistas ou às que visam retratar os terríveis abusos e abjetas torturas sofridas pelos prisioneiros em regimes de exceção como os infinitos *gulags* ou *guantânamos*, travestidos em suas mais diversas formas e dispersos pelo mundo das atrocidades.

Como se estivesse completamente atônito, diante do ocorrido, o narrador respira fundo — ele é o que a *onda* não atingiu e o que pode contar — tentando se desvencilhar das primeiras paralisantes impressões, num procedimento que não tem nada de frio ou duro — como uma primeira leitura poderia nos levar a pensar. Objetiva é sua passada, para que atinja o rumo certeiro onde pretende chegar. Sabe que, contando minuciosa e distanciadamente a dor alheia, pode revelá-la a ponto de fazer com que os leitores se "movam com ela", tão ou mais comovidos do que se o narrador a ela se misturasse, permitindo que esta lhe tirasse o fôlego, fazendo com que sua narrativa soçobrasse com a onda.

### Alívio e culpa

Há uma série de vidas devastadas pela catástrofe e os depoimentos dos que perderam seus entes queridos ou dos que ainda não sabem seu paradeiro, na expectativa ansiosa de que apareçam a qualquer momento, merecem a chance de ser transcritos. A *onda* se avoluma e cria círculos concêntricos que reverberam, extrapolam qualquer limite. De maneira análoga, também como as reverberações da onda, uma vida vai tocando a outra, todos estão juntos nessa dor ambígua de sobreviver, que implica necessariamente uma dupla sensação de alívio e culpa: o alívio de não ter sucumbido e a culpa pelos que se foram.

Mesmo que todos passem a formar em uníssono um só "bloco de dor", há sempre a comparação e o contraste inevitável e paradoxal dos que foram poupados da tragédia e dos que, por mero acaso, ficaram ilesos. Nesse sentido, uma das descrições mais pontuais é a que flagra o sofrimento de Delphine, a mãe que perdera a única filha ainda pequena, em contraponto à cena em que Hélène, a mulher do narrador, acaricia o filho vivo, a quem a *onda* não atingira:

> *No fim desse jantar era tarde, Rodrigue extenuado de cansaço deslizou para o colo de Hélène. Como o bebezinho que ainda era, aconchegou a cabeça no seu ombro e ela lhe acariciou longamente os cabelos. Afagou-o, tranquilizou-o: estou aqui. Depois se levantou para levá-lo para a cama. Enquanto ambos se afastavam no jardim, Delphine os seguia com os olhos. Em que pensava? Que sua filhinha, que ela embalava e ainda protegia quatro noites atrás, que nunca mais a embalaria e protegeria? Que nunca mais se sentaria em sua cama para ler uma história para ela dormir? Que nunca mais arrumaria os bichos de pelúcia em volta dela? Até o fim de sua vida, os bichos de pelúcia, os móbiles, os estribilhos das caixas de música iam dilacerar seu coração. Como é possível que essa mulher abrace seu filho vivo enquanto minha filhinha está toda fria e nunca mais falará nem se mexerá? Como não odiá-los, a ela e seu rebento? Como não rezar: meu Deus, faça um milagre, devolva meu filho, confisque o dela, faça com que ela sofra como eu sofri e que eu fique como ela tristíssima dessa tristeza confortável e opulenta que muito a propósito ajuda a melhor desfrutar de sua sorte?* (CARRÈRE, 2009, p.43)

Assim é que, por mais solidários que se mostrem, por mais comovidos com a dor alheia, aqueles a quem a onda não atingiu nunca poderão sentir na pele o grau de dilaceramento que assola a vida desses sobreviventes, golpeados profundamente, que por mais próximos que estejam daqueles, continuam tão distantes e tão sós: *a distância era imensa, o abismo que a separava de nós impossível de atravessar...*

### Do câncer

A outra *onda* de que trata o autor ao longo da narrativa é a da tragédia do câncer que acomete sua cunhada Juliette e as consequências da triste perda, especialmente para as três filhas que ficam órfãs ainda pequenas. A estas, ao final do livro, o narrador dedica o romance, crente de que o discurso, a recapitulação da história da mãe, narrada por aqueles que a acompanharam durante a dura travessia e documentada por ele, possam significar algum tipo de redenção. A importância dessa tentativa de exorcizar a dor e, de certa forma, compartilhá-la (no exercício de comungá-la com o outro) também se aplica aos doentes de câncer. Interessante lembrar o trecho em que o narrador — nessa passagem, essencialmente ensaística — retoma, num viés intertextual, um trecho de **O livro de Pierre**, uma reflexão de Pierre Cazenave, renomado psicanalista francês, que padeceu de um câncer fatal antes que seu livro fosse publicado:

*"Quando fui informado do meu câncer", diz ele, "compreendi que sempre o tivera. Era minha identidade". Psicanalista e canceroso, virou psicanalista de cancerosos, partindo da intuição, pessoal e íntima, mas comprovada com a maioria de seus pacientes, de que "o pior dos sofrimentos é o que não podemos partilhar". E o doente canceroso, o mais das vezes, sente duplamente esse sofrimento. Duplamente porque, doente, não pode partilhar com seu círculo a angústia que sente, e porque a esse sofrimento subjaz outro, mais antigo, datando da infância e que tampouco jamais foi partilhado nem visto por ninguém. Ora, isto é o pior para alguém: nunca ter sido visto, nunca ter sido reconhecido.* (CARRÈRE, 2009, pp.102-104)

No fundo, a proposta de Carrère insiste na força do discurso, da elaboração por meio do contar e de testemunhar para não esquecer e, assim fazendo, elaborar o luto, livrando-se dos fantasmas do inconsciente que, em situações traumáticas, quando não encarados, podem aflorar de um momento a outro, gerando situações de desequilíbrio físico e psíquico, fobias, psicoses e loucura.

A propósito, é uma frase de Céline, citada pelo narrador, que parece ser um fio capaz de alinhavar as demais obras de Carrère num só bordado, ainda que guardadas as devidas distâncias temáticas e procedimentais: *"O pior defeito em tudo é esquecer, e principalmente o que o fez morrer"*. (CARRÈRE, 2009, p.104)

### Truman Capote

Se em **Outras vidas que não a minha**, a obsessão por narrar a dor alheia se transmuta na necessidade de documentar, com uma representação descritiva impecável, o que *a priori* seria inenarrável, desafiando a premissa de que é impossível narrar o horror, em **O adversário** (2007) o viés da reportagem, da objetividade documental toca, de perto, o da função do jornalista, à la Truman Capote. De fato, no *Washington Post Book World* ter-se-ia afirmado quando da publicação do livro: "É impossível parar de ler *O adversário*. A versão do século 21 para *A sangue frio*[18], de Truman Capote".

Jean-Claude Romand, em 1993, matou a mulher, os dois filhos e os pais, ateando fogo à própria casa, antes da chegada dos bombeiros. Emma-

---

[18] *A sangue frio* (*In cold blood*) é um romance do escritor americano Truman Capote, publicado em 1966. É a história detalhada do quádruplo homicídio da família Clutter. Para sua elaboração, Capote buscou narrar objetivamente os fatos ocorridos, dando origem à expressão *"non-fiction novel"*, gênero de que é considerado o fundador.

nuel Carrère conseguiu que esse perigoso psicopata lhe contasse a sua história. A partir dos relatos de Romand, criou uma narrativa que também trata "da vida dos outros", mas dessa vez perscrutando o que poderia ter desencadeado tamanha monstruosidade. E a resposta jaz no inconsciente, repleto de fantasmas, muitas vezes mortos desde a infância, habitando sorrateiramente a psique, até que de repente, de improviso, se libertam e invadem a rotina de vidas aparentemente normais e sob controle.

Melhor dizendo, quanto mais se esquecer ou se tentar reprimir ou não nomear o que nos "fez morrer", em algum momento de nossas vidas, estaremos muito mais sujeitos a que essas águas obscuras, durante bom período represadas, arrebentem as portas dos diques e venham à tona, impetuosas e avassaladoras.

### Ondas do inconsciente

As *ondas* de que ele trata agora não são mais as causadas por agentes externos, como a que atingiu milhares de vítimas no Sri Lanka, ou o câncer que aniquilou Juliette, devastando as vidas a seu redor. Tanto em **O adversário**, como nas novelas **O bigode** e **Colônia de férias**, as ondas que destruirão as vidas de seus protagonistas provêm do inconsciente, do movimento de águas que irrompem de repente com a força monstruosa das psicoses e alucinações, capazes de levar a crimes abomináveis — como no primeiro caso — assim como à loucura e ao aniquilamento nos demais.

Pelo que se capta dos relatos de Romand, aos quais os psiquiatras forenses teriam tido acesso, por exemplo, tratava-se de um menino cuja infância fora tranquila, parecendo calmo e inteligente. Mas não tendo suportado o peso da reprovação no segundo ano da Faculdade de Medicina de Lyon, abandona os estudos e cria uma outra vida, uma farsa, em que consegue trapacear a todos durante dezoito anos, fingindo ser um importante médico da Organização Mundial da Saúde. Chama atenção, logo no início de seu relato:

*Admirava no pai o fato de nunca deixar transparecer suas emoções, e se esforçava por imitá-lo. Tudo deveria ir bem, sempre. Sem isso sua mãe se sentiria muito mal, por qualquer briguinha, qualquer aborrecimento infantil. Melhor seria esconder essas coisas.* (CARRÈRE, 2007, p.45)

A lembrança de que podia contar apenas com um cachorro como confidente é assim descrita:

*"Lembrar esse cachorro despertou-me segredos de minha infância, segredos pesados de carregar... Nesse tempo eu não mentia, mas não confiava*

*nunca minhas emoções mais fundas a não ser a meu cachorro... Eu não tinha mais ninguém a quem confiar minhas confidências, e o que eu confidenciava era isto: essa angústia, essa tristeza..."*

Um dia esse cachorro desapareceu. O menino - pelo menos é o que conta o adulto - imaginou que seu pai o tinha matado com a carabina. Seja porque ele estivesse doente e o pai quisesse poupar ao menino a dor de vê-lo agonizante, seja porque ele tivesse cometido um ato tão grave que a execução capital seria a única pena possível. Uma última hipótese é a de que o pai tenha dito a verdade, que o cão realmente tenha desaparecido, mas me parece que o menino jamais considerou essa possibilidade, de tal forma a prática da mentira piedosa era natural nessa família, na qual a regra era não mentir nunca. (CARRÈRE, 2007, p.49)

**Nomear o horror**

O que Carrère aponta como traço relevante ao longo desse romance-reportagem volta à premissa básica de que o que se esquece ou escamoteia, seja falseando a realidade, seja gerando ambíguas mensagens na infância, pode causar desequilíbrios na vida adulta, pois se soterrou "o que fez morrer", não se deu nome ao horror, quando seria preciso fazê-lo.

Nessa mesma dimensão, de modo análogo, temos, por exemplo, como tema recorrente o que é revelado no filme *O príncipe das marés* (de Barbra Streisand, 1991), em que os desajustes psíquicos do protagonista e de sua irmã passam pela exigência feita pela mãe, para que nunca falassem sobre o episódio de violência e abuso sexual de que tinham sido vítimas na infância. É uma revelação a toda prova contra a chamada "retórica do silêncio" que, numa perspectiva complexa e psicanalítica, pode ser fator determinante de traumas.

A mesma tônica volta a aparecer em **O bigode** e **A colônia de férias**, porém os respectivos embriões dos traumas, que desorientarão os protagonistas, estão subentendidos e tangenciam, subliminarmente, a linha muito sutil entre sonho, inconsciente e realidade. Aqui, diversamente do que se percebe na postura objetiva do narrador em **Outras vidas que não a minha** e **O adversário**, por exemplo, a voz que narra compromete-se com as vidas que passa a narrar e, embora se trate de uma narrativa em terceira pessoa, já não há a objetividade necessária daquelas obras, em que a urgência do retrato era fundamental.

**Humor pirandelliano**

Assim, em **O bigode**, estaremos diante de uma situação banal, em que um homem, numa manhã qualquer, decide tirar o bigode que usava havia anos. Mas antes de levar a efeito a própria vontade, pergunta à mulher o que ela acharia daquilo, apenas para se assegurar de uma opinião muito importante para ele. A crise se instaura quando, após ter raspado o bigode, recebe de Agnès apenas, e de forma naturalmente chocante, total indiferença, o que o faz até pensar que se tratava de um trote, um complô armado contra ele, pela própria esposa:

*Por que ela fingia não ter reparado em nada? Para responder com outra surpresa à que ele lhe aprontara? Mas, justamente, era isso o espantoso: ela não parecera nem um pouco surpresa, sequer por um instante, o tempo de recobrar-se, de compor uma fisionomia natural. Encarara-a fixamente no momento em que ela, guardando o disco na capa, olhava para ele: nenhum franzir de sobrancelha, nenhuma expressão fugaz, nada, como se ela tivesse tido todo o tempo do mundo para se preparar para o espetáculo que a esperava. Claro, era possível sustentar que ele a prevenira, ela mesma dissera, rindo que não era má ideia. Mas tratava-se evidentemente de uma frase ao léu, de uma falsa resposta ao que era, em seu juízo, igualmente uma falsa pergunta. Impossível imaginar que o levara a sério, que fizera as compras a ruminar: ele está raspando o bigode, quando o encontrar, preciso agir como se nada houvesse acontecido. Por outro lado, o sangue-frio demonstrado por ela ainda menos crível no caso de não estar esperando por aquilo. De toda forma, pensou, tiro-lhe o chapéu. Golpe de mestre.* (CARRÈRE, 2007, pp.17-18)

O tom despretensioso e até jocoso de uma situação corriqueira nos induz a antever um tipo de leveza e humor, capaz de conduzir o leitor a um universo que, à primeira vista, parece isento de gravidade. Nesse sentido, não há como não lembrar do personagem Vitangelo Moscarda de **Um, nenhum e cem mil** de Pirandello, cuja crise de identidade — que o acabará levando, ao final, à total desintegração do eu — tem início com um comentário aparentemente inofensivo da mulher sobre um defeito de seu nariz.

Tal como o nariz de Vitangelo, também o bigode do protagonista anônimo de Carrère assumirá, ao longo da narrativa, a força simbólica e inconsciente, tão poderosa e aniquiladora como a das *ondas* que tudo arrastam.

Temos a sutileza de um texto muito bem construído, em que a lâmina precisa da navalha que apara o bigode também mantém o leitor preso às ambiguidades e dúvidas de quem transita do riso ao horror, conotativamente suspenso por esse mesmo "fio da navalha".

### Das obsessões

A grande maestria do autor evidencia-se, então, nessa capacidade de, num só fôlego, conduzir o leitor do cômico ao trágico, numa visada humorística pirandelliana, que concentra os desconcertos e angústias do viver nos reflexos dos espelhos existenciais que, inevitavelmente, representam, em síntese, o modo como os outros nos veem e nos percebem. Melhor dizendo, o olhar do outro interfere e, às vezes, determina e condiciona o modo como o indivíduo, diante do jogo de espelhos que é a vida, se vê.

**O bigode** trata dessa necessidade obsessiva de descobrir, nos outros, o espelho mais fidedigno da própria identidade, o que faz com que venham à tona as dilacerações do eu, percebido, julgado e, no limite, constituído pela radical experiência da alteridade.

A crise vai se intensificando a ponto de se tornar insustentável. As ideias obsessivas, circulares do narrador, giram ao redor de um único aparentemente banal problema: o do factual — o bigode que ele teria raspado — e o da percepção dos outros (não mais apenas a da mulher), que lhe mostram total indiferença:

*Sentia-se triste como uma criança que, durante um almoço de família em tributo ao seu prêmio de excelência, gostaria que a conversa incidisse apenas sobre esse acontecimento, sofrendo porque os adultos, após parabenizá-la, não voltam ao assunto incessantemente, falam de outra coisa, esquecem-na.* (CARRÈRE, 2007, p.19)

Se nos romances **Outras vidas que não a minha** e **O adversário** o narrador opta por se distanciar para melhor tratar da dor alheia, buscando dessa forma nomear o horror, aqui a estratégia dos modos de narrar é completamente diversa. A voz que narra adere à obsessão do protagonista para evidenciar o quanto uma situação corriqueira, refém das armadilhas da psique e do olhar espectral do outro (que se reflete incisivo no indivíduo), pode fazer aflorar os fantasmas inconscientes, que geram as psicoses e a loucura.

De toda forma, a obra de Emanuel Carrère atinge e comove o leitor tanto quanto as ondas e as suas reverberações, os círculos que se propagam ao seu redor. Retrata as vítimas de catástrofes reais, como as do maremoto do Sri Lanka, as do câncer que devastam o doente e seus afetos e também as que se desencadeiam a partir de situações aparentemente inócuas, mas que gestam nas águas silenciosas e obscuras do inconsciente, verdadeiras avalanches capazes de aniquilar o ser.

## ASSOMBROSO ABANDONO

Numa primeira leitura que se faça da obra do norte-americano Paul Bowles[19] é bem plausível a percepção de que um dos eixos temáticos desenvolvidos, preferencialmente pelo autor, seja o do gritante contraste entre culturas adversas.

Nascido em Nova York e se autodefinindo como um viajante inveterado, iniciou seu itinerário na Europa, perambulando pelo norte da África, México, América Central e Tânger, no Marrocos, para onde se mudou definitivamente em 1947, lá vivendo até a morte.

Não é à toa, portanto, que os cenários predominantes de suas primeiras histórias, recolhidas na antologia *Um episódio distante* (1946), até seus dois principais romances *Que venha a tempestade* (1952) e *O céu que nos protege* (1954) sejam representações daqueles lugares exóticos, em que o cristão "civilizado" tem que se deparar com povos do deserto, muçulmanos, índios, crioulos, os chamados "bárbaros", com todas as implicações e consequências que podem advir desse confronto.

Todo esse universo de aparente fascínio pelo outro e suas idiossincrasias, em nada parecido com o branco norte-americano ou europeu, de fato, poderia induzir a uma reflexão muito pertinente em nossos dias, como a que é o cerne das discussões dos estudos multiculturais, tais como propostos por Angel Rama, Nestor Garcia Canclini, Stuart Hall, entre outros.

Hoje, como decorrência natural do processo de globalização, ruptura de fronteiras, movimento intenso de massas migratórias, redesenhando os mapas da nova geografia humana do planeta, os desdobramentos dos estudos antropológicos exigem a revisão dos processos de inferiorização das chamadas culturas periféricas, que passam a ocupar o centro dos debates.

---

[19] Paul Bowles nasceu na cidade de Jamaica, estado de Nova York, em 1910. Começou a compor música e a escrever histórias muito cedo e, aos 17 anos, publicou alguns poemas na revista literária francesa *Transition*. Aos 18, iniciou suas viagens pela Europa, norte da África, México e América Central. Foi aluno de Aaron Copland e logo estabeleceu uma reputação de talentoso compositor. Em 1947, mudou-se com sua mulher para Tânger, no Marrocos, com o intuito de escrever ficção. Publicou quatro romances, uma centena de contos, um livro de poesia e ensaios de viagem. Morou em Tânger até sua morte, em novembro de 1999. Dele, a Alfaguara publicou os romances: *Que venha a tempestade; O céu que nos protege* e a seleção de contos: *Um episódio distante*.
Os livros do autor a que fazemos referência no presente artigo são os seguintes: *O céu que nos protege*, trad. José Rubens Siqueira, Rio de Janeiro, Objetiva, 2009 / *Que venha a tempestade*, trad. José Rubens Siqueira, Rio de Janeiro, Objetiva, 2010/ *Um episódio distante*, trad. José Rubens Siqueira, Rio de Janeiro, Objetiva, 2010.

A própria literatura se deslocou dos "modelos metropolitanos", uma vez que, com a crítica anticolonialista haverá, sobretudo a partir dos anos 80, por exemplo, estudos como os de Ana Pizarro[20], propondo a total destituição do conceito de influência, que passará a ser substituído pelo de intertextualidade.

A afirmação das culturas híbridas, a revitalização das literaturas das minorias, no âmbito da releitura do processo de dominação dos povos, em que prevalece a vertente da história não oficial, acabou por introduzir a necessidade de diálogo intercultural, sem estigmatizar a tradicional e preconceituosa dicotomia "civilização x barbárie".

Assim, seria de se supor que a literatura de Bowles, apelando para o êxtase das paisagens panorâmicas do deserto e do império dos sentidos de uma natureza exuberante e sedutora determinassem, em boa medida, o comportamento dos brancos civilizados que se deixariam arrebatar pela alteridade fascinante do cenário e de sua gente.

Em outras palavras, seus protagonistas encarnariam o papel do branco que leva uma vida vazia e sem sentido no "mundo civilizado" e que, cansado de tudo, viaja àqueles lugares, a fim de passar por um processo de aculturação que o salvaria, na medida em que o contato com o outro ensinar-lhe-ia o que a - assim chamada - "civilização" não tem mais a oferecer. E em síntese, concluiríamos que nenhuma cultura é bárbara, apenas porque se distancia da cultura etnocêntrica e seus valores de dominação, mas representa um universo em si, que precisa ser respeitado com tudo aquilo que comporta.

Mal comparando, seria fácil supor que essa aproximação entre brancos cristãos e árabes muçulmanos aqui em cena, poderia se coadunar, por exemplo, com a mesma visão idealizada do filme *Avatar* (2009) de James Cameron. Nesse caso, a releitura mítica do bom selvagem rousseauniano investe na idéia de que o povo dominado tem muito a ensinar ao dominador, revertendo os papéis de quem, de fato, é o detentor de conhecimento, de respeito e integração à natureza, enfim, de cultura.

---

[20] Ana Pizarro é chilena, professora e pesquisadora da Universidade de Santiago do Chile. Doutora pela Universidade de Paris. Especialista em literatura e cultura na América Latina, já trabalhou em diversas universidades no Chile, França, Argentina, Venezuela e Brasil. Seu projeto de pesquisa *Perfil cultural da área amazônica* foi premiado com a Bolsa Guggenheim em 2002. A obra a que nos referimos no presente artigo é *América latina: Palabra, Literatura Y Cultura*, Ana Pizarro Editora, Colección Literatura, Chile, Universidad Alberto Hurtado – Faculdade de Filosofia y Humanidades – Ediciones, 26/08/2013.

### Terras de ninguém

Mas Bowles não vai nessa direção. Não há heróis ou vilões e sua ficção não é condescendente com nenhuma das partes envolvidas. Não há nenhum tipo de aprendizado que console, a não ser o do assombroso abandono a que estão todos condenados.

Como elo a unir as três obras mencionadas predomina a não idealização de que alguma cultura possa ser superior à outra, talvez exacerbando a premissa lançada por Lévi-Strauss em *Raça e História*[21], segundo o qual "o bárbaro é, em primeiro lugar, o homem que crê na barbárie". Em outros termos, quando abandonados à própria sorte, os chamados civilizados das culturas superiores falham, fracassam totalmente, num processo de absoluta desintegração física e moral.

Nessas "terras de ninguém", não há aculturação e sincretismo que dê conta das adversidades culturais que demarcam as fronteiras e limites do humano que já se perdeu de si mesmo.

Em mais de uma vez, reafirma-se a epígrafe da última parte que conclui o romance *O céu que nos protege* e que é retomada de Kafka:

*De um certo ponto em diante*
*Não há mais como voltar atrás.*
*Esse é o ponto que se deve atingir.* (KAFKA *apud* BOWLES, 2009, p.226)

Essa máxima kafkiana, talvez, ajude a decifrar os enigmas da narrativa de Bowles, uma vez que seus protagonistas se deslocam, não para se encontrar ou preencher o vazio de suas carências. Eles se deslocam, precisamente, para se perder...

### Poética do deslocamento

Daí porque, em toda sua obra, seja possível falar em uma nítida poética do deslocamento.

Importa notar, como descreve o personagem Port Moresby no romance em questão, a fundamental diferença entre o viajante e o turista:

*Ele não pensava em si mesmo como turista; era um viajante. A diferença era, em parte, uma diferença de tempo, ele explicava. Enquanto o turista geralmente volta depressa para casa ao fim de algumas semanas ou*

---

[21] LÉVI-STRAUSS, Claude. Raça e história, In: CLAUDE LÉVI-STRAUSS, *Antropologia estrutural II*, Rio de Janeiro, Tempo Brasileiro, 1993.

*meses, o viajante, que não pertence a um lugar mais do que a outro, se locomove devagar, ao longo de períodos de anos, de uma parte da terra a outra.*
(BOWLES, 2009, p.14)

Ao deslocamento espacial, em que os brancos civilizados sempre partem para lugares distantes, corresponde um desconcertante deslocamento psíquico, que os situa num entre-lugar, em que nada conforta e tudo parece estranho.

Entre os vários estudiosos que tratam da condição do ser estrangeiro e retomando os ensinamentos de Lévi- Strauss vale mencionar o que afirma o antropólogo Maurizio Bettini: "Terrível condição, aquela do estrangeiro que, em meio a gente diversa e em uma terra que não é a sua, perdeu o contato com a sua própria identidade. Se antes recordava intensamente a sua terra, agora não a recorda em absoluto, já nem sabe mais qual é..."[22]

O estranhamento sofrido pelos protagonistas de Bowles, em termos de vertigem, "opressora sensação de irrealidade", vazio da existência são, nesse sentido, estrangeiros que sofrem, aos poucos, uma total desintegração do eu e traduzem, em parte, uma das mais interessantes estratégias narrativas do autor.

Confira-se, por exemplo, como se sente Nelson Dyar, o herói norte-americano que vai se perder em Tânger no Marrocos, no romance *Que venha a tempestade*:

*Ele ainda se sentia esvaziado: não era ninguém e estava ali parado no meio de país nenhum. O lugar era uma simulação, uma sala de espera entre destinos, uma transição de um modo de ser para outro, que no momento não era nem um nem outro, sem modos. Os árabes trotavam por ali com seus sapatos europeus reabilitados que impediam que andassem de maneira natural, se chocavam com ele, olhavam para ele, tentavam falar com ele, mas ele não prestava atenção... Ele disse a si mesmo que era como um prisioneiro que tinha quebrado a primeira barra de sua cela, mas ainda estava dentro.*
(BOWLES, 2010 a, p.145)

Como bem demonstra o escritor italiano contemporâneo Claudio Magris, no genial ensaio *L'imbarazzo di Mefistofele* em *Itaca e oltre*[23], o estranhamento seria a verdade do homem moderno, uma vez que este recusa a falsa ilusão de unidade como capaz de lhe garantir alguma se-

---

[22] BETTINI, Maurizio. *Lo straniero ovvero l'identità culturale e a confronto*, Roma-Bari, Laterza, 1992, p.7.
[23] MAGRIS, Claudio. L'imbarazzo di Mefistofele In: *Itaca e oltre*, Milano, Garzanti Editore, 2005, pp.7-9)

gurança. No fundo, a razão que proclamava a unidade e totalidade do mundo foi justamente negada, porque impunha as formas de dominação da cultura ocidental às demais culturas.

Assim sendo, uma vez que incapazes de adaptação, eternamente deslocados e estranhos aos locais para onde viajam, os personagens de Bowles renegam a própria tradição unitária e conservadora de sua origem ocidental. A cultura civilizada de primazia e dominação cede espaço à verdade do lugar, em que os habitantes integrados, por deterem o conhecimento, se sobrepõem.

### Circo de horrores

Não fosse dessa maneira, não teríamos como explicar o requinte de crueldades, no verdadeiro circo de horrores, em que muitos deles passam a atuar. É o que chama a atenção, em especial, em dois contos da antologia *Um episódio distante*.

No primeiro – que dá título ao livro – temos um erudito professor de Linguística norte-americano, que volta ao deserto do Saara na tentativa de reencontrar um conhecido. Acaba sendo vítima de um grupo de *reguibats*, que o capturam – um dos mais violentos da região, assim definidos: "O reguiba é uma nuvem atravessada na face do céu"; "Quando um reguiba aparece o homem direito foge". (BOWLES, 2010b, p.14)

Na mão desses "homens que não frequentavam cidades", o civilizado branco será totalmente desumanizado, transfigurado numa espécie de ser disforme e abjeto, para entretê-los e diverti-los. Algo tão monstruosamente bizarro como, por exemplo, o papel encarnado por Richar Harris no filme *Um homem chamado cavalo* de Elliot Silverstein (1970) em que um aristocrata inglês de modos refinados é capturado por índios Sioux, sendo inicialmente escravizado e tratado como um animal de carga pelos guerreiros. Ou ainda, como as cabeças decepadas dos africanos de *Coração das trevas*[24] de Joseph Conrad, que serviam para adornar as cercas da selva, em que só se via o horror :

*Uma depois da outra essas cintas brilhantes foram amarradas a seu torso, braço e pernas, inclusive em torno de seu rosto, até ele estar inteiramente contido dentro de uma armadura que o cobria com suas escamas circulares de metal. Havia uma boa dose de alegria durante essa arrumação do Professor.*

---

[24] CONRAD, Joseph. *Coração das trevas*, trad: Albino Ernesto Poli Junior, Porto Alegre, L&PM, 1998.

*[...] O Professor não estava mais consciente; para ser exato, ele existia no meio do movimento feito por esses outros homens. Quando terminaram de vesti-lo do jeito que queriam, enfiaram comida debaixo das placas de metal penduradas diante de seu rosto. Mesmo ele mastigando mecanicamente, a maior parte acabava caindo no chão. Puseram-no de volta no saco e o deixaram ali.*

*[...] Mesmo quando os ferimentos sararam e ele não sentia mais dor, o Professor não conseguia começar a pensar de novo, comia e defecava, e dançava quando mandavam, uma série de saltos sem sentido para cima e para baixo, que deliciava as crianças, principalmente por causa do maravilhoso ruído que produzia. E ele geralmente dormia durante o calor do dia, entre os camelos.* (BOWLES, 2010b, pp.16-20)

A crueldade atinge a máxima potência no conto *A Presa delicada*, em que Driss, um adolescente sonhador e ingênuo da tribo Filala (de comerciantes de couro) em viagem para Tessalit, junto a seus dois tios, será vítima de um estranho que se dissimula como uma pessoa inofensiva. Este engana a todos e, afinal os saqueia, matando os mais velhos e prendendo o jovem a quem tortura sadicamente e mata, sob os efeitos alucinógenos do haxixe:

*O homem se deslocou e examinou o jovem corpo caído nas pedras. Passou o dedo pela lâmina da navalha; uma agradável excitação tomou conta dele. Deu um passo à frente, olhou para baixo e viu o sexo que brotava na base da barriga. Não inteiramente consciente do que estava fazendo, pegou-o com uma mão e trouxe o outro braço para baixo com o movimento de um ceifador com a foice. Foi rapidamente cortado. Sobrou um buraco redondo, escuro, vermelho com a pele; ele ficou olhando um momento, sem expressão. Driss estava gritando. Os músculos de todo o seu corpo retesados, mexendo-se.*

*Lentamente o mungari sorriu, mostrando os dentes. Pois a mão na barriga dura e alisou a pele. Depois fez uma pequena incisão vertical ali e, usando ambas as mãos, caprichosamente enfiou o órgão cortado ali até desaparecer.* (BOWLES, 2010b, pp.68-69)

### Animais com fala

Mas não se imagine que os requintes de crueldade se dão apenas contra o branco civilizado ou entre os povos do deserto.

No conto *Em Paso Rojo* as irmãs Lucha e Chalía, depois da morte da mãe, vão visitar o único irmão Dom Federico que mora numa fazenda e conta com a mão de obra dos índios do lugar.

Dom Federico revida a opinião de Lucha, afirmando que os índios "são boa gente" e que "nunca lhe haviam causado problemas", diante do preconceito da irmã que teria dito, desdenhosamente: "- Índios, coitados, animais com fala"... (BOWLES, 2010b, pp.71-90)

O enredo, então, sinaliza o choque entre a cultura do branco espanhol (que se considera superior) e a do índio e crioulo nativos – vistos pelas mulheres como atrasados, traiçoeiros e preguiçosos.

E aqui é Chalía que, sentindo-se atraída por Roberto, um *vaquero* ingênuo que trabalhava na fazenda, arma contra ele, injustamente, uma tocaia. Nesse caso, o branco civilizado age como bárbaro, impondo-se, de modo violento e autoritário contra o mais fraco, que sucumbe, nas garras do racismo.

Além disso, inevitável, nessa história, não perceber o viés psicanalítico das questões relativas à atração e repulsa, Eros x Tânatus, que permeiam as ações malignas de Chalía contra o crioulo. É preciso suprimir o desejo irresistível que tanto a transtorna e aflige, aniquilando-o.

**Niilismo**

Diante de episódios devastadores como esses, reiterados com a sistemática desintegração física e moral dos protagonistas de seus romances, abandonados à própria sorte na terra distante e estranha, o autor norte-americano também autoriza leituras fundamentadas numa perspectiva de análise niilista.

De fato, no conto *Cold Point*, o narrador abre o discurso com a máxima: "A vida é notadamente hedionda demais para se tentar preservá-la. Que se acabe..." (BOWLES, 2010b, p.35)

Há, ainda, no livro três de *Que venha a tempestade,* o mais que sugestivo subtítulo "A era dos monstros". "Somos todos monstros" é a conclusão a que chega a personagem Daisy Valverde, uma aristocrata milionária de Tânger com quem Dyar, o protagonista, se envolve. Nesse capítulo, que poderia ser intitulado como "desesperadora verdade" volta-se ao tema da desconfiança generalizada de um mundo em que a vida não parece valer a pena, uma vez que não existe esperança:

*- Somos todos monstros – Daisy disse com entusiasmo – É a Era dos monstros. Por que a história da mulher e dos lobos é tão terrível? Conhece a história da mulher com um trenó cheio de filhos, atravessando a tundra e os lobos atrás dela? Ela vai jogando um filho atrás do outro para aplacar as feras. Todo mundo achava horrível há cem anos. Mas hoje é muito mais*

*terrível. Muito, porque naquela época era uma coisa remota e improvável, e agora entrou no domínio do possível. É uma história terrível não porque a mulher seja um monstro. Absolutamente. Mas porque o que ela fez para se salvar é exatamente o que todos nós faríamos. É terrível por ser tão desesperadamente verdadeira. Eu faria isso, você faria isso, todo mundo que eu conheço faria isso. Não é mesmo?* (BOWLES, 2010 a, pp. 226-227)

Bowles toca, assim, de perto em alguns preceitos nietzschianos. Seja ao abordar o tema do deslocamento como negação da origem e dos valores da civilização; seja na apologia da crença em uma desconfiança inexorável: "acreditar ou duvidar é uma questão de querer acreditar ou duvidar"; seja, enfim, na depreciação da vida real em nome da postulação de um mundo suprassensível superior a ela, sua narrativa busca se traduzir como uma "opressora sensação de irrealidade".

Daí também porque, embora haja o fascínio de uma natureza exótica e das paisagens do deserto, em boa medida, ampliadas ou distorcidas pelos efeitos do haxixe (conhecido pelos árabes como *majun*) haverá sempre um céu sólido, excessivamente luminoso, que não alenta, nem dá nenhuma segurança, pois a vida é constantemente ameaçada por um vazio inenarrável.

As sensações que se definem, diante desse céu desértico, caracterizado por um "paroxismo de brilho" aliam o infinito ao medo e ao horror físico, a imensidão ao abandono, a exuberância do exótico ao nada da existência.

**Estranho céu**

No romance *O céu que nos protege*, cuja força descritiva inspirou Bernardo Bertolucci a dirigir o filme *Sob o céu que nos protege* (1990), há um episódio de tamanha densidade poética que vale mencionar.

Nessa cena, Port e Kit que vivem uma séria crise conjugal, em certo momento, após um longo passeio de bicicleta, são arrebatados pela onipresença do céu do Saara:

*- Sabe – disse Port, e sua voz soou irreal, como as vozes costumam soar depois de uma longa pausa num lugar absolutamente silencioso -, o céu aqui é muito estranho. Quando olho para o alto, tenho sempre a sensação de algo sólido lá em cima, nos protegendo do que existe atrás.*

*Kit estremeceu ligeiramente ao dizer:*

*- Do que existe atrás?*

*- É.*

- Mas o que existe atrás? – A voz dela era muito pequena.
- Nada, acho. Apenas escuridão. Noite absoluta.
- Por favor, não fale disso agora. – Havia agonia em seu pedido. – Tudo o que você me diz me assusta aqui em cima. Está escurecendo e o vento está soprando, eu não suporto isso.

Ele se sentou, passou os braços pelo pescoço dela, beijou-a, afastou-se e olhou para ela, beijou-a outra vez. Havia lágrimas em suas faces. (BOWLES, 2009, p.86)

Mesmo que aparentemente abrigados pelo céu, ambos não destoam da saga dos viajantes, que saem de seu lugar de origem para se perderem.

O deserto aqui não representa, como em tantas outras conotações, um lugar de retiro espiritual, de silêncio necessário para uma chance de encontro com o eu profundo. Certamente, não com o sentido que o escritor israelense Amós Oz, em entrevista para a Folha de São Paulo[25], lhe confere. Com efeito, ele teria confessado que tem o hábito de caminhar pelo deserto todas as manhãs e que isso o ajuda a compreender melhor a condição humana. Apelo semelhante é o que encontramos na narrativa do português Miguel Sousa Tavares, em cujo romance *No teu deserto*[26] (como já analisamos neste mesmo Rascunho n. 125, outubro/2010, p.20) a viagem ao Saara é a de busca de alimento espiritual, aventura ao redor do eixo do ser, da contemplação silenciosa, que se revela como bálsamo para as dores e angústias da frenética vida contemporânea.

Em Bowles, nada disso se verifica. O deserto é cenário estonteante de perda, é a vertigem de um mar de areia infinito, iluminado por um sólido céu protetor que, paradoxalmente, é pano de fundo para a desintegração do ser. É viagem sem volta, dos que o procuram, exatamente, para se perder...

O medo diante do vazio é terrificante e palpável. A consciência da perda perturba ainda mais, pois não se sabe ao certo o que se está deixando ir.

É novamente o que aflige Kit, diante da doença, que levará seu marido Port, à morte:

*Não era a perda de uma vida inteira que ela chorava ali nos braços dele, mas era, sim, grande parte de uma vida; acima de tudo era uma parte cujos limites ela sabia precisamente, e essa consciência aumentava a sua*

---

[25] Esa entrevista está disponível no link http:// www1.folha.uol.com.br/fsp/ilustrad/fq0407200710.htm.
[26] TAVARES, Miguel Sousa. *No teu deserto*. São Paulo. Cia das Letras, 2009.

*amargura. E, então, dentro dela, mais fundo do que o choro pelos anos perdidos, ela encontrou um horror todo formado e crescendo. Levantou a cabeça e olhou para ele com ternura e terror.* (BOWLES, 2009, p.185)

**Do vazio**

Essa mesma consciência opressora de perda em *O céu que nos protege* se transmuta no imenso vazio que se verifica no romance *Que venha a tempestade*. E esse é um dos traços que aproximam as duas obras.

No segundo, Nelson Dyar chega em Tânger – Marrocos e premonitoriamente, logo no início, recebe o veredicto de Daisy, ao permitir que ela leia sua mão:

*Ela olhou cuidadosamente, esticando a pele da mão com os dedos.*
*- Não. Não vejo sinal nenhum de trabalho. Nenhum sinal de nada, para falar a verdade. Nunca vi uma mão tão vazia. É aterrorizante...*
*Ele fingiu uma grande indignação, retirou a mão com força.*
*Ela olhou para ele com infinita preocupação nos olhos. Quero dizer – falou – que o senhor tem uma vida vazia. Nenhum desenho. E nada por dentro para dar qualquer sentido a ela...* (BOWLES, 2010 a, pp.32-33)

O vazio como entidade imprecisa, mas onipresente, os paradoxos de uma existência vã, tocam, também, a náusea sartreana. A vertigem provocada por uma série de "significados silenciosos" é constante nas percepções que Dyar vai tendo, a respeito de si mesmo, naquele lugar distante, em que constantemente é assolado por uma intensa impressão de não realidade, quase onírica:

*A sensação de irrealidade era muito forte dentro dele, em toda a sua volta. Aguda como uma dor de dentes, penetrante como o cheiro de amônia, no entanto, impalpável, impossível de localizar, um grande borrão na lente de sua consciência. E as percepções borradas que dela resultavam produziam uma sensação de vertigem. Sentou-se na poltrona e acendeu um cigarro. O gosto dele o deixou nauseado; atirou-o num canto e ficou olhando a fumaça subir devagar pela parede até chegar à frente da vidraça, quando era soprada para dentro pela brisa.*
*Não estava pensando, mas lhe vieram palavras à mente; elas todas formavam perguntas: "O que estou fazendo aqui? Aonde vou chegar? O que significa tudo isto? Por que estou fazendo isto? De que adianta? O que vai acontecer?"*

*Aqui tudo era muito improvável, tinha o mesmo peso sem sentido, indefinível das coisas num sonho, o tipo de sonho em que cada simples objeto, cada movimento, mesmo a luz no céu, é carregado de significados silenciosos...* (BOWLES, 2010 a, p.154)

### Natureza imperiosa

Outro traço que é possível detectar como recorrente às obras aqui analisadas é a força da natureza a mover os indivíduos e a determinar-lhes o comportamento.

Retoma-se o mote de extremo fascínio, diante da exuberância de florestas, águas, amplas paisagens e excessiva luminosidade. Porém, o que importa notar é que não há, em Bowles, a idealização desses lugares como paradisíacos, sinalizando uma fenomenologia espacial de *locus amenus*.

Em sua narrativa, a força de uma natureza imperiosa tangencia o que há de inexplicável e incontrolável nos instintos humanos, exacerbados nas situações de estranhamento e deslocamento psíquico sofrido pelos personagens.

Interessante o que acontece, por exemplo, com o protagonista do conto *O pastor Dowe em Tacaté*, em que é possível constatar um nítido diálogo com *A noite do iguana*[27] (1961) de Tennesse Williams.

Em ambos, a natureza vai impregnando o espírito daqueles religiosos, a ponto de fazer estremecer os dogmas de sua fé. Em Bowles, o pastor Dowe, embora vacile, resiste e luta contra o sincretismo, ao passo que em Williams, o ex pastor protestante Shannon tem como única chance de vida, reinventar-se no novo meio ao qual se entrega, na costa oeste do México (BOWLES, 2010 b, pp 105-129).

### Vida pela vida

Mesmo que a tônica dominante na narrativa do autor norte-americano possa ser definida como a da desesperada consciência do abandono, a que estamos todos fadados, em um trecho do romance *Que venha a tempestade* há a seguinte reflexão filosófica, que merece ser transcrita:

*Porque a vida não é um movimento em direção a ou para longe de alguma coisa; nem mesmo do passado para o futuro, nem da juventude para*

---

[27] WILLIAMS, Tennesse. *A noite do iguana e outras histórias*, Lisboa, Assírio & Alvim, 2009.

*a velhice, nem do nascimento para a morte. A totalidade da vida não é igual à soma de suas partes; não existe soma. O homem adulto não está envolvido na vida com mais profundidade do que um recém-nascido; sua única vantagem é que de vez em quando pode lhe ser dada a consciência da substância dessa vida e, a menos que seja um tolo, ele não procurará por razões nem explicações. A vida não precisa de esclarecimento, de justificação. De qualquer lado que seja abordada, o resultado é o mesmo: a vida pela vida, o fato transcendente do indivíduo vivente.* (BOWLES, 2010 a, p.185)

Ainda que doa, viver é preciso. Talvez, em Paul Bowles, a mera constatação da vida enquanto fenômeno transcendente e bastante em si é que suscite, paradoxalmente, a impetuosa vertigem, o insuportável nonsense dos que precisam encontrar motivos para vivê-la...

## COMO UM VÍRUS:
## A DOENÇA DO SALAZARISMO E SUAS MANIFESTAÇÕES EM A MÁQUINA DE FAZER ESPANHÓIS DE VALTER HUGO MÃE E AFIRMA PEREIRA DE ANTONIO TABUCCHI

### O fascismo dos bons homens

Valter Hugo Mãe é um dos autores que mais tem se destacado na produção literária portuguesa contemporânea, especialmente a partir da publicação de sua elogiadíssima tetralogia, composta por: *o nosso reino*. Temas e Debates. Lisboa: 2004. / Objectiva (Alfaguara). Lisboa: 2011; *o remorso de baltazar serapião*. QuidNovi. Porto: 2006. / Objectiva (Alfaguara). Lisboa: 2011; *o apocalipse dos trabalhadores*. QuidNovi. Porto: 2008. / Objectiva (Alfaguara). Lisboa: 2011; *a máquina de fazer espanhóis*. Objectiva (Alfaguara). Lisboa: 2010. Esses quatro primeiros romances são conhecidos, em conjunto, como a "tetralogia das minúsculas". Escritos integralmente sem letras capitais, incluindo o nome do autor, pretendiam chamar a atenção para a natureza oral dos textos e a recondução da literatura à liberdade primeira do pensamento. As minúsculas aludem também a uma utopia de igualdade. Uma certa democracia que equipararia as palavras na sua grafia "para deixar ao leitor definir o que devia ou não ser acentuado"[28].

---

[28] Disponível em https://pt.wikipedia.org/wiki/Valter_Hugo_Mãe.
*O presente artigo foi publicado na Revista Via Atlântica da USP:* Fantin, M. C. M. B. (2016). Como

É muito instigante investir em uma análise de *A máquina de fazer espanhóis* (2010) pelo viés dos estudos sobre a memória e sua inter-relação com a história[29]. Com efeito, o romance apresenta um velho narrador, o senhor Antonio Jorge Silva, de 84 anos, que é levado a um asilo pela filha, após a perda traumática da mulher Laura, que tanto amava. Os sentimentos que afloram na velhice o remetem a lembranças do passado, que inevitavelmente o conduzem a uma série de reflexões sobre o período do salazarismo, sob cujo impacto vivera.

O que se obtém como resultado, diante desse tipo de estrutura romanesca, é a imbricação entre as memórias subjetivas narradas pelo protagonista e as refrações que estas projetam em fragmentos de uma pressuposta memória coletiva, representada pelas lembranças geracionais dos que foram marcados por aquele período histórico. Haveria, assim, um instigante jogo narrativo que entrelaça a dor íntima, lancinante sofrida por Silva, diante da perda de Laura – com o recurso ao uso de metáforas hiperbólicas de total aniquilamento do corpo físico – com a grave doença do corpo social do Estado Novo, impetrado pelo regime de Salazar: "... o povo **gangrenava** descontente..." (Mãe, 2011: 33, grifo nosso). Observemos, a título ilustrativo, o que revela o protagonista sobre a dor da extirpação que o acomete, nos primeiros dias no asilo:

> Naquele tempo, sem braços e sem pernas, sem olhos e perdendo a voz, absolutamente sem coração, eu não comunicava. Era notório que entendia o que me diziam e poderia corresponder a alguns chamados com atenção e respeito, mas não se começavam grandes conversas porque eu não proferia palavra alguma. Tinha a voz afundada no húmido dos órgãos e não havia modo de a secar ao cimo do hálito. (Mãe, 2011: 26-27)

O sofrimento dilacerante do sr. Silva encontra equivalência, no âmbito das memórias coletivas, às devastações causadas no corpo so-

---

um vírus: a doença do salazarismo em a máquina de fazer espanhóis de Valter Hugo Mãe em diálogo com "Afirma Pereira" de Antonio Tabucchi. *Via Atlântica*, 1(29), 353-370. https://doi.org/10.11606/va.v0i29.107290.

[29]Tais conceitos e sua inter-relação serão aqui analisados a partir do estudo *A Memória, a história, o esquecimento* (2008) de Paul Ricoeur. Segundo o eminente filósofo e hermeneuta, as questões em jogo dizem respeito à memória, já não como simples matriz da história, mas como reapropriação do passado histórico por uma memória que a história instruiu e muitas vezes feriu. De fato, neste nosso estudo não pretendemos encarar a memória, segundo a construção linear, por meio da qual esta seria vista simplesmente como matriz da história, mas sobretudo pretendemos perceber como o passado histórico nos é narrado, por meio dos relatos memorialísticos aqui ficcionalizados.

cial português pelo flagelo da doença da alienação, forjada por todos os sistemas arbitrários de dominação.

Um dos capítulos que melhor exemplificam a correspondência entre a dor íntima (memória subjetiva) do protagonista e a dor impetrada pelo Estado Novo (memória coletiva) é o sétimo, que se intitula ironicamente: *Herdar Portugal*. Nesse trecho, tem-se a exacerbação do sofrimento do casal, diante da perda do primeiro filho, entremeada por alguns dos mais potentes recursos alienantes, usados reiterativamente pelo salazarismo: os interesses manipuladores do Estado na manutenção da massa - da "carneirada", que não ousa pensar - contando com a conivência obsedante da Igreja e da mentalidade forjada dos "bons homens de família", cuja dignidade seria fundada, sobretudo, no espírito da pobreza e do sacrifício:

[...] mas em mil novecentos e cinquenta as coisas não estavam ainda tão definidas[30].... o certo e o errado eram difíceis de discernir... quando as crianças daquele tempo estudavam lá la ri lá lá ela ele eles elas alto altar altura lusitos lusitas viva Salazar viva Salazar, toda a gente achava que se estudava assim por bem, e rezava-se na escola para que deus e a nossa senhora e aquele séquito de santinhos e santinhas pairassem sobre a cabeça de uma cidadania temente e tão bem-comportada. Assim se aguentava a pobreza com uma paciência endurecida, porque éramos todos muito robustos, na verdade, que povo robusto o nosso, a atravessar aquele deserto de liberdade que nunca mais acabava mas que também não saberíamos ainda contestar.... (Mãe, 2011: 82; inserção de nota de rodapé nossa)

[...] aprendi tudo ao contrário depois. ser religioso é desenvolver uma mariquice no espírito. Um medo pelo que não se vê, como ter medo do escuro porque o bicho-papão pode estar à espreita para nos puxar os cabelos... eu aprendi que aqueles crentes se esfolavam uns aos outros de tanto preconceito e estigmatização. e aprendi, no dia em que perdemos o

---

[30] O narrador concentra suas lembranças a partir de 1950, mas como se sabe o Estado Novo foi implantado em Portugal em 1933 e durou 41 anos, nos quais durante a maior parte do tempo quem esteve no comando do governo foi António de Oliveira Salazar. Mais precisamente, Salazar governou até 1968 sendo, posteriormente substituído por Marcello Caetano. A narrativa de Silva enfoca de modo mais incisivo o período governado por Salazar e foi durante o mandato dele que os mitos ideológicos fundadores do Estado Novo foram implantados e divulgados como verdades essenciais para os portugueses. Disponível em: *www.periodicos.ufpa.br/index.php/moara/article/view/1960/2343*.

nosso primeiro filho, que estávamos sozinhos no mundo. atirados para o fundo de um quarto sem qualquer ajuda... (Mãe, 2011: 83)

[...] levaram-me para uma cadeira onde me estenderam o crucifixo que tínhamos sobre a cómoda, e esperaram que deus, ou o peter pan, entrasse na minha vida com explicações perfeitas sobre o que sucedera. **Esperaram que a vida se prezasse ainda, feita de dor e coragem, feita de dor e cidadania, feita de dor e futuro, feita de dor e deus e salazar...** (Mãe, 2011: 84, grifo nosso)

[...] e para um portista dizer tal coisa significava que ele era realmente incrível e **que o regime se nos metia pela pele adentro como um vírus. ficávamos sem reacção, íamos pela vida abaixo como carneirada, tão bem enganados...** (Mãe, 2011: 86, grifo nosso)

Nos excertos acima transcritos, apresentam-se configuradas ficcionalmente, por meio dos relatos do narrador, algumas das bases de sustentação do projeto ideológico do salazarismo, tal como analisado pelo historiador Fernando Rosas. Em seu entendimento, o Estado Novo almejava instaurar: "uma ideia mítica de 'essencialidade portuguesa', transtemporal e transclassista [...] e a partir da qual se tratava de 'reeducar' os portugueses" (Rosas, 2001: 1034). Existiriam então, basicamente, sete mitos ideológicos fundadores: o palingenético, o do novo nacionalismo, o imperial, o mito da ruralidade, o da pobreza honrada, o da ordem corporativa e o mito da essência católica da unidade nacional.

O romance de Mãe explora, pelo viés do discurso memorialista, alguns desses mitos – especialmente o do novo nacionalismo, o da pobreza honrada, o da ordem corporativa e o da essência católica - e assim consegue se haver com a representação dos mecanismos pelos quais a doença do salazarismo se alastrou, contaminando o corpo social português, produzindo o "fascismo dos bons homens", como um "vírus" ou "gangrena" ou ainda como um "cancro", semelhante ao que acometerá, em certo momento, o melhor amigo do protagonista no asilo, o sr. Pereira.

Hannah Arendt, ao tratar dos regimes totalitários em *Origens do totalitarismo*[31] elucida de como modo as ditaduras totalitárias se im-

---
[31] Segundo o que nos ensina a filósofa: "Depois da Primeira Guerra Mundial, uma onda democrática e pró-ditatorial de movimentos totalitários e semitotalitários varreu a Europa: da Itália seminaram-se movimentos fascistas para quase todos os países da Europa central e oriental; contudo,

plantaram nos "países menores da Europa", como Portugal. Além disso, considera o quanto a propaganda e o terror precisam ser vistos como elementos complementares do mecanismo de implementação de todo tipo de atrocidades e arbitrariedades, características inerentes àqueles sistemas. Em comum a todos eles, a violência brutal praticada por suas respectivas polícias, em que a extirpação de órgãos dos que resistiam ao regime constituía uma prática usual de tortura, infinitas vezes conduzindo-os à morte (2012: 474- 527).

Especialmente no que se refere à voz, calar ou denunciar, fazia toda a diferença diante das pressões impostas pela PIDE, a polícia política do salazarismo: Polícia Internacional e de Defesa do Estado, existente em Portugal entre 1945 e 1969[32]. O terror disseminado por esse tipo de policiamento visava punir ostensivamente os que se opunham ao sistema, na tentativa de resistir àquele estado de total supressão das liberdades individuais.

Neste romance de Mãe, por meio do que, aos poucos, é contado pelo sr. Silva, em lances fugidios de recuperação do vivido, há a problematização do assim chamado "fascismo dos bons homens", extremamente revelador dos modos pelos quais o salazarismo conseguia "arrancar" da população todo e qualquer tipo de ocultamento e sigilo, que pudessem representar indícios de subversão aos ditames do regime. Com efeito, coloca-se em cena, num primeiro momento, a cumplicidade do protagonista em relação a um jovem resistente fugitivo, que lhe pede abrigo em sua barbearia. Num ímpeto de solidariedade humana, Silva o oculta e despista a PIDE e portanto, consegue calar. Mas sua

---

nem mesmo Mussolini, embora useiro da expressão "Estado totalitário", tentou estabelecer um regime inteiramente totalitário, contentando-se com a ditadura unipartidária. Ditaduras não totalitárias semelhantes surgiram, antes da Segunda Guerra Mundial, na Romênia, Polônia, nos Estados bálticos, na Hungria, em Portugal e, mais tarde, na Espanha. [...] Em todos esses países menores da Europa, movimentos totalitários precederam ditaduras não totalitárias, como se o totalitarismo fosse um objetivo demasiadamente ambicioso, e como se o tamanho do país forçasse os candidatos a governantes totalitários a enveredar pelo caminho mais familiar da ditadura de classe ou de partido." (Arendt, 2012: 436-437).

[32] A PIDE foi criada pelo Decreto-Lei n.º 35 046 de 22 de outubro de 1945[1] - em substituição da Polícia de Vigilância e Defesa do Estado[2] - sendo considerada como um organismo autónomo da Polícia Judiciária e apresentada como seguindo o modelo da *Scotland Yard*, mas foi de facto o prolongamento da PVDE, criada com a consultoria dos fascistas italianos e da Gestapo alemã e continuaria, sob o nome de Direção-Geral de Segurança (DGS), depois de 1969 e até à Revolução do 25 de Abril. Neste dia, os agentes da DGS foram os únicos que reagiram abrindo fogo e provocando vítimas mortais entre os civis. A PIDE desempenharia tanto funções administrativas como funções de repressão e de prevenção criminal. Disponível em: https://pt.wikipedia.org/wiki/Pol%C3%ADcia_Internacional_e_de_Defesa_do_Estado

atitude corajosa acaba por não resistir à pressão do terror disseminado e à doutrinação alienante, fazendo com que, depois de já passados alguns anos, denuncie a vítima, que frequentava seu local de trabalho, passando de cúmplice da resistência a colaborador do regime.

Para Elias Canetti, no instigante estudo: *Massa e poder* (2008), toda ordem é composta pelo binômio: *impulso* e *aguilhão*. O *impulso* é o que obrigaria o receptor ao seu cumprimento, como convém, aliás, ao conteúdo da ordem. Mas o *aguilhão* estará sempre presente, permanecendo naquele que a executa:

> Mas esse aguilhão penetra fundo no ser humano que cumpriu uma ordem, e permanece imutavelmente cravado ali. Dentre todas as construções psíquicas, nada há que seja mais imutável. O conteúdo da ordem preserva-se no aguilhão; sua força, seu alcance, sua delimitação – tudo isso foi já prefigurado no momento em que a ordem foi transmitida. Pode levar anos, décadas, até que aquela porção fincada e armazenada da ordem – sua imagem exata em pequena escala – ressurja. Mas é importante saber que ordem alguma jamais se perde; ela nunca se esgota realmente em seu cumprimento, mas permanece armazenada para sempre [...] Mais fácil é que se modifique a aparência de um homem, aquilo em função do qual os outros o reconhecem – a postura de sua cabeça, a expressão de sua boca, seu jeito de olhar -, do que a forma da ordem que, na qualidade de um aguilhão, nele permaneceu armazenada e inalterada. [...] Somente a ordem cumprida crava seu aguilhão naquele que a ela obedeceu. Quem se esquiva das ordens não precisa armazená-las. "Livre" é apenas o homem que soube esquivar-se das ordens e não aquele que delas se liberta somente a posteriori. (Canetti, 2008: 306)

O que parece, de alguma forma, traduzir as contradições, os paroxismos da personalidade do sr. Silva envelhecido, assumidamente um "fascista bom", analogamente à teoria proposta pelo autor húngaro, é que embora passe a adquirir uma certa lucidez, quase como se estivesse acordando do longo sono letárgico e entorpecedor dos efeitos alienantes do veneno que lhe fora inoculado pelo vírus do salazarismo, ainda assim, ele nunca se libera do aguilhão que, vez por outra, o angustia. Afinal, ele cumprira as ordens durante a vigência do regime e jamais se liberta dos fantasmas que o assombram.

A propósito, é riquíssima a simbologia dos pesadelos que o perseguem e que passam a frequentá-lo de modo crescente. Aliados à ideia de extirpação de membros do corpo, aparecem os pássaros negros que querem devorá-lo: "descansávamos no pátio e eu adormecia para compensar as noites maldormidas tão dentadas pelos pesadelos... eram três da manhã e os abutres já haviam disseminado o meu corpo pelos seus estômagos azedos..." (Mãe, 2011: 39)

Ou ainda:

[...] naquela noite, quando já poderia esperar uma calma maior e um triunfo até sobre as minhas ansiedades, voltei aos pesadelos. aos meus pesadelos. mais uma vez julguei que pássaros negros vinham de pairar sobre as crianças e procuravam-me para me debicarem o corpo. e eu tentava fugir e novamente sentia-me apenas um olhar vagueando, errando indistinto pelas coisas sem saber como materializar-me. Eu sonhei que tentava fugir dali, que tentava salvar da fome desses horríveis animais o que restava de mim, talvez a alma, que afinal existia e estava despida como única memória do que fui... (Mãe, 2011: 157-158)

O que se pode interpretar, a partir dessas imagens aterradoras é que o sr. Silva, mesmo que num discurso de revisitação crítica e irônica de alguns dos mitos fundadores do Estado Novo, não consegue se libertar daqueles aguilhões. Isso se deveu ao fato de ter sido, durante o período em que governava Salazar, um cumpridor das ordens ditadas pelo aparelhamento ideológico, calcado sobretudo na preservação da família, no novo nacionalismo português, na exaltação da Pátria, da religião, do sacrifício e da pobreza, não hesitando em delatar os que a elas ousassem resistir.

Importa ainda notar que as questões de fundo memorialístico, que dominam a tessitura do narrar, podem ser também entendidas como recursos procedimentais estratégicos de composição romanesca. Estes visam, em última instância, tratar da doença do salazarismo como metáfora[33]: a dilacera-

---

[33] Susan Sontag em *A doença como metáfora* constata o quanto o uso da palavra "câncer" no discurso político teria estimulado o fatalismo, justificando medidas "severas". Ela observa que nenhuma opinião política específica deteve o monopólio dessa doença: "Trótski chamou Stálin de câncer do marxismo. Na China, a "gangue dos Quatro" tornou-se, entre outras coisas, "o câncer da China"; John Dean explicou Watergate a Nixon nos seguintes termos: "Temos um câncer – junto à presidência – que está crescendo." A metáfora-padrão das polêmicas árabes ouvidas no rádio pelos israelenses todos os dias nos últimos vinte anos é que Israel é "um câncer no coração do Mundo Árabe" ou o "câncer do Oriente Médio". Fazendo um levantamento exaustivo do alargamento do campo semântico que se refere à doença e ao seu uso indiscriminado, a autora se ressente do fato de que – de certa forma – a generalização do termo, sempre associado ao mal "radical" ou "absoluto" acabaria por representar um desserviço à pessoas que estão com a doença real. (Sontag, 1984: 52, 53)

ção de Silva, desencadeada, num primeiro momento, pelo trauma da morte da mulher (memória íntima) traz à tona o mal-estar generalizado vivenciado pelo povo português, oprimido e alienado pelo totalitarismo. Num segundo momento crucial, o da descoberta de um "cancro" do melhor amigo no asilo, o sr. Pereira, com sua morte subsequente, também serve como elemento de impulso para acionar a lembrança - talvez, o pior dos aguilhões – do dia em que o sr. Silva "colaborara" com a PIDE, entregando o jovem resistente. Cumpre observar que as associações involuntárias com que a memória opera são exemplarmente ilustradas nesse entrecho do romance, que pode ser conferido às p.173, 174, 175. Novamente, a situação vivenciada no âmbito íntimo do tempo presente daquele velho no asilo (com toda a repulsa e horror causados pelo "cancro" enfrentado pelo amigo, que naquele exato momento vomita no tapete) serve como gatilho, capaz de acionar a pior das lembranças do passado, pois o discurso verborrágico e detalhado assumido pelo protagonista equivale a um vômito. Ele, como muitos, ao delatar, sem piedade alguma o rapaz ao sistema tornara-se, um "porco":

> [...] assim que me vi em segurança, comecei a colaborar. passei em revista os clientes. um a um como a lembrar-me de um a um a preceito. sabia que chegaria àquele moço e que, se levantasse uma suspeita, eles teriam o resto para incriminá-lo. assim o fiz. comecei por dizer o seu nome. depois descrevi-o fisicamente em traços breves. depois disse que era um homem silencioso, educado, sem grande conversa. perguntaram-me se ia lá muito. eu disse que aos sábados, quase sábado sim e sábado não. que o próximo era sim. o pide mais gordo veio perto dos meus olhos e perguntou-me, senhor silva, se tivesse um cabrão de um comuna a frequentar a sua barbearia, o senhor diria que era este gajo. E eu disse, sim, se houver um, tem de ser ele. (Mãe, 2011: 174, 175)

A projeção do que é vivenciado subjetivamente pelo senhor Silva toca o coletivo, na medida em que os procedimentos narrativos vão compondo um coro de vozes, cuja partitura é criada a partir da reverberação das lembranças dos demais personagens, sempre em diálogo com o que lembra o

---

Valter Hugo Mãe, entretanto, ao lançar mão de termos e expressões relacionados a doenças, nos relatos de seus narradores, tais como "vírus, gangrena, cancro" alinha-se a uma linhagem literária que, metaforicamente, visa estabelecer correspondências entre o corpo físico dos sujeitos que delas padecem e o corpo social de toda a população e do Estado que teria vivido sob o flagelo dos Totalitarismos, tais como a ditadura salazarista.

regente-protagonista: Antonio Jorge Silva. Há que notar que esse recurso de valorização das memórias narradas não pretende obter, ao final, uma composição predominantemente harmônica. O que se objetiva, em última instância, é a dissonância, já que como não poderia deixar de ser, o discurso memorialístico é sempre alinear, fragmentado, repleto de lapsos, numa constante relação de ausência-presença, como propõe Le Goff (1994: 423). Nesse sentido, cumpre observar que, no repicar constante das diversas consciências narrativas, que proliferam espontâneas no ambiente daquele asilo – ironicamente chamado: "Feliz Idade" – há a voz incisiva de um outro Silva, mais conhecido como o Silva da Europa, que faz o contraponto necessário ao que narra o sr. Silva. É como se aquele, por meio de um discurso altissonante e assertivo de crítica explícita ao salazarismo, viesse a preencher as lacunas e ausências dos relatos do protagonista. Pode-se, inclusive, notar que as narrativas dos dois Silvas, ainda que surjam, em boa medida, como totalmente dissonantes acabam por compor um interessante dueto, capaz de fazer timbrar vozes aparentemente tão discrepantes.

Não poderíamos ainda deixar de observar o quanto, cada vez mais, a revisitação da história vem sendo levada a cabo pela ficção, na contemporaneidade, a ponto de fazer com que a estudiosa Linda Hutcheon (*Poética do pós-modernismo*, 1991,) tenha denominado alguns desses romances (que ela considera pós-modernos) como de *Metaficção Historiográfica*. Em seu entendimento, podem ser assim classificados, na medida em que instauram a auto reflexividade como procedimento narrativo, elegendo a problematização da história como centro do debate. A partir do momento em que a história é problematizada, mais do que simplesmente revista, há uma reavaliação crítica que percebe o quanto as narrativas eminentemente historiográficas são tecidas com fios semelhantes aos que bordam a tessitura narrativa ficcional. A pergunta chave que se colocaria, então, seria a seguinte: "como é que conhecemos o passado?" (op. cit., 1991: 152)

Os expedientes narrativos de que Valter Hugo Mãe lança mão neste romance elegem o eixo memorialístico, embaralhando a história, a ficção e a memória como modalidades de representação do passado. Assim procedendo, remete, ainda ao que Roger Chartier (2010: 21) constata a respeito: "as obras de ficção, ao menos algumas delas e a memória, seja ela coletiva ou individual, também conferem uma presença ao passado, às vezes ou amiúde mais poderosa do que a que estabelecem os livros de história".

Embora não se possa descurar do fato de que se trata, antes de mais nada de um romance de cunho memorialístico, o presente estudo visa provar, como plausível, a hipótese de considerá-lo, também, como uma alegoria da devastadora doença do salazarismo.

Poderíamos citar uma série de obras literárias e cinematográficas que tratam alegoricamente dos efeitos nefastos provocados pelas mais diversas formas de doença, tais como os totalitarismos de todo gênero, os sistemas de controles e as alienações. Bastaria lembrar, por exemplo de Fahrenheit *451* de Ray Bradbury, traduzido magistralmente em filme homônimo por François Truffaut; de universos opressivos descritos em romances distópicos[34] como *Nós* de Ievguêni Zamiátin; *Admirável mundo novo* de Aldous Huxley, a *Revolução dos bichos* e *1984* de George Orwell. Em comum a todos eles, a individualidade sacrificada em nome das razões de Estado. A esse respeito, Manuel da Costa Pinto observa que Huxley e Orwell teriam escrito seus livros sob o impacto dos regimes totalitários (nazismo e stalinismo), ao passo que Bradbury teria percebido – num lance de elogiável sagacidade - o nascimento de uma forma mais sutil de totalitarismo: o da indústria cultural, da sociedade de consumo e seu corolário ético – a moral do senso comum. (Pinto, 2012: 14-15)

Além desses, faz-se imprescindível citar o fundamental romance de José Saramago, marco deste nosso século: *Ensaio sobre a cegueira* (1995), em que todos os personagens vão sendo contaminados por uma "cegueira branca", que denuncia a saturação de imagens que, quotidianamente, invadem nossa visão, num excesso de luz, impedindo-nos de ver o essencial. A doença coletiva (uma verdadeira epidemia), nesse caso, assume importantes peculiaridades, que parecem querer chamar atenção à cegueira generalizada em que vivemos imersos, condicionados e submissos a todo tipo de apelos, em uma espécie de "overdose" de elementos visuais. E, numa sociedade em que as consciências são alienadas, não é possível falar em liberdade. Conforme afirma Adorno, somos "prisioneiros a céu aberto" e é exatamente a esse tipo de aprisionamento do ser, cegado pelo sistema, a que se refere a obra de Saramago[35].

---

[34] O conceito de "distopia" aqui usado é o sugerido por Manuel da Costa Pinto que o retoma de Roberto de Sousa Causo, um importante estudioso do assunto, segundo o qual as "distopias são a descrição d eum lugar fora da história, em que tensões sociais e de classe estão aplacadas por meio da violência ou do controle social" (Causo Apud Pinto, 2012: 12-13).

[35] Tratei do assunto pormenorizadamente no seguinte estudo de literatura comparada: *Quando o olhar se faz visão – o diálogo entre "Oceano mar" de Alessandro Baricco e "Ensaio sobre a cegueira" de José Saramago*, disponível em http://rascunho.gazetadopovo.com.br/quando-o-olhar-se-faz-visao/ dez-2008.

Diante disso, parece-nos adequado procurar desvendar, neste romance de Mãe, elementos que apontam ao flagelo causado pelo regime de Salazar, aqui tratado como vírus, inoculado aos poucos, metódica e sistematicamente na população portuguesa, durante aquele período e perdurando ainda muito tempo depois. Bastante ilustrativa é a sequência final do 7º capítulo, já citada anteriormente:

[...] e para um portista dizer tal coisa significava que ele era realmente incrível e que **o regime se nos metia pela pele adentro como um vírus**. Ficávamos sem reacção, íamos pela vida abaixo como carneirada, **tão bem enganados**. (Mãe, 2011: 86, grifo nosso)

Importa observar a comparação que se propõe do regime como se fosse um vírus que "se metia pele adentro", gerando como consequência funesta o engano, o desvio alienante, a febre do delírio, das alucinações e pesadelos que perseguem, como sombras de que não consegue se livrar nunca, o velho sr. Silva (representante de toda uma geração, acometida por aquela epidemia). Há uma série de referências, em todo o entrecho narrativo, que associam a alienação provocada pelo regime a uma devastadora doença. Mas quais seriam, em síntese, os mecanismos capazes de forjar esse mal? Como se constrói o chamado "fascismo dos bons homens"? (Mãe, 2011: 116)

É ainda Hannah Arendt quem esclarece que foi basicamente devido ao colapso da sociedade de classes que se deu o surgimento da psicologia do homem de massa da Europa do século XX. A eminente filósofa ensina que todo regime totalitário se funda e se alimenta das massas e consegue organizá-las:

A verdade é que as massas surgiram dos fragmentos da sociedade atomizada, cuja estrutura competitiva e concomitante solidão do indivíduo eram controladas apenas quando se pertencia a uma classe. A principal característica do homem da massa não é a brutalidade nem a rudeza, mas o seu isolamento e a sua falta de relações sociais normais. (Arendt, 2012: 446)

O que é desconcertante no sucesso do totalitarismo é o verdadeiro altruísmo dos seus adeptos. (Arendt, 2012: 435)

Ora, o senhor Silva, em diversas lembranças se recorda do fato de que não tinha amigos, não se relacionava com ninguém, além dos próprios familiares e que sempre fora considerado um "bom homem".

A propósito vale conferir o que diz a respeito a voz que estabelece o contraponto ao discurso do protagonista, a do Silva da Europa, que aguça as consciências com a seguinte lucidez:

> Estamos para aqui todos os fascistas, com pensamentos de um fascismo indelével a achar que antigamente é que era bom. Este é o fascismo remanescente que vem das saudades. [...] o fascismo dos bons homens... já quase não faz mal a ninguém e não é para prejudicar. mas é um sentimento que fica escondido, à boca fechada, porque sabemos que talvez não devesse existir, mas existe porque o passado, neste sentido, é mais forte do que nós. Quem fomos há de sempre estar contido em quem somos, por mais que mudemos ou aprendamos coisas novas. (Mãe, 2011: p.116-117)

É também do Silva da Europa a ponderação de que a máquina que "rouba a metafísica"[36] aos homens é o "estupor da ditadura". E conclui que a ditadura é que os teria deixado a todos "rasos como tábuas, sem nada lá dentro. Apenas o andamento quase mecânico de cumprir uma função e bico calado". (Mãe, 2011: 147-148)

**Da doença à cura**

Não parece muito diverso o contexto de total alienação em que vive o velho jornalista senhor Pereira, inserido no mesmo período histórico da ditadura salazarista, protagonista do premiado romance do escritor italiano contemporâneo Antonio Tabucchi[37]: *Afirma Pereira* (no original *Sostiene Pereira*, na primeira edição italiana de 1994).

Trata-se de um romance datado, que se desenrola no fatídico ano de 1938, em que o cenário predominante é a cidade de Lisboa.

---

[36] O conceito de "roubo da metafísica" a que nos referimos remete a uma situação do enredo do romance que envolve o personagem Esteves, um velho também utente do "Feliz Idade", identificado como o "Esteves Sem Metafísica" do poema *A Tabacaria*, do heterônimo pessoano Álvaro de Campos. Segundo o Sr. Silva, o Esteves seria um "monumento literário vivo" com que todos no asilo teriam o privilégio de conviver. A sua "ausência de metafísica" seria algo elogiável, de acordo com a leitura de *A Tabacaria* feita pelo protagonista. O Silva da Europa, no entanto, chama atenção para o sentido condenável de tal ausência, que se associa aos efeitos da alienação impetrada pelo salazarismo. Assim, não ter metafísica seria o corolário da ação aniquiladora das consciências, que é a marca de todos os totalitarismos.

[37] É notório o quanto esse autor adotou Portugal como sua segunda pátria. Foi professor de Literatura Portuguesa; transitou frequentemente entre Paris e Lisboa. Atuou como exímio tradutor de Fernando Pessoa e outros escritores brasileiros como Carlos Drummond de Andrade e José Lins do Rego. Tendo sido entrevistado a respeito de autores que mais influenciaram sua obra, apontou o nome de Fernando Pessoa. A propósito, muitos de seus mais importantes romances podem ser analisados a partir de instigante diálogo intertextual com a obra do famoso poeta português.

Pereira é um velho metódico, cujos hábitos se repetem à exaustão. Frequenta sempre os mesmos lugares, não indo muito além dos espaços corriqueiros: o apartamento onde vive sozinho, desde a morte da mulher; o escritório de trabalho, local em que costuma escrever artigos de literatura para a página cultural do Jornal Lisboa e o Café Orquídea, onde consome omeletes e limonada com muito açúcar.

A monotonia reiterativa de seus hábitos – tal como estruturada ficcionalmente – gera um efeito de saturação narrativa, que visa construir uma ideia de circularidade claustrofóbica, aguçada pelo mal-estar de um calor insuportável, em que o protagonista se situa como indivíduo "atomizado" (em termos análogos ao proposto por Hannah Arendt), solitário e ensimesmado, vivendo uma "não vida" e, às vezes, tendo a impressão de já estar morto, tamanho o grau de tédio que o assola. A tônica dominante de seu caráter é a alienação[38]:

Como pode, você não ficou sabendo? Massacraram um alentejano em sua carroça, há greves aqui, na cidade e em outros lugares, **afinal em que mundo vive, você que trabalha num jornal?,** ouça Pereira, vá se informar! (Tabucchi, 2013: 15, grifo nosso)

Mas diversamente do que ocorre com o sr. Silva da obra de Valter Hugo Mãe, este sr. Pereira de Tabucchi passará por uma verdadeira metamorfose. A propósito, o próprio autor o teria definido como um romance que trata da "tomada de consciência" de um indivíduo, em meio às atrocidades do regime salazarista.

Por meio de uma série de vozes, que constituem as consciências narrativas críticas dos demais personagens que o rodeiam e que, de certa forma, fazem-no "acordar", o velho jornalista, aos poucos, quebra a dura casca da noz em que vive enclausurado. Entre os que colaboram para que Pereira mude radicalmente e se cure da doença da alienação imposta pelo regime estão os jovens Monteiro-Rossi e sua namorada Marta.

Tanto quanto acontece no romance de Mãe, o grande elemento desestabilizador, aqui, concentra-se na juventude, que em ambos os casos, assume o papel da resistência à ditadura. Se no primeiro, o sr. Silva

---

[38] O viés irônico do autor italiano toma vulto especialmente ao denunciar a questão da censura da imprensa como uma das estratégias utilizadas pelo patrulhamento ideológico das mais diversas formas de governos ditatoriais. Com efeito, o protagonista é um jornalista, encarregado da página cultural do importante jornal "Lisboa" e ainda assim, totalmente alienado, como se não estivesse inserido naquele contexto de atrocidades.

recupera, por meio da memória, a figura do jovem que acabará por delatar; no romance de Tabucchi, o jovem encarnado pelo idealista Monteiro-Rossi, em que o velho Pereira projeta, nostalgicamente, o filho que jamais teve, será a peça-chave a acionar-lhe a cura.

No difícil e lento processo dessa metamorfose – como se estivesse trocando de pele – o jornalista passa por sérias crises de saúde, que o acometem física e psiquicamente. O seu mal-estar é então revelado pela intensificação da cardiopatia, hipertensão e obesidade, que se juntam às noites insones, pesadelos e a dúvida angustiante que o atormenta: e se aqueles jovens, que resistem ao regime, tiverem razão? Decide então buscar tratamento em uma clínica em Parede, onde conhece o doutor Cardoso, segundo elemento fundamental a ajudá-lo a mudar, nessa travessia de tomada de consciência:

Então, o que me restaria fazer?, perguntou Pereira. Nada, respondeu o doutor Cardoso, simplesmente esperar, talvez haja um eu hegemônico no senhor que, após uma erosão lenta, após todos esses anos passados no jornalismo, acreditando que a literatura fosse a coisa mais importante do mundo, talvez haja um eu hegemônico que esteja tomando a direção da confederação de suas almas, o senhor deixe-o vir à tona, mesmo porque não pode fazer de outra maneira, não conseguiria e entraria em conflito com o senhor mesmo e, se quiser se arrepender de sua vida, pode se arrepender, e também, se tem vontade de contar isso a um sacerdote, conte-lhe, enfim, doutor Pereira, se o senhor está começando a pensar que aqueles jovens têm razão e que sua vida até o momento foi inútil, pode pensá-lo, talvez de agora em diante sua vida não lhe pareça mais inútil, deixe-se guiar por seu novo eu hegemônico e não compense seu tormento com a comida e com as limonadas cheias de açúcar. (Tabucchi, 2013: p.92)

O papel do médico é exaltado no romance como o de um sábio interlocutor, que dialoga criticamente com o protagonista, fazendo com que passe a ver o quanto sua doença é psicossomática. Mas ele não se limita só a instigá-lo no plano das ideias. Com efeito, auxilia-o concretamente a tomar a atitude final de denúncia ao regime, atuando como coadjuvante em seu processo de cura.

Refletindo sobre o que ocorre com Pereira – em sentido oposto ao que ocorre com Silva do romance de Mãe - é possível perceber que, exatamente no momento em que decide escrever o artigo, a ser publicado na primeira página do Lisboa, denunciando o assassinato violento do jovem Monteiro-Rossi pela PIDE, que ele testemunha, o protagonista se liberta, finalmente, das amarras que o prendiam. A partir daquele instante em que deixa de ser um passivo cumpridor das ordens do regime – em termos análogos aos propostos por Canetti - deixa também de ter aguilhões a consumi-lo. Assume as rédeas de sua vida, inclusive num salutar processo de renovação identitária. Após a publicação da notícia na primeira página, para sobreviver, falsifica o passaporte, maquia o visual, raspa o bigode e foge. Bem mais magro, leve e curado, já não carrega o peso da vida inerte e alienada que levava até então.

Quanto aos procedimentos estruturadores da narrativa, note-se o uso do bordão reiterativo "Afirma Pereira" x "Pereira afirma", que pode ser visto como fio condutor a alinhavar o corpo do texto, criando uma nova forma de coesão textual. A propósito, em interessante estudo, Moema de Castro e Silva Olival percebe o quanto essa fórmula revela uma narrativa em andamento, cuja dinamicidade serve como espécie de gancho articulador da trama. Há, ainda mais, a instauração do que o linguista Émile Benveniste apontaria como um caso de "dupla referência", já que se obtém "na narrativa, ao mesmo tempo, um processo linguístico e um processo comportamental" requerendo "a dinâmica do ato de comunicar" (Benveniste, 1978: 87 apud Olival: 1994[39]).

O que é possível apontar como resultado do uso dessa estratégia do narrar é o quanto ela revela, também, o processo de metamorfose e cura pelo qual o protagonista passa. Em outras palavras, ao fazer coincidirem o processo linguístico com o comportamental, a narrativa incorpora o ritmo e a pulsação das mudanças que Pereira vai sofrendo, representando o seu deslocamento físico e mental[40].

Concluindo, cumpre notar o quanto alguns períodos históricos – como o do salazarismo em Portugal - continuam a se prestar aos mais diversos tipos de reflexão e representação artística. Nesse sentido, o diálogo entre as obras de dois grandes autores contemporâneos, tais como o que aqui buscamos propor, traduzindo ficcionalmente as manifesta-

---

[39] O estudo de Moema de Castro e Silva Olival: *A proposta emergente* está disponível em *www.revistas.ufg.br/index.php/sig/article/viewFile/7374/5240*.
[40] Gostaria de remeter a um estudo de minha autoria, em que analiso pormenorizadamente a questão do "duplo fio narrativo" em *Afirma Pereira* de Tabucchi: *A Poética do deslocamento sob a ótica de dois cineastas contemporâneos: Páginas da revolução de Roberto Faenza e Trem noturno para Lisboa de Bille August*. Disponível em: www.academia.edu/.../IDENTIDADE_MEMÓRIA_E_SUBJETIVIDADE, *2015: 87-103*.

ções da doença da alienação impetrada pelos totalitarismos, aguçam nossos sentidos como alerta ou antídoto, que sejam capazes nos imunizar de outros males afins.

### Referências Bibliográficas

ARENDT, Hannah. *Origens do totalitarismo* – antissemitismo, imperialismo, totalitarismo. Tradução de Roberto Raposo. São Paulo: Companhia das Letras, 2012.
CANETTI, Elias. *Massa e poder*. Tradução de Sérgio Tellaroli. São Paulo: Companhia das Letras, 1995.
CHARTIER, Roger. *A história ou a leitura do tempo*. Tradução de Cristina Antunes. Belo Horizonte: Autêntica editora, 2ª Edição, 2010.
HUTCHEON, Linda. *Poética do pós-modernismo: história, teoria, ficção*. Tradução de Ricardo Cruz. Rio de Janeiro: Imago Ed., 1991.
LE GOFF, Jacques. *História e memória*. Tradução de Bernardo Leitão. Campinas: Ed. Unicamp, 1994.
MÃE, Valter Hugo. *a máquina de fazer espanhóis*. São Paulo: Cosac & Naif, 2011.
PINTO, Manuel da Costa. Prefácio in BRADBURY, Ray. *Fahrenheit 451*. Tradução de Cid Knipel. São Paulo: Globo, 2ª Edição, 2012, p. 11-18.
RICOEUR, Paul. *A memória, a história, o esquecimento*. Tradução de Alain François. Campinas: Editora da Unicamp, 2008.
ROSAS, Fernando. *O salazarismo e o homem novo: ensaio sobre o Estado Novo e a questão do totalitarismo*. Análise Social, v.35, n.157, 2001, 1031-1054.
SARAMAGO, José. *Ensaio sobre a cegueira*. São Paulo: Companhia das Letras, 1995.
SONTAG, Susan. *A doença como metáfora*. Tradução de Márcio Ramalho. Rio de Janeiro: Edições Graal Ltda, 1984.
TABUCCHI, Antonio. *Afirma Pereira*. Tradução de Roberta Barni. São Paulo: Cosac & Naif, 2013

## ESTRANHO DOM

É muito fácil se deixar levar pela ficção envolvente do autor madrileno Javier Marías[41]. Caudaloso, ensaísta de primeira grandeza, não poupa sua verve ao tocar em profundas questões da existência humana. Não parece, tampouco, preocupado em se alinhar a alguns modismos da escritura contemporânea, cuja fragmentação nos modos do narrar, muitas vezes, angustia o leitor, na tentativa vã de estar à altura do jogo que se lhe propõe.

Ao contrário, em sua extensa trilogia intitulada **Seu rosto amanhã** (nos volumes **1. Febre e lança**; **2. Dança e sonho**; e **3. Veneno, sombra e adeus**), o narrador em primeira pessoa e sempre ele, Jacques Deza detém as rédeas ao nos contar sua intensa trajetória de vida. Num primeiro momento, apresenta-se como professor leitor de Literatura Espanhola e Tradução em Oxford e, a posteriori, como tradutor e intérprete para um grupo específico de intelectuais da espionagem britânica, aos quais presta serviços.

Importa observar que, mesmo sem fazer uso das artimanhas de relativização do que se conta, por meio da variação constante de diversas consciências narrativas, aqui o único narrador, com seu refletir persuasivo, parece que se multiplica.

*Jacques* ora será chamado de *Jaime*, ora de *Jacobo*, outrora de *Yago*, para se resumir, afinal a *Jack*. Na base etimológica originária desses nomes, todos são sinônimos. Mas tal pluralidade não tem, no caso, o intuito de denunciar a fragmentação do indivíduo, cuja identidade se perdeu, conforme a noção trágica do século 20 de que o homem moderno é sempre partido e vive sob os influxos dessa angústia. Tem mais a ver com os possíveis disfarces assumidos, via de regra, na arte da espionagem ou ainda com uma certa fixação do narrador em esmerar-se nas várias possibilidades semânticas que a palavra e o ato de nomear revelam.

O que interessa a Marías é a concentração, em uma só voz, das infinitas dúvidas que sobrecarregam o protagonista e que acabam assolando, também, a nós leitores.

---

[41] Javier Marías (Madrid 1951 – 2022) foi um escritor, tradutor e editor espanhol, membro da Real Academia Espanhola. É considerado um dos romancistas mais relevantes da literatura espanhola contemporânea. No presente ensaio, referimo-nos aos três volumes de sua famosa trilogia *Seu rosto amanhã*, todos traduzidos por Eduardo Brandão: *Febre e lança*, São Paulo: Cia das Letras, 2003, I / *Dança e sonho*, São Paulo: Cia das Letras, 2008, II / *Veneno, sombra e adeus*, São Paulo: Cia das Letras, 2010, III.

## Neobarroco

De fato, seu discurso, pleno de sinuosidades um tanto barrocas, enfrenta, com fôlego, os paradoxos de viver. Vemos em cena a dissimulação, a desconfiança, as delações e as torturas dos períodos de guerra, as perdas em todas as suas faces, a necessidade de calar e de falar, a importância do relato, fazendo jus à melhor tradição conceptista da literatura espanhola à la Quevedo.

No brilhantismo ensaístico de seu procedimento narrativo percebemos aquela — assim denominada — "agudeza na associação engenhosa entre palavras e ideias", especialmente na intensidade semântica do léxico, repleto de significados, numa tendência explícita ao bom uso dos recursos polissêmicos. Isso não se dá apenas por mero preciosismo ou maneirismo, mas sim pela carga antitética que os conflituosos enigmas do viver encerram.

Talvez coubesse aqui uma das máximas do famoso teorizador da literatura espanhola do barroco, Baltasar Gracián, ao afirmar que um dos requintes do conceptismo seria, justamente, o de propor que "a verdade, quanto mais dificultosa, é mais agradável, e o conhecimento que custa é mais estimado".

E Javier Marías é mestre em relativizar verdades, em dificultar o acesso à decodificação simples e rasteira do que quer que seja, em perscrutar, até o exaurimento, a necessidade de ver muito além das aparências.

De certa forma, poder-se-ia arriscar a dizer que o autor madrileno aproveita o que há de melhor no vaivém oscilatório das conjecturas paradoxais da vida, atualizando-as com vários elementos sobre os quais se apoiam as narrativas contemporâneas. Assim é que não faltarão, por exemplo, infinitas chaves de análise para sua obra que se nutram das diversas formas presentes de intertextualidade (textos que remetem a outros), da sobreposição de discursos, das releituras críticas da história oficial, das famosas discussões pós-modernas sobre alta cultura e baixa cultura e das nuances sempre controversas do embaralhamento entre arte e vida.

## Traduzir a vida

Em todas as manifestações desse estilo pujante, em que as palavras jorram de uma fonte inesgotável de indagações, há sempre subjacente a intenção de se traduzirem palavras, expressões, gestos, fatos históricos, pessoas, enfim, vida.

Nesse sentido, um dos traços mais recorrentes em toda obra é o da profissão de tradutor que o protagonista exerce. O conceito de tradução aqui, porém, se amplia à máxima potência e se relativiza, uma vez que parte do primeiro conceito de tradução como aproximação de universos linguísticos distintos (o do espanhol e o do inglês) até o da compreensão do outro, numa visão dialética de alteridade que ora nos espelha, mas também repele; que às vezes, identifica e, simultaneamente, estranha[42].

Em vários trechos dos três volumes temos a impressão de estar diante de verdadeiras e requintadas aulas de tradução, de questões de filologia ou linguística comparada, como quando Peter Wheeler, um dos mais renomados professores octogenários de Oxford, a quem o narrador tanto admira, emprega a palavra "presciência":

*Tinha empregado a palavra "prescience", culta mas não tão rara em inglês quanto é em espanhol "presciência", entre nós ninguém a diz e quase ninguém a escreve e muito poucos a sabem, nós nos inclinamos mais por "premonição" e "pressentimento" e até "palpite", todas têm mais a ver com as sensações, uma desconfiança — também se diz, coloquialmente —, mais com as emoções do que com o saber, a certeza, nenhuma delas implica o conhecimento das coisas futuras, que é o que de fato significam "prescience" e também "presciência", o conhecimento do que ainda não existe e não aconteceu... O que Peter tinha dito era "presciência", um latinismo chegado quase sem alterações às nossas línguas a partir do original praescientia, uma palavra desusada, rara, e um conceito nada fácil de compreender, portanto...* (MARÍAS, 2003, 1, pp.95-97)

Há também exemplos jocosos de expressões que não encontram similares no jogo tradutório, como na difícil empreitada que o narrador tem pela frente para explicar ao mesmo Sr. Wheeler (intelectual inglês, exímio conhecedor da língua espanhola) o significado de "mulher turbinada":

*Impossível uma tradução verossímil. Ou não, para tudo há tradução, é só trabalhá-la, mas eu não ia me dedicar a isso àquela hora. O reaparecimento da minha língua fez Wheeler transportar-se a ela momentaneamente.*

*— Turbinada? Turbinada, você disse? — perguntou-me com uma ponta de desconcerto e também de aborrecimento, não gostava de descobrir*

---

[42] Para maior aprofundamento, gostaria de remeter ao meu artigo sobre a tradução na obra de Javier Marías : MARTIRANI, Maria Célia. *Elogio da tradução: uma leitura de Seu rosto amanhã de Javier Marías*. Disponível em: http:// www.revistas. Usp. Br/tradterm/article/view/36759

lacunas em seus conhecimentos — Não conhecia o termo, embora o entenda sem dificuldade, creio. É como "boazuda"?

— É. Sim. É isso mesmo, Peter. Não sei explicar agora, mas com certeza entende, perfeitamente.

Wheeler se coçou na altura da costeleta ( ... )

— Deve ter a ver com turbina, humm — murmurou, de repente muito pensativo. Embora não veja a associação, a não ser que seja como aquela expressão, "do peru", essa sim eu conheço, aprendi faz uns meses. Você diz, do peru? Ou é muito vulgar?

— Meio juvenil, isso sim.

— Bem, eu deveria visitar mais a Espanha. Fui tão pouco nos últimos vinte anos que daqui a pouco serei incapaz de ler um jornal direito, a língua coloquial muda sem parar... ( MARÍAS, 2003, 1, p.117)

Há ainda menções pontuais a esses exercícios tradutórios, à medida que o enredo vai se desenvolvendo, porém num crescente grau de complexificação.

O que definirá o paradoxo da difícil arte de traduzir será, afinal, a dimensão que essa tarefa passa a assumir no transcorrer da narrativa.

De fato, em sua primeira permanência na Inglaterra, o jovem espanhol Jacques Deza teria sido — por um breve período — professor de Literatura Espanhola e tradutor em Oxford.

No momento em que o narrar se presentifica, estamos na década de 80 e ele, então, volta a Londres, dessa vez trabalhando como hispanista na rádio BBC, após a dolorosa separação da mulher Luisa, a quem ainda ama e que continua em Madri com os dois filhos pequenos.

Volta, por ocasião, a conviver com alguns nomes importantes da elite universitária de Oxford, especialmente o velho culto e elegante Sr. Peter Wheeler e o ilustre Bertram Tupra, a quem conhece numa *high table* (festa fechada da elite britânica oxfordiana).

Estes lhe propõem um novo trabalho, já que o emprego naquela rádio não o satisfazia. Persuadem-no, convencendo-o de que ele — tanto quanto os demais daquele elitizado grupo — possui um dom muito especial, que é o de ser capaz de ampliar o foco tradutório do âmbito das línguas para o das pessoas.

Mesmo sem saber a que finalidade se destinavam aquelas "interpretações" de pessoas que passa a realizar, o protagonista se sai muito bem e alarga o rol de traduções que lhe submetem:

*Foi inevitável a sensação de ter passado num exame e de que eu me incorporava ao que quer que fosse aquilo, na época não indaguei muito a respeito nem tampouco mais tarde, nem tampouco agora porque aquilo talvez tenha sido sempre impreciso. ( ... )*

*As modalidades dessas tarefas variavam sua essência, porém pouco ou nada consistia em ouvir, prestar atenção, interpretar e contar, em decifrar condutas, aptidões, caracteres e escrúpulos, desprendimentos e convicções, o egoísmo, ambições, incondicionalidades, fraquezas, forças, veracidades e repugnâncias; indecisões. Interpretava — em três palavras — histórias, pessoas, vidas. Histórias por acontecer, frequentemente. Pessoas que se desconheciam e que não poderiam ter se aventurado a ver sobre si mesmas nem uma décima parte do que eu via nelas, ou me instavam a ver algo nelas e a expressar isso, era o trabalho.*

*Vidas que ainda podiam fracassar logo cedo e não durar nem para assim se chamar, vidas incógnitas e a ser vividas ( ... )*

*Outras sim me utilizavam como intérprete da língua, a espanhola e também a italiana, mas no amplo conjunto de conversas e supervisões, essas vezes logo passaram a ser as menos numerosas, e em todo caso nunca me limitava a apenas trasladar palavras, requeriam meu ponto de vista no fim, quase meu prognóstico em certas ocasiões, como dizer, uma aposta.* (MARÍAS, 2003, 1, pp.227-229)

Se é verdade que uma boa chave de leitura de Marías é a de seguir a ambientação do romance enquanto excitante *thriller* de espionagem, faz-se necessário, também, perceber sua acurada consciência metaliterária, uma vez que o ato de espiar, aqui, merece ser entendido de modo mais abrangente.

O que temos, pois, é um verdadeiro elogio à arte de traduzir, de saber ver (ou de espiar/espionar), de ler e interpretar pessoas, porém não apenas no sentido idealizado do que isso represente, mas com todas as implicações a que tais leituras possam induzir. Estas implicações assumem, de modo constante e inevitável, a angústia do que não se resolve de maneira linear ou pacífica, mas contraditória. O ato de traduzir, desse modo, não se reduz apenas a um ato de amor à língua estrangeira, à reverência utópica de redenção ao diverso, mas é muito mais a constatação dos limites e das consequências funestas a que seu mau uso pode levar.

Assim, o menino Jacques, que desde a infância aprendera, com o próprio pai, a não se satisfazer com a primeira impressão das coisas, teria sido estimulado a ver sempre além, a buscar outros sentidos ao espaço circundante que não o superficial e, desse aprendizado, nascera-lhe o estranho dom daqueles que sabem interpretar e traduzir pessoas. "Olhe mais, indague mais, procure mais" era o treino para desenvolver os olhos da mente e assim ampliar o ângulo de percepção e, enfim, de leitura do mundo.

Em boa medida, um dos aspectos mais relevantes hoje ressaltados pela Teoria da Leitura é, precisamente, o que trata da correspondência entre ver/apreender e ler. Nos termos de Alberto Manguel em **Uma história da leitura** (2021), por exemplo, "o processo de ler, tal como o de pensar, depende da nossa capacidade de decifrar e fazer uso da linguagem, do estofo de palavras que compõe texto e pensamento".

Se apenas nos detivéssemos ao lado positivo dos que aprendem a interpretar além do senso comum, talvez como o personagem *Novecento* do monólogo homônimo de Alessandro Baricco, que não lia só os livros (já que esses todos são capazes de ler), mas que sabia "ler pessoas", concluiríamos que essa qualidade — de poucos eleitos — nesse caso, teria o grande mérito de acionar a capacidade criativa do protagonista, que compunha peças musicais originalíssimas, a partir da minuciosa observação do que o circundava.

Há cada vez mais exemplos na arte e na literatura de uma necessidade de reeducação do olhar, em tempos de total embotamento de nossa acuidade visual (a propósito, detalhamos o tema neste mesmo **Rascunho**, na edição 104, dezembro de 2008).

Mas a problematização que Javier Marías coloca é a do paradoxo (e não a da idealização), do dilaceramento a que conduz esse fabuloso dom de interpretar.

Uma vez que o menino observador Deza se torna adulto e é convidado a trabalhar como informante do Serviço Secreto de Inteligência da alta cúpula de espionagem britânica, muito comum em tempos de guerra, tudo muda. O halo poético e criativo dos que sabem interpretar para além das primeiras evidências se transfigura em arma perigosa, aparato persuasivo e retórico dos que controlam tudo e todos:

*Não se pode dizer a alguém que traduza tudo sem questionar, julgar nem repudiar o que traduz, qualquer loucura, qualquer interpretação ou calúnia, qualquer obscenidade ou selvageria. Embora não seja você mesmo que fale ou diga, embora você seja um mero transmissor ou reprodutor de palavras e frases alheias, o certo é que as faz bastante suas ao convertê-las em compreensíveis e repeti-las, em muito maior medida do que a imaginável em princípio. Você as ouve, entende-as, às vezes tem uma opinião sobre elas; encontra um equivalente imediato para elas, lhes dá nova forma e as diz. É como se você assinasse embaixo.* (MARÍAS, 2003, 1, p.228)

No limite, há situações aqui descritas que remetem aos sistemas de opressão dos regimes ditatoriais extremistas, cujas arbitrárias invasões excedem os espaços da vida privada com total ingerência. E assim o "dom especial" de ler pessoas, quanto mais aguçado pela insistência dos que querem arrancar informações, a qualquer custo, transforma-se em pesadelo e violência.

Com efeito, o narrador denuncia que, muitas vezes, devido à pressão suscitada sempre pelas mesmas perguntas — "O que mais? O que mais lhe ocorre? Diga o que vê, vamos, vá além…" —, acabou fabulando, inventando circunstâncias que não seriam de todo plausíveis ou dedutíveis. Postura essa análoga a de alguns presos que, sob tortura, contam o que, em verdade, não aconteceu: "É incrível a capacidade que certas pessoas têm de se convencer de que não houve o havido e sim existiu o não existido…".

Daí a necessidade de se perceber os dois gumes afiados da mesma lança: a arte de fabular, se, de um lado, eleva e pressupõe um certo dom dos que a ela se dedicam (como os escritores, por exemplo), por outro, dissimula e aniquila.

### Orwell, Fleming e Bond

É por esse viés que muito do cenário recuperado pelo narrador retrocede, especialmente, à Guerra Civil Espanhola (1936-1939) e ao da Segunda Guerra Mundial, períodos em que a espionagem assumia estratégias inimagináveis.

Daí por que não ser casual a lembrança, reiterada em mais de uma passagem do romance, ao **Lutando na Espanha** (1937) de George Orwell (que, de fato, lá esteve na ocasião e tornou-se uma das referências mais abalizadas no assunto), ao lado do importante historiador inglês Hugh Thomas, autor de ***Spanish Civil War*** (1961).

Mas, de todas as possíveis referências intertextuais aqui apresentadas (e elas se multiplicam e variam ao longo dos três volumes), chama a atenção o destaque à obra do britânico Ian Fleming, no original: ***From Russia with Love*** (1957).

Numa espécie de "volta ao passado", no rol de suas boas lembranças de menino, Deza elogia a versão fílmica da obra de Fleming, na irretocável atuação de Sean Connery (primeiros filmes da série Bond) em *Moscou contra 007*.

Evidente a intencionalidade desse recorte de obras de espionagem no bojo do enredo, uma vez que o tema geral de ambientação do romance se nutre disso.

O que, entretanto, vai além é o interessante questionamento — disfarçado como digressão — do tradicional embate entre alta cultura e baixa cultura (James Bond como referência) e da relativização dos cânones literários.

O narrador mostra-se fã incondicional do autor inglês e não parece conformar-se com a menos valia que lhe dedica a crítica literária abalizada, não apenas quanto à questão literária em si, mas também quanto aos dados históricos muito verossímeis que representa: "Fleming parecia muito bem documentado". A ficção (arte) recuperaria, em boa medida, o ocorrido (vida): "Ian Fleming, a julgar pelas escassas páginas de *From Russia with love*, que li no escritório de Wheeler, pareceu-me mais hábil e perspicaz do que a altiva História da Literatura dignou-se de lhe conceder até agora..." (MARÍAS, 2003, 1, p.142)

**Conversa imprudente**

Elogios e digressões à parte, outro recorte de fundamental importância é o dedicado, no primeiro volume da trilogia, ao chamado programa inglês de combate à espionagem (durante a Segunda Guerra Mundial), conhecido como *Careless Talk*.

Em síntese, este seria o da necessidade de prestar a maior atenção e que se tivesse todo o cuidado em evitar as "conversas imprudentes", descuidadas, das quais os espiões — em especial os nazistas infiltrados — pudessem obter as mais inescrupulosas vantagens.

Há uma série de representações visuais e pictóricas desse tipo de propaganda, bem datada, contra o inimigo — os da conhecida "quinta coluna" (inclusive recuperadas de jornais e revistas da época), que aqui aparecem como ilustrações, as quais, o agora tradutor de imagens Deza, passa a interpretar.

Note-se como nessa interação de múltiplas linguagens (no caso, a pictórica, de autoria de G. R. Rainier, e a de sua respectiva interpretação em relato escrito) há, no fundo, o intuito de aprofundar os níveis de suspeição, dissimulação e desconfiança que circundam toda a narrativa:

*Esta obra de G. R. Rainier, que ilustra como as conversas imprudentes (deixemos "careless talk" ser isso aqui), por mais inocentes que possam parecer no momento, poderiam ter suas peças juntadas e encaixadas pelo inimigo e assim trair segredos vitais, será emitida de novo esta noite às dez em ponto.*

*Eram quatro as cenas: três pessoas conversam num pub jogando dardos, o mais atrás seria o espião, pelo monóculo, o nariz adunco, a cabeleira de artista e a barba afetada; um soldado conversa num trem com uma loura, ela sem dúvida seria a espiã, não só por exclusão mas também por elegância; dois pares numa rua, um de homens, outro misto: os respectivos espiões deviam ser o indivíduo com a gravata-borboleta e o do cachecol, embora aqui não fosse tão claro (mas eu diria que são os que ouvem); por fim, um aviador é recebido em casa, seguramente por seus pais e, em segundo plano, por uma jovem criada de avental e touca: seguramente ela é a espiã, por ser moça e empregada, por ser intrusa...* (MARÍAS, 2003, 1, pp. 336-337)

O que advirá, como consequência nefasta desse período de alerta máximo em que se faz necessário desconfiar até da própria sombra, é desolador.

Como ficar imune à ideia persistente de que "as conversas imprudentes custam vidas", de que "o inimigo tem mil ouvidos"?

Essa inquietação também se presentificou, de algum modo, na Guerra Civil Espanhola em que se viam espiões e colaboradores do general Franco em cada esquina.

O silêncio imposto como norma geral: "cale-se e salve-se" trazia às pessoas, então, o peso de que sua própria língua era uma inimiga invisível, podendo ser uma arma poderosa.

É revelador que o senhor Peter Wheeler advirta a Deza sobre aquele tenebroso período:

*Não sei se você se dá conta disso, Jacobo: alertaram as pessoas contra sua principal forma de comunicação; fizeram-nas desconfiar da atividade a que elas se entregam e sempre se entregaram de maneira natural, sem reservas, em todo tempo e em todo lugar, não só aqui e então; indispuseram-nas com o que mais nos define e mais nos une: falar, contar, dizer-se, comentar, murmurar e passar informação, criticar, trocar notícias, fofocar, difamar, caluniar e espalhar boatos, referir-se a acontecimentos e relatar ocorrências, manter-se a par e fazer saber e, claro, também brincar e mentir. Essa é a roda que move o mundo, Jacobo, acima de qualquer outra coisa; esse é o motor da vida, o que nunca se esgota e para jamais, esse é seu verdadeiro alento. E de repente pediu-se às pessoas que desligassem esse motor; que deixassem de respirar...* (MARÍAS, 2003, 1, p.352)

**Desconfiança aguda**

Ao retomar vários episódios de guerra, em que se explicitam formas de sobreviver ao inimigo, o narrador apenas acena à tônica dominante em todo seu percurso narrativo:

"Desconfie sempre", único veredicto entre as possíveis "receitas de viver".

Exacerbando os polos de oposição entre traduzir para aproximar x traduzir para violar; observar os detalhes para criar x espionar para delatar; calar (para sobreviver) x falar (para viver); interpretar os fatos para elucidar x interpretá-los para distorcer, o humano, nesta trilogia, revela-se essencialmente traiçoeiro e dissimulado.

Por isso é impossível prever "seu rosto amanhã", ainda que se quisesse muito mantê-lo intacto, tal como o vejo ou o leio e interpreto hoje.

Esse, o nó trágico de nossa condição: o de ter que prever a queda, já na ascensão; o de ter que imaginar a entrelinha, por trás da linha; o de preanunciar o horror dos desgastes dos relacionamentos, que faz cair por terra qualquer tipo de idealização:

*Pode-se saber como são as pessoas e como evoluirão no futuro? Até que ponto podemos confiar em nossos amigos, conhecidos e sócios, em nossos amores, em nossos pais e em nossos filhos? Quais são as tentações e fraquezas, ou seu grau de lealdade e sua fortaleza? Como saber se fingem ou se são sinceros, se interessados ou desinteressados na manifestação de seu afeto, se seu entusiasmo é verdadeiro ou só adulação, calculada lisonja para ganhar nosso apreço e nossa confiança ou para se tornar imprescindíveis e assim nos persuadir de qualquer projeto e influir em nossas decisões? Tem mais: podemos prever que amigos vão nos dar as costas um dia e se transformar em nossos inimigos? Quero dizer: imaginar a possibilidade quando ainda são os melhores amigos e por eles poríamos a mão no fogo e deixaríamos cortar nosso pescoço? Podemos confiar em nós mesmos, em que não seremos nós que mudaremos e entortaremos e trairemos, que invejaremos um dia hoje quem mais queremos e não poderemos suportar seu contato nem sua presença, e decidiremos nos reger só pelo ressentimento?* (MARÍAS, 2010, 3, p.9)

Nada mais desalentador do que saber que todas essas perguntas retóricas, ao longo do romance, pressupõem respostas negativas. Mas isso não impede o eloquente Javier Marías, em meio às desconfianças que nos fazem emudecer, de elevar sua voz altissonante, investindo no relato e na arte de narrar como possível saída.

Afinal, a ficção pode ser mesmo isso: "Imaginar uma coisa é começar a resistir a ela."

Imaginemos, então...

## FIGURAÇÕES DO CLAUSTRO

Talvez seja pertinente iniciar a leitura da obra do chileno José Donoso[43] pelo instigante ensaio *Historia personal del "boom"*[44], cuja primeira edição é de 1972. Mais do que uma proveitosa e esclarecedora lição sobre o que, de fato, significou o chamado *boom* da literatura hispano-americana, na década de 1960, trata-se de uma compilação de indícios extremamente reveladores da própria trajetória ficcional do autor, desde a publicação de seu primeiro romance **Coronación** (1957), passando por **El lugar sin limites** (1965) e pelo mais famoso e premiado **El obsceno pájaro de la noche** (1970), até o último, **Lagartija sin cola**(2007).

Vale a pena, nesse sentido, atentar ao que ali se propõe, ainda que o próprio escritor — de saída — explicite que seu intento não é o de definir, com rigor, o que teria sido aquele momento de guinada dos autores de língua espanhola (sobretudo da América Latina), mas sim o de deixar, por meio de sua experiência pessoal, um autêntico testemunho das fundamentais mudanças ocorridas naquele período.

Assim, segundo o que ele relata, antes de 1960 era muito raro ouvir falar em "romance hispano-americano contemporâneo". Havia romances uruguaios e equatorianos, mexicanos e venezuelanos. Os romances de cada país permaneciam fechados dentro de suas fronteiras, enaltecendo os "assuntos locais", voltados às próprias "paróquias". (DONOSO, 2007, p.18)

---

[43] José Donoso [Santiago do Chile, 1924-1996] é certamente um dos romancistas mais relevantes do chamado "boom" literário latino-americano dos anos sessenta e setenta. Sua obra se destaca por imprimir um estilo inconfundível na composição de universos narrativos inusitados, nos quais relações de poder e máscaras identitárias traçam uma impressionante metáfora da história do Chile. Prêmio Nacional de Literatura no Chile, em 1990, Donoso é autor, entre outras obras, de *Coronación* (1957), *O lugar sem limites* (1965), *O pássaro obsceno da noite* (1970), *História pessoal do boom* (1972) , *Casa de campo* (1978), *El jardín de al lado* (1981), *La desesperanza* (1986), *Cuentos* (1971 e 1985). Publicado em todo o mundo, seu trabalho foi premiado na Espanha, França, Itália e Estados Unidos. Este artigo foi publicado no Jornal Rascunho em julho de 2013 e traz como principais referências, as seguintes obras do autor: *História pessoal do boom* (1972); *O lugar sem limites* (1965), *O pássaro obsceno da noite* (1970)

[44] DONOSO, José. *Historia personal del "boom"*, Santiago del Chile, Alfaguara, 2007.

Hoje, passados tantos anos, seria praticamente impossível imaginar a agudíssima sensação de isolamento, asfixia e falta de estímulo em que se encontravam aqueles novos romancistas. A propósito, Ángel Rama afirmara que: "as grandes figuras prolongam seu poder por períodos tão extensos, que deixam a impressão de que em seus países cortaram raso a grama, de modo a impedir que tudo que é novo brote". (RAMA *apud* DONOSO, 2007, p.19)

Com efeito, Donoso conta que isso ocorria de tal forma que as obras consagradas eram elogiadas e estudadas nas escolas, universidades e em todas as instituições; e que a um escritor iniciante cabia apenas seguir-lhes os moldes, a fim de que seu futuros romances se parecessem com, por exemplo, **Dona Bárbara, Don Segundo Sombra, El hermano asno, Los de abajo e La vorágine**, pois esse procedimento não implicava nenhum risco, já que se tratavam de leituras obrigatórias, o que também era muito oportuno às empreitadas editoriais que a eles se dedicassem. Por outro lado:

*Essa onipresença monumental dos grandes avós engendrou, como costuma acontecer nesses casos, uma geração de pais debilitados — devido ao ensimesmamento em sua curta tradição — e assim acabamos ficando sem os pais com quem gostaríamos de nos identificar; sem pais, é verdade, mas devido a esse vínculo que se perdeu, liberamo-nos, de certa forma, de uma tradição que nos escravizava, porque nossos pais nos interessavam muito menos do que os pais estranhos.*(DONOSO, 2007, p.19)

## Oportuna orfandade

Daí porque, diante do vazio resultante dessa oportuna orfandade, muitos dos novos escritores daquela época, não suportando o evidente distanciamento de uma dicção literária autorreferente, arcaica e opressora, que nada mais lhes dizia, gradualmente, tornar-se-iam leitores vorazes dos que — muito além do claustro de suas fronteiras — lhes deslumbravam e formavam, tais como:

*Sartre e Camus, Günter Grass, Moravia, Lampedusa; Durrell (para o bem e para o mal); Robbe-Grillet com todos os seus seguidores; Sallinger, Kerouac, Miller, Frisch, Golding, Capote; os italianos liderados por Pavese, os ingleses capitaneados pelos "Angry Young Men", que tinham a nossa idade e com os quais nos identificávamos; tudo isso depois de ter devorado devotamente e digerido "clássicos" como Joyce, Proust, Kafka, Thomas Mann e Faulkner.* (DONOSO, 2007, p.19)

Diante desse cenário, é bastante plausível a hipótese do autor chileno de asseverar que o romance hispano-americano contemporâneo teria se afirmado, desde o início, como fruto de uma "mestiçagem", de um desconhecimento da tradição, partindo — quase totalmente — de outras fontes literárias, uma vez que a "sensibilidade órfã" daqueles novos escritores (inclusive a dele) se deixara contagiar, sem titubeios, por norte-americanos, franceses, ingleses e italianos, que lhes pareciam mais íntimos e mais "próprios" do que seus legítimos ancestrais.

### Entraves regionalistas

Donoso ainda denuncia, como um dos principais entraves à expansão e desenvolvimento da produção literária da época, a fixação pelos parâmetros ditados pelos chamados "costumbristas, regionalistas y criollistas". Estes teriam contagiado, com seus cânones literários extremamente provincianos, outros escritores e críticos, conduzindo a um "empobrecedor critério mimético" na avaliação das obras que se produziam. Além disso e ao lado dos "criollistas", a forte inclinação ao chamado "realismo social" acabou por erguer barreiras que, mais do que tudo, isolavam, uma vez que os apelos excessivos para que fossem contemplados os importantes "problemas sociais" impediam quaisquer indagações formais. Assim ele descreve a limitadora situação:

*Tanto a estrutura do romance como o enredo deviam ser simples, planos, descoloridos, sóbrios e pobres. Nosso rico idioma hispano-americano, naturalmente barroco, proteico, exuberante — assim elaborado pela poesia, talvez, porque já se aceitava que este era um gênero destinado à uma elite — viu-se como que amputado diante dos requisitos impostos pelo romance utilitário, destinado às massas que deviam tomar consciência. Desse modo, eram evitados o fantástico, o pessoal, os escritores raros, marginais, os que "abusavam" do idioma e da forma: com esses critérios, que primaram durante muitos anos, a dimensão e a potencialidade do romance ficaram, lamentavelmente, empobrecidas. Não é de admirar, então, que quando eu propus que se reeditassem Thomas Mann (**José no Egito**) e Virginia Woolf (**As ondas**) — dos quais a editora Zig-Zag possuía os direitos e excelentes traduções — a resposta foi a mesma: eram escritores para "especialistas" e não valia a pena reeditá-los...* (DONOSO, 2007, p.21)

Concluindo seu instigante raciocínio, o famoso autor nota que justamente como reação ao ensimesmamento desse "Olimpo defensivo e arrogante", em busca de algum alimento vital, que lhes pudesse nutrir os ânimos, é que a maioria daqueles novos escritores partiu em busca do que havia além do claustro e das fronteiras, numa evidente fome de internacionalização. Daí porque o *boom* — em seu entendimento — tenha sido muito mais consequência desse processo de abertura ao novo do que sua causa.

### A importância de Carlos Fuentes

Também coerente com essa sua convicção, ele elege, de forma exaltada — entre os diversos nomes que cita — o mexicano Carlos Fuentes (a quem inclusive dedica o romance **O lugar sem limites**) como o principal representante dessa ânsia por ruptura de barreiras:

*Analisando o fenômeno, como sempre, a partir de meu ponto de vista pessoal, considero Carlos Fuentes como o primeiro agente ativo e consciente da internacionalização do romance hispano-americano da década dos anos sessenta. Ele me ofereceu uma nova visão e a necessidade de assumi-la, também como minha, tanto no que tangenciava o estritamente literário, quanto em assuntos mais profanos. [...]*

*Quem sabe o maior deslumbramento que provocou em mim a leitura de **La región más transparente** tenha sido a sua não aceitação de uma realidade mexicana unívoca; foi a sua recusa às aparências. Sua atitude não era a de documentação, como a que os romancistas em meu ambiente costumavam fazer, mas sim a de indagação: perguntas, não respostas. E a excelência daquele romance residia no fato de que essa indagação não tinha nada de discursivo, mas ao contrário, estava profundamente enraizada na própria carne do romance. [...]* (DONOSO, 2007, pp.32-33)

Carlos Fuentes foi, assim, a figura literária mais impactante e influente no percurso de formação literária de José Donoso. O autor afirma que **La región más transparente** representou um verdadeiro divisor de águas em sua própria trajetória ficcional, uma vez que ele também — a partir de então — procuraria criar uma literatura que não esclarecesse nada, que fosse, ela mesma, "pergunta e resposta, indagação e resultado, verdugo e vítima; uma aventura existencial do autor em busca de si mesmo, um olhar que se voltasse ao indivíduo enquanto escreve, refletindo criticamente sobre sua própria escritura":

*Minha leitura de **La región más transparente** representou um impulso vital, um incentivo feroz para minha vida de escritor, a necessidade de emular — num misto de assombro e admiração — tudo o que daquela* *experiência estética me vinha e principalmente me inundar daquela luz que passava a invadir minha casa fechada.* (DONOSO, 2007, p.33)

### Ambientes claustrofóbicos

Em boa medida, o melhor romance de José Donoso, traduzido entre nós por Heloisa Jahn como **O obsceno pássaro da noite**[45], pode ser lido como uma transfiguração da vivência — relatada, como vimos, pelo autor, em **Historia personal del "boom"** — daquele período de transição e de busca de afirmação de uma identidade literária.

Com efeito, o enredo está tão bem costurado à estrutura que é possível perceber nitidamente dois eixos de força básicos ao redor dos quais a narrativa oscila: a opressão asfixiante de ambientes claustrofóbicos — em que velhas decrépitas, antigas empregadas das oligarquias locais arrastam-se como sombras, com suas histórias, tiques e manias — e a insistente, mas vã, tentativa do escritor Humberto Penaloza de criar, por meio de sua obra, uma janela que se abra para fora daquele ambiente soturno — traduzindo, assim, a ânsia por ultrapassar as fronteiras da dicção regionalista, tão imperativa antes da década de 1960. Importa notar que esse romance foi publicado em 1970.

A clausura fantasmagórica é muito bem construída na Casa de Exercícios Espirituais de Chimba, em que vivem as velhas, algumas freiras, poucas jovens órfãs e Mudinho (o carcereiro, detentor de todas as chaves da casa) e remete ao aprisionamento ditado pelos parâmetros daqueles critérios literários redutores, adotados antes do *boom*, que cerceavam qualquer inventividade formal:

*[...] que importância tem esse frio que escoa pelas frestas das tábuas mal-ajustadas desde que estejamos juntas apesar da inveja e da cobiça, apesar do medo que vai travando nossas bocas desdentadas e franzindo nossos olhos remelentos, juntas para ir à capela ao entardecer em bandos porque dá medo de ir sozinha, penduradas umas nos farrapos das outras, pelos claustros, pelas passagens que parecem túneis que não acabam mais, pelas galerias sem luz onde talvez uma traça roce meu rosto e me faça soltar um grito agudo porque sinto medo quando me tocam no escuro se não sei quem está me tocando, juntas para expulsar as sombras que se desprendem das vigas e avançam espreguiçando-se diante de nossos olhos quando começa a penumbra.* (DONOSO, 2013, p.2)

---

[45] DONOSO, José. *O obsceno pássaro da noite*, trad. Heloisa Jahn, São Paulo, Benvirá, 2013.

Recuperando algumas lendas locais, superstições, feitiços e bruxarias e investindo nos relatos das velhas e de suas narrativas a fim de recuperar uma certa poética folclórica da oralidade, o narrador — que se multiplica e se escamoteia, transfigurado em mil disfarces, fruto também da feitiçaria criativa —, a uma certa altura, explica o que vem a ser o *imbunche*, que na tradição popular chilena é um monstro maléfico de rosto voltado para as costas que anda só com uma perna por ter a outra colada à nuca. A função desses seres horrendos era montar guarda aos tesouros escondidos das bruxas:

*Porque é para isso, para transformar os coitadinhos dos inocentes em imbunches, que as bruxas os roubam e guardam em seus covis debaixo da terra, de olhos costurados, sexo costurado, cu costurado, boca, narinas, ouvidos, tudo costurado, deixando-lhes crescer os cabelos e as unhas dos pés e das mãos, idiotizando-os, pior que bichos, os infelizes, sujos, piolhentos, só conseguindo mover-se aos pulinhos quando o tinhoso ou as bruxas embriagadas lhes ordenam que dancem.* (DONOSO, 2013, p.36)

### Crítica às oligarquias

A recorrência a essa figura, retomada da tradição autóctone, remete-nos, de imediato, à crítica aguçada ao poder das oligarquias locais e dos regimes tirânicos que submetem os mais fracos, alienando-os e fazendo com que permaneçam subservientes e resignados. Isso nos abre também a uma possível chave de análise de alguns dos principais romances de Donoso (além deste, por exemplo, **O lugar sem limites**) que gira ao redor da denúncia da violência sistemática praticada pelos chamados "caciques" das pequenas cidades chilenas — equivalentes, em parte, aos "coronéis" nordestinos de muitos de nossos romances —, detentores de imensas propriedades, que empregavam, submetiam e manipulavam um grande número de trabalhadores.

Mas se esse índice interpretativo acusa uma das mais sérias mazelas sociais (numa forte denúncia do processo de "idiotização" que certas ditaduras empreenderam por meio de toda espécie de violência e censura, como a de Pinochet no Chile), nosso autor não para aqui e abre o leque polissêmico das infinitas releituras da cultura popular chilena, às quais se dedica o tempo todo no romance.

De certo modo, ao trazer à tona as crenças e os traços grotescos daquelas velhas feiticeiras com suas bruxarias e investindo no fantástico, ele transmuta para o plano ficcional uma vingança possível por parte dos mais fracos — análoga à resposta que os novos escritores da geração do *boom* deram à crítica obsoleta que vigia até então — como se no plano da ficção, pelo menos, isso se viabilizasse:

*O poder das velhas é imenso. Não é verdade que as mandam para esta casa para que passem seus últimos dias em paz, como eles dizem. Isto é uma prisão, cheia de celas, com grades nas janelas, com um carcereiro implacável tomando conta das chaves. Os patrões mandam trancá-las aqui quando se dão conta de que devem muito a essas velhas e se apavoram porque um belo dia essas miseráveis podem revelar seu poder e destruí-los. Os lacaios acumulam os privilégios da miséria. As comiserações, os engodos, as esmolas, as ajudinhas, as humilhações que eles suportam os tornam poderosos. Elas mantêm os instrumentos da vingança porque vão acumulando em suas mãos ásperas e verrugosas essa outra metade de seus patrões, a metade inútil, descartada, o que eles têm de sujo e feio e que, confiantes e sentimentais, lhes foram entregando juntamente como insulto de cada anágua gasta que lhes oferecem, cada camisa chamuscada pelo ferro de que as autorizam a apropriar-se. Como elas não teriam poder sobre seus patrões se lavaram a roupa deles e se encarregaram de todas as desordens e impurezas que eles quiseram eliminar de suas vidas?* (DONOSO, 2013, pp.55-56)

### Relativização do Belo

Além dessa interessante aposta na cultura empírica e no poder dos lacaios, associado ao que, clandestinamente, fica guardado no cesto de roupas sujas dos patrões, talvez a guinada formal mais interessante do romance seja a da criação de uma outra grande propriedade — a da Rinconada (projeção especular fantástica da primeira Casa dos Exercícios Espirituais de Chimba), em que só residem monstros, todos frutos da pena ficcional "enfeitiçada" de Humberto Penaloza — o personagem escritor do romance, que trabalha para Jerônimo Azcoitía, um poderoso oligarca de Chimba.

Assim, a narrativa de Penaloza (ficção dentro da ficção) nos conta que esse patriarca, vindo a gerar um filho monstruoso (verdadeira abjeção dentro do tronco genealógico da tradicional e perfeita família), ao qual dá o nome de Boy, decide construir um espaço à parte, totalmente isolado do resto do mundo e habitado apenas por outros seres deformados, a fim de que seu menino se habitue a achar "normais" os indivíduos que lhe estão ao redor. No fundo, o que aqui se propõe é uma total relativização dos conceitos dicotômicos de normalidade e anormalidade, um verdadeiro estremecimento das bases consagradas sobre o conceito de beleza:

*Quando Jerônimo de Azcoitía finalmente entreabriu o cortinado do berço para contemplar o tão esperado rebento, teve vontade de matá-lo ali mesmo: aquele repugnante corpo nodoso retorcendo-se sobre sua corcova, aquele rosto aberto num vinco brutal onde lábios, palato e nariz desnudavam a obscenidade de ossos e tecidos numa incongruência de traços avermelhados... era a confusão, a desordem, uma forma diferente, mas pior de morte. Até então a frondosa árvore genealógica dos Azcoitía, da qual ele era o último a ostentar o sobrenome, produzira apenas frutos seletos e sem jaça: políticos probos, bispos e arcebispos e uma beata de piedade espetacular, plenipotenciários no estrangeiro, mulheres de beleza deslumbrante, militares generosos com seu sangue e até um historiador de fama no continente inteiro[...]*

*Mas Jerônimo não matou seu filho... Isso teria sido ceder, integrar-se ao caos, ser vítima do caos... Agora, tanto as potências da luz como as da sombra eram igualmente suas inimigas. Ficara sozinho. Mas não tem necessidade delas. É forte e haverá de prová-lo, provará que existe outra dimensão, outros cânones, outras maneiras de apreciar o bem e o mal, o prazer e a dor, o feio e o belo.* (DONOSO, 2013, pp.203-205)

Notamos nesse trecho, em interessante visada metaliterária, a importante reflexão desse narrador (fruto já da criação do personagem escritor Humberto) sobre os limites do conceito de beleza e, portanto, de Estética, vigentes na tradição literária obsoleta e autorreferente, que ditava os cânones da literatura hispano-americana, nos longos anos que antecederam o *boom*. Por meio da exaltação do monstruoso — aproveitando-se, ao máximo, dos recursos fantásticos de que se utiliza — Donoso, na verdade, escancara as janelas trancafiadas dos claustros em que só se conhece o que existe para dentro, iluminando e arejando, ficcionalmente, o próprio conceito de literatura de sua época. Mal comparando e utilizando a figura folclórica, recorrente no romance, do *imbunche*, monstrengo todo costurado pelas bruxas, que praticamente nem consegue respirar, seria como se apenas, por meio de uma total reviravolta nos critérios literários fechados de então, os novos escritores fossem gradualmente desalinhavando, descosturando aquelas pobres criaturas amordaçadas (similares aos próprios ficcionistas hispano-americanos, de cuja asfixia e isolamento, muito bem trata o autor em sua **Historia personal del boom**), a fim de reconduzi-las à vida.

Em boa medida, em **O obsceno pássaro da noite**, é possível perceber essa travessia do claustro obscuro à luz como metáfora sensível da derrubada das fronteiras de uma literatura que se voltava para si mesma, no momento em que passa a se abrir em direção ao mundo. Parece então que Donoso exorciza, no ato mesmo da escrita, os demônios, de cujos traumas não se consegue livrar com facilidade.

**Elite de monstros**

Ao criar para seu filho um universo à parte, o patriarca dom Jerônimo seleciona uma "elite de monstros", de modo que "o mundo da normalidade ficasse relegado à distância e um dia desaparecesse":

*Porque a humanidade normal só se atreve a reagir diante das gradações habituais que vão do belo ao feio, que em última instância não passam de matizes da mesma coisa. O monstro, em compensação, afirmava dom Jerônimo apaixonadamente para contagiá-los com sua fé, pertence a uma espécie diferente, privilegiada, com direitos próprios e cânones particulares que excluem os conceitos de beleza e feiura como categorias insuficientes, já que na essência, a monstruosidade é a culminação das duas qualidades sintetizadas e exacerbadas até o sublime. Os seres normais, aterrorizados pelo excepcional, trancafiavam-nos em instituições ou em gaiolas de circo, acossando-os com o desprezo para despojá-los do seu poder. Mas ele, dom Jerônimo de Azcoitía, haveria de devolver-lhes suas prerrogativas duplicadas, centuplicadas.* (DONOSO, 2013, p.207)

Por meio do resgate da tradição popular, das lendas locais, com suas feitiçarias e crenças e pela investida no fantástico, trazendo no corpo mesmo de sua ficção os embates teóricos do autor/fingidor/criador; em busca de uma dicção que lhe seja própria, numa profícua discussão a respeito do estético, em que o que foge totalmente aos cânones (aqui representado pelo monstruoso) é elevado à altura do sublime, José Donoso faz com que **O obsceno pássaro da noite** seja, sem dúvida alguma, um dos romances mais representativos de toda uma linhagem de escritores latino-americanos, ávidos por transformar o panorama literário de seus próprios países.

**Variações do Inferno**

Outra obra importante do autor (embora menos pretensiosa que a primeira) é **O lugar sem limites**[46], publicado no Chile em 1965 e cuja edição no Brasil, empreendida pela Cosac Naify, é bastante refinada.

Chama a atenção, de saída, a epígrafe extraída de um diálogo entre Fausto e Mefistófeles da peça teatral *Doutor Fausto*, do inglês Christopher Marlowe (1598), que vale a pena transcrever:

*Fausto: Primeiro irei interrogá-lo sobre o inferno.*
*Diga-me, onde é o lugar que os homens chamam de inferno?*
*Mefistófeles: Debaixo do firmamento.*
*Fausto: Está bem, mas onde?*
*Mefistófeles: Nas entranhas desses elementos, onde somos torturados e ficamos para sempre: o inferno não tem limites, não se localiza num só lugar; porque o inferno é onde estamos, e onde for o inferno, lá estaremos para sempre...*

É dessa epígrafe que advém o título do romance, que trata, basicamente, da história de uma mulher trans, Manuela — na verdade, Manuel González Astica — e das dificuldades que enfrenta diante da hipocrisia de uma sociedade que não admite as diferenças e que por isso não deixa de remeter às situações infernais, em que muitos são aniquilados pela violência preconceituosa de todo tipo.

Comparado ao **Obsceno pássaro da noite**, que é, de fato, a obra mais ousada do autor em termos de inovação formal, este pequeno romance, menos inventivo, é narrado a partir de uma ótica de representação mais realista.

Manuela tem uma filha adolescente — Japonesita — com quem vive no prostíbulo que lhes pertence, uma vez que a mãe da menina, conhecida como Japonesa Grande, morrera. O lugar traduz, em parte, a miséria e as dificuldades enfrentadas pelas prostitutas do pequeno vilarejo de El Olivo, que espera há tempos algum tipo de melhoria, prometida pelo "cacique" oligarca que comanda tudo e todos na região, Don Alejo. Interessante observar o quanto os chefes do poder submetiam e manipulavam os mais fracos — a ponto, inclusive de fazê-los acreditar em suas "boas intenções", que ao fim e ao cabo, apenas se traduziam na manutenção de suas próprias riquezas e no total esquecimento das promessas feitas com o intuito de obtenção de votos.

---

[46] DONOSO, José. *O lugar sem limites*, trad: Heloisa Jahn, São Paulo, Cosac Naify, 2013.

O modo como Manuela descreve o poderoso patriarca revela o quanto sua consciência alienada — em boa medida comparável à idiotização sofrida pelos *imbunches* do primeiro romance que analisamos — não lhe permite fazer a crítica necessária aos detentores arbitrários do poder nesses lugarejos abandonados do território chileno:

*As vinhas convergiam até as casas da granja El Olivo, rodeadas por um parque não muito grande, mas parque mesmo assim, e pela aglomeração de ferrarias, leiterias, tanoarias, galpões e depósitos de vinho de Don Alejo. Manuela suspirou. Tanto dinheiro. E tanto poder: ao herdar, mais de meio século antes, Don Alejo mandara construir a estação El Olivo para que o trem parasse ali mesmo e levasse seus produtos. Tão bom que era Don Alejo. O que seria dos moradores do lugar sem ele? Andavam dizendo que agora sim era verdade que o senhor ia conseguir que instalassem luz elétrica no povoado. Tão alegre e nem um pouco metido, e isso sendo senador e tudo. Nada a ver com certas pessoas que achavam que só por ter voz áspera e cabelo no peito podiam sair insultando os outros.* (DONOSO, 2013, p.22)

**Violência machista**

A visão idealizada de Manuela sobre o chefe do lugar encontra seu contraponto na figura de Pancho Vega — a vida inteira empregado do senador — que decide se liberar das garras poderosas e onipotentes que o mantinham, desde sempre, dependente, já que:

*Todo mundo conhecia Don Alejo. Todo mundo o respeitava. Tinha os cordéis de todo mundo presos nos dedos.* (DONOSO, 2013, p.29)

O mandonismo político, aqui metaforizado, assume a dimensão de um teatro de bonecos, em que os títeres (todos os que o bonequeiro comanda) acabam, literalmente, nas mãos do onipotente oligarca.

Mas além de exacerbar as mazelas sociais decorrentes desse tipo de estrutura de poder, muito comum em certas regiões de toda a América Latina — inclusive bem semelhantes a alguns lugares do nordeste brasileiro —, a questão crucial que é tematizada no romance é a da violência praticada contra Manuela, que vai envelhecendo no mísero povoado, sonhando com uma cidade diferente, em que houvesse espaço para indivíduos como ela:

*Ia ajustar o vestido aqui na cintura e aqui na bunda. E se vivesse numa cidade grande, dessas onde dizem que tem carnaval e onde todas as loucas saem pela rua dançando, vestidas com suas melhores roupas, e se divertem muito e ninguém diz nada, ela sairia vestida de espanhola. Mas aqui os homens são idiotas, como Pancho e seus amigos. Ignorantes. Alguém lhe dissera que Pancho andava com uma faca. Mas não era verdade. No ano passado, quando Pancho quase batera nela, tivera presença de espírito de apalpar o estúpido por todos os lados: estava sem nada. Idiota. Tanta conversa contra as coitadas das loucas, e a gente não faz nada com eles... e quando ele me imobilizou com os outros homens, bem que me deu uns agarrões, não eram agarrões inocentes, então com a idade e a experiência a gente não ia perceber? E furioso porque a gente é bicha, nem sei direito o que ele falou que ia fazer comigo. Quero só ver, sem-vergonha, safado. Me dá uma vontade de vestir a roupa de espanhola na frente dele para ver o que ele faz.* (DONOSO, 2013, pp.27-28)

### Xenofobia e chauvinismo

Apesar de viver o inferno existencial de sua condição, num lugar extremamente limitado e limitador, Manuela representa, de modo complexo, a irreverência do poder dos que estão à margem dos sistemas. Com efeito, o romance se desenvolve de modo a provar que — tanto quanto as velhas bruxas empregadas trancafiadas na Casa dos Exercícios Espirituais de Chimba, que sabem tudo sobre as roupas sujas das vidas de seus patrões — essa mulher trans, tão aparentemente desamparada, detém a força dos que, por existirem de modo autêntico, desestabilizam as bases de sociedades machistas e hipócritas.

Ainda que **O lugar sem limites** não alcance a dimensão inovadora de **O obsceno pássaro da noite**, nele também ouvimos ecos da voz do autor, quando em sua **História personal del boom** atentava para o fato de que enquanto os romancistas hispano-americanos ficassem reféns de sua eficácia prática e não de sua eficácia literária, estariam preconizando "a xenofobia e o chauvinismo".

Elegendo a margem, dando voz ao que é fantástico e monstruoso — numa reviravolta questionadora sobre o conceito de Estética — escolhendo problematizar temas que, à época, encontravam todo tipo de resistência, José Donoso merece ser lido e conhecido tanto quanto seus parceiros de trajetória, que constituem o melhor fruto resultante da transição que se operou a partir dos anos sessenta na literatura hispano-americana, tais como Gabriel Garcia Marquez, Mario Vargas Llosa, Carlos Fuentes, Alejo Carpentier, entre tantos outros.

## LOUCURA LÚCIDA

O escritor italiano Claudio Magris[47] tem sido um nome cada vez mais frequente nas estantes dos autores traduzidos no Brasil, bastando apenas que lembremos de **O senhor vai entender** (2008) e de **Às cegas** (2009), publicado entre nós, com a impecável tradução de Maurício Santana Dias.

Além de romancista, tradutor, ensaísta, colaborador do *Corriere della Sera* foi, também, professor de língua e literatura alemãs na Universidade de Trieste, cidade em que nasceu.

A narrativa de Magris costuma ser analisada como extremamente complexa, digna de leitores que tenham muito fôlego, já que pressupõe, no mínimo, a decodificação de elementos que remetem, de modo refinado e erudito, a diversos níveis do que passou a ser um dos ícones da literatura moderna e, especialmente pós-moderna: o da chamada *intertextualidade*.

Assim é que não são raras as associações que se estabelecem entre seus textos e as inúmeras possibilidades de diálogo com grandes obras literárias e seus personagens, particularmente as que, de certo modo, revisitam ou recuperam, numa instigante releitura, alguns mitos clássicos como, por exemplo, os de Orfeu e Eurídice, o sinuoso périplo de Ulisses em sua longa viagem e as aventuras de Jasão em busca do velocino de ouro, entre outros.

Neste romance **Às cegas**, não é diferente. De fato, evidencia-se, logo à primeira vista, a recorrência a todos esses mitos e não há que negar o quanto a cultura grega e a grandeza de sua épica, além das tragédias, impregnam o texto de Magris, autorizando como plausível linha de análise de sua obra as múltiplas relações intertextuais, magistralmente elaboradas pelo autor, como artimanhas das estratégias de seu narrar.

---

[47]Claudio Magris (Trieste, 10 de abril de 1939) é um escritor, germanista, considerado um dos maiores intelectuais italianos. Foi também senador de 1994 a 1996 durante a XII Legislatura da República Italiana. Professor de literatura Alemã na Universidade de Turim (até 1978), depois na Universidade de Trieste. Colabora com o jornal Corriere della Sera e várias revistas italianas. O seu nome é frequentemente indicado nas listas de finalistas ao Prêmio Nobel de Literatura. Chamou a atenção da crítica ainda muito jovem pela obra: *Il mito absburgico nella letteratura austriaca moderna* (1963). Com *Danúbio* (1986) vence o prêmio Bagutta e sucessivamente, o prêmio Strega com *Microcosmos* (1997). É também autor dos romances: *Ilazioni su una sciabola* (1984) / *Stadelmann* (1988) / *Un altro mare* (1991)/ *Il conde* (1993) / *Le voci* (1995) / *La mostra* (2001) / *Non luogo a procedere* (2015). Em 2019, publicou a antologia de contos: *Tempo curvo a Krems*. Sua obra ensaística também é muito vasta. Destaca-se, traduzida por mim em português: *Alfabetos, ensaios de literatura* (Curitiba: Editora UFPR, 2012).
Este artigo foi publicado no Jornal Rascunho em janeiro de 2010.

**Odisseia da desilusão**

Nesse sentido, a primeira inevitável imagem que nos vem quando Salvatore Cippico, o "louco" narrador que passa a contar sua história ao doutor Ulcigrai no Centro de Saúde Mental de Barcola, é precisamente a de uma fatigante e infindável viagem, uma verdadeira odisseia. Talvez, recuperando as palavras do próprio Magris, no ensaio *O romance é concebível sem o mundo moderno?* — publicado no primeiro volume de **A cultura do romance**, organizado por Franco Moretti —, este seu romance seja "a história de um indivíduo que busca um sentido que não há, ( ... ) odisseia de uma desilusão"[48].

Cippico é apresentado como um militante comunista, obrigado a viver em trânsito, totalmente desenraizado, por questões políticas, numa eterna viagem, empunhando a bandeira vermelha da utopia, arriscando a própria vida em prol dos ideais do Partido, que eram visceralmente os seus. Utopia que durou por longo tempo, enquanto os torturadores, carcereiros e tiranos que o submetiam não passaram a ser os próprios companheiros.

De fato, os dados que aparecem em seu prontuário o revelam como um caso raro de sobrevivente, que teria resistido a vários tipos de cárcere:

*Demitido depois de detenção por propaganda e atividade antifascista. Militante do Partido Comunista clandestino. Várias vezes detido. Participou da Guerra de Espanha. Militar na Iugoslávia; depois do 8 de setembro, membro da Resistência. Deportado a Dachau. Em 47, emigra para a Iugoslávia com dois mil "monfalconenses" para construir o socialismo. Depois do rompimento entre Tito e Stálin é preso pelos iugoslavos como membro do Cominform e deportado em 49 para o gulag de Goli Otok, a ilha Nua ou Calva, no Quarnero. Submetido, como os demais, a trabalho inumano e massacrante, sevícias e torturas. Provavelmente remontam a esse período seus distúrbios e suas acentuadas manias de perseguição.* (MAGRIS, 2009, pp.14-15)

Aos poucos, vamos nos dando conta de que a única chama capaz de mantê-lo vivo nas situações mais aterrorizantes, como, por exemplo, a de sua deportação ao lager[49] de Dachau era o fato de ter sido muito bem trei-

---

[48] Veja-se a propósito: MAGRIS, Claudio. O romance é concebível sem o mundo moderno? In; MORETTI, Franco et al., *A cultura do romance*, trad: Denise Bottmann, São Paulo: Cosac Naify, 2009, pp.1013-1028.

[49] Lager é um termo alemão que indica campos de concentração, campos de extermínio e campos de trabalho forçado, queridos por Adolf Hitler e utilizados pela Gestapo. O termo

nado pela *intelligentsia* do Partido a resistir, aferrado à ideia da construção de um mundo em que todos os companheiros deveriam se unir. Porém, a total aniquilação de seu ideal revolucionário, a viagem sem retorno, significando morte em vida, já que, para ele, "vida é revolução" e a "revolução é uma volta para casa", ocorre a partir do inevitável desgaste das bases do Partido e dos desmandos do então "companheiro Tito".

Aqui, a odisseia que se concretiza é a da desilusão, a do fim das utopias, pois se Ulisses consegue voltar, tendo sua cicatriz identificada, a dele, que é a de quem volta de Goli Otok, é irreconhecível de tão monstruosa, pois Salvatore Cippico, Cipiko, Čipiko, profissão: detido/deportado, transforma-se apenas num anti-herói multifacetado, vivendo uma total dissociação identitária, no limite da esquizofrenia, carregando pirandellianamente todas as máscaras de ser *um, nenhum, cem mil*, uma *displaced person*, eterno estrangeiro, sem lugar no mundo, rotulado como louco, restando-lhe apenas o cárcere da clínica psiquiátrica. Confinamento dessa vez obrigatório, não pela nobre causa da bandeira vermelha que ele, simbolicamente, comparava ao velocino de ouro, procurado e encontrado por Jasão, mas a do confinamento trágico de uma existência que se percebe vã:

*Retornar com o velocino de ouro, não importa depois de quantas circum-navegações...*

*Por que a viagem foi tão longa? O companheiro professor Blasich diria que os argonautas devem sempre fazer muita estrada; segundo alguns, eles sobem até o Danúbio ou talvez o Don, atravessam a Sarmátia e o mar Crônio e descem pelo oceano para voltar pelas portas de Hércules — mare tenebrarum, grandes águas de ocidente, pôr-do-sol dourado como o velocino —, uma antiga moeda encontrada em Ribadeo, na Galícia, traz a efígie de um aríete de pelo de ouro. Ele, Jasão, volta com o velocino, mas eu, se procuro no bolso, não acho nada, no máximo essa sua bolacha, doutor, uma moeda de ouro que dissolve na boca e faz dormir; o dragão adormece, como quando bebe as poções mágicas de Medéia, e quando acorda o tesouro não está mais lá. Onde está a bandeira vermelha, quem a roubou?*

*Nenhuma viagem é demasiado longa e perigosa se traz de volta a casa... Como, voltar de Goli Otok para onde?...* (MAGRIS, 2009, p.65)

---

lager, em alemão, significa "campo" e "armazém", de modo que a palavra foi escolhida para significar que era um lugar para exercer vigilância íntima em um grande número de indivíduos chamados de "peças".

**Abaixo a retórica**

Além da sinuosidade de uma narrativa que oscila como um barco à deriva da fragmentação, que titubeia na voz e nas vozes desse narrador difícil de apreender, há que se notar outra possibilidade de leitura do texto, subjacente ao diálogo explícito com os flagrantes da história do comunismo no século 20 — numa releitura da história oficial — e das relações intertextuais com a literatura épica e a tragédia grega.

Chama a atenção que, por meio da ironia, Salvatore, quando já considerado louco e no momento específico em que conta sua história ao médico narratário, assuma ares de total reprovação, diante de discursos que classifica como "retóricos".

Assim, lembra de sermões de igreja em que as perguntas do reverendo eram feitas com as respostas já implícitas e de todas as outras situações traumáticas que vivera nas salas de tortura, em que a mesma insistência persuasiva e manipuladora direcionava certos interrogatórios, através da violência, a fim de obter informações secretas.

Importa notar que ele também percebe esse tipo de discurso persuasivo nas questões que o doutor lhe propõe, porém, pelo menos este "não ergue as mãos, ao contrário, sendo gentil" e não se incomoda se fica calado.

Segundo Abbagnano[50], a retórica é a arte de persuadir com o uso de instrumentos linguísticos, tendo sido a grande invenção dos sofistas. No diálogo de Platão intitulado *Górgias* se evidencia o caráter positivo, a habilidade do retórico em "falar contra todos e sobre qualquer assunto, de tal modo que, para a maioria das pessoas consegue ser mais persuasivo que qualquer outro com respeito ao que quiser". Na evolução do conceito, só com Aristóteles, a retórica passa a assumir função específica, compreendida em chave dialética, enquanto "faculdade de considerar, em qualquer caso, os meios de persuasão disponíveis". O cartesianismo, adotado maciçamente no século 19, teria sido a maior causa da decadência da retórica. (ABBAGNANO, 2003, pp. 856-857)

Embora em termos de análise do discurso possamos reconhecer vários níveis de persuasão explícita ou subliminar, em qualquer tipo de intenção linguística cumpre observar que o narrador, mesmo tendo aceitado, em certa fase da vida, todo chamado retórico do Partido, sendo, inclusive propagandista das ideias revolucionárias, somente quando "enlouquece" adquire a lucidez

---

[50] ABBAGNANO, Nicola, *Dicionário de Filosofia*, traduzido e organizado por BOSI, Alfredo, São Paulo, Martins Fontes, 2003.

necessária, a consciência diante do poder traiçoeiro dessas manobras da linguagem: "Nunca há respostas para as perguntas retóricas..."

Então a recorrência aos fragmentos delirantes do que a memória consegue resgatar, o apelo ao simbólico, especialmente pela recuperação e projeção de passagens vivenciadas ficcionalmente por personagens da literatura, em atitude quixotesca, representando essa loucura do narrar, não são apenas procedimentos narrativos, encontrados pelo autor para tratar do discurso de alguém perturbado psiquicamente.

Ao optar por essa aparente desordem da linguagem, nos termos propostos por Lacan, em suas teorias sobre psicoses e esquizofrenia, o narrador investe nessa desconexão que tangencia certas deficiências infantis em aceder plenamente ao domínio da fala, mas capaz de traduzir, muitas vezes poeticamente, desnorteantes sensações de irrealidade.

O que Salvatore Cippico pretende, em síntese, por meio de suas múltiplas e esquizofrênicas vozes, é libertar a narrativa da camisa-de-força do dirigismo retórico, que aprisiona e tortura a todos, inclusive a nós, leitores. Daí, também, porque se justifique que nele habitem todos e nenhum, numa ode à anarquia de contar a história a seu modo, já que a suposta e previsível ordem discursiva que possa nos convir está intimamente relacionada à onipotência de um único narrador, cujas rédeas firmes se apoiam na persuasão tirânica que distorce a realidade.

Em vez da oposição do racionalismo de Descartes no combate aos sofismas, o que aqui se tem como contraposição é a apologia da não linearidade, travestida sob as formas da loucura e da relativização, como inteligente fuga das malhas da teia do discurso centralizador que só quer persuadir e submeter.

### Sobrevivente: a palavra

O que sobrevive em quem sobrevive ao cheiro de morte dos fornos crematórios de Dachau, aos porões e celas fétidas de tortura, às SS, às cabeças nas latrinas, aos cassetetes nos ouvidos, à Goli Otok? O que sobrevive a isso?

*Nós, pijeskari, cavadores de areia, devíamos estar com aquele mar até o peito, inclusive no inverno, raspando-o fundo com a pá para recolher a areia e carregar os batéis, para cima e para baixo com a pá na água gelada. Depois de um tempo nem se sente o gelo; a pá sobe e desce, se não se move com rapidez e cheia de areia vem a bordoada, um deles quebrou o nariz e continuou ali, de molho até o peito, a cara arrebentada, sangue e muco de gelo. A pá se levanta e se abaixa, não se sente mais a mão. O sal esfola a pele mais que o vento, não é uma surpresa. O mar não tem piedade, mas por que só ele deveria ter?* (MAGRIS, 2009, p.67)

Um homem e sua inenarrável dor, a cicatriz monstruosa que ninguém consegue reconhecer. Um homem, para sempre estrangeiro ao mundo, extirpada sua raiz, Ulisses sem volta para casa, Jasão sem o velocino de ouro. Um homem — **É isto um homem?**, indaga Primo Levi — e sua palavra que, na mais louca lucidez rompe a retórica da censura, das lavagens cerebrais do silêncio, e conta, com suas infinitas vozes, ainda que simbólica e metaforicamente, a crua realidade.

Segundo Claudio Magris, em ensaio mencionado anteriormente, a "literatura contemporânea é marcada pelo sentimento de uma ferida profunda que a história parece ter infligido ao indivíduo, impedindo-o de realizar plenamente a própria personalidade em acordo com a evolução social e fazendo-o sentir a impossibilidade e a ausência da vida verdadeira, o exílio dos deuses e a fragmentação de sua própria existência". É desse indivíduo que trata seu romance **Às cegas**, daquele que, na escuridão da loucura, é o único Tirésias capaz de profetizar verdades.

## O DILEMA DO MANDARIM

É realmente elogiável a iniciativa da Editora Globo ao empreender — com o selo "Biblioteca Azul" — a 4ª edição traduzida, revista e ampliada de **A comédia humana**, de Honoré de Balzac[51], reunindo 88 obras, compiladas em 17 volumes. O famoso autor e sua fecunda trajetória criativa justificariam, entre os nomes e títulos arrolados como

---

[51] Honoré de Balzac nasceu em Tours em 1799 e morreu em Paris em 1850. Um prolífico escritor francês, conhecido por suas observações psicológicas, alcançou a fama como o romancista de boas maneiras por excelência do século XIX. Ele também é considerado o fundador do realismo na literatura moderna. Sua magnum opus, *A Comédia Humana*, consiste em 95 romances, novelas e contos, que procuram retratar todos os níveis da sociedade francesa da época, especialmente da burguesia florescente após a queda de Napoleão Bonaparte em 1815. Seus romances mais famosos são: *A mulher de trinta anos* (1831-18322), *Eugénie Grandet* (1833); *Pai Goriot* (1834); *O Lírio do Vale* (1835); *Ilusões perdidas* (1839), *Prima Bette* (1846), *Prima Pons* (1847). Sua grande obra influenciou nomes como Proust, Zola, Dickens, Dostoiévski, Flaubert, Henry James, Eça de Queiroz, Machado de Assis, Camilo Castelo Branco, Italo Calvino e muitos outros.
Este artigo foi publicado no Jornal Rascunho em fevereiro de 2013. Nele, faz-se referência, principalmente, às obras: BALZAC, Honoré De. *A comédia humana* (trad: Paulo Rónai, São Paulo, Editora Globo, 2012, 4); RÓNAI, Paulo. Balzac e a comédia humana, São Paulo, editora globo, 2012.

fundamentais da literatura universal, o empenho laborioso dessa corajosa aventura editorial. Mas se há infindáveis méritos em reeditar Balzac com tamanho rigor e precisão, o que há de mais alentador na recente publicação é, sem dúvida, a organização, o conjunto de apresentações, comentários e detalhadas análises, em que transparece a devoção que o grande estudioso e crítico Paulo Rónai (1907-1992) dedicou ao escritor francês, ao longo de um extenso período de sua vida, tornando-se um de seus maiores especialistas.

Desse modo, é dupla a satisfação de quem se depara com o primor da nova edição brasileira: a de fruir na íntegra a maior parte dos volumes da vastíssima **Comédia** balzaquiana, além de poder contar com a iluminação orientadora dos argutos comentários de seu mais habilitado conhecedor. A propósito, no volume inaugural da coleção, **Balzac e a comédia humana**, escrito por Rónai, ficamos sabendo, na "Nota dos editores", que a nova edição é, com efeito, uma "homenagem ao legado de Paulo Rónai às nossas letras"[52]. Nelson Ascher também enriquece o intento editorial, logo no preâmbulo do livro, contando-nos que o crítico húngaro teria ficado famoso no Brasil como tradutor e divulgador de literatura estrangeira e, sobretudo, como apresentador, para o público brasileiro, da prosa e da poesia de seu país de origem — a Hungria. Mas o aspecto mais fascinante e duradouro na trajetória intelectual do refinado erudito teria sido, justamente, a paixão com que se deu à análise minuciosa das obras de Balzac.

### Espelho do século 19

Diante disso e seguindo as pistas seguras que nos dá o mestre Rónai, notamos que é muito comum que se exalte, principalmente, o caráter documental da **Comédia humana**, em que historiadores e sociólogos vão colher dados a respeito dos mais diversos fenômenos da primeira metade do século 19. Assim, não é raro que encontremos como um dos mais justificados motivos para que empreendamos a sua leitura o fato de que o amplo conjunto de seus textos representa um verdadeiro espelho daquela época.

Nesse sentido, não faltam argumentos que invistam na máxima de que toda obra literária, em boa medida, reflete o momento histórico em

---

[52] A *Nota* dos editores e também a *Apresentação* de Nelson Ascher, destacando a importância do trabalho introdutório de Paulo Rónai, encontram-se nas primeiras páginas de RÓNAI, Paulo. *Balzac e a Comédia humana*, São Paulo, Globo, 2012.

que foi criada. E Balzac pôde conhecer testemunhas não apenas da Revolução Francesa, como também do Antigo Regime. Quando criança, assistiu a brilhantes cenas da epopeia napoleônica e acompanhou as duas Restaurações Bourbônicas (antes e depois dos Cem Dias), viu surgir e desaparecer o regime conservador de Luís XVIII e o sistema reacionário de Carlos X. Presenciou todo o reinado liberal-burguês de Luís Filipe, a Revolução de 1848 e a eleição de Napoleão III para presidente da República. Tudo isso concentrado em uma vida de apenas 51 anos. Mas o que ele mais percebeu, em meio às profundas transformações de sua época, foram as que se verificavam nos bastidores da sociedade. Rónai observa que:

*Os progressos da técnica traziam uma série de inovações, antes de tudo as estradas de ferro, que, para os olhos sagazes, anunciavam imensas modificações da vida coletiva e particular. Surgiam novos poderes: o capital, a imprensa, a publicidade. Patenteava-se a ascensão prodigiosa do dinheiro, que reivindicaria um papel cada vez maior em todos os domínios. Estavam, pois, aparecendo e desenvolvendo-se as forças que passariam a moldar todo o período da história europeia até a Primeira Guerra Mundial. Esboçavam-se, desde então, os tipos humanos que as novas possibilidades não deixariam de produzir. A **comédia humana** de Balzac contém uma imagem fiel e pormenorizada de toda essa fermentação, de seus resultados visíveis e de suas consequências conjeturáveis.* (RÓNAI, 2012, pp.139-140)

### Historiador de costumes

De fato, o próprio Balzac nunca se autodenominava "romancista", mas sim "historiador de costumes", e entendia que sua tarefa consistia em apresentar a sua época através dos personagens que criasse. Estes seriam os tipos a que se poderiam reduzir os componentes de uma geração, que chegavam a dois ou três mil na França de então. Desse modo, a sua "história de costumes" deveria ter igual número de figurantes. E de forma originalíssima e exclusiva, ele levou a cabo tal intento, criando, no grande espectro de sua **Comédia**, uma profunda unidade, fundamentada no estratégico procedimento de fazer voltar, sistematicamente, ao longo das páginas de suas diversas histórias, os mesmos personagens. Diante disso, tem-se a impressão de que os romances de Balzac nunca começam nem acabam.

Conforme ensina ainda o estudioso húngaro, cada um deles traz sementes que vão germinar além do fim e, por sua vez, apresenta o desenvolvimento de germes lançados em um ou mais romances anteriores. Morrendo a figura principal, as outras continuam a própria vida, esperando a sua vez para passar ao primeiro plano. É comum, por exemplo, que personagens felizes, numa determinada trama, reapareçam desesperados e infelizes num outro; de um livro para o seguinte, há os que envelhecem, os que passam por verdadeiras metamorfoses, e esse transitar continuado dos tipos concebidos, que, frequentemente, inclusive, vivem misturados a pessoas da vida real, só faz aumentar a ilusão da realidade — que acaba revelando, sem dúvida, uma das grandes características da guinada estilística proposta pelo grande escritor às tendências literárias francesas vigentes à época.

### Estilo balzaquiano

Um dos melhores ensaios sobre o estilo balzaquiano é de Hippolyte Taine, que, com muita pertinência, observou o quanto **A comédia humana**, por meio da pena engenhosa de seu autor, conseguira retratar a complexidade da nova sociedade francesa que se afirmava no século 19. Ele escreve a respeito:

*Esse estilo é um caos gigantesco. Tudo existe nele: as artes, as ciências, os ofícios, toda a história, os filósofos, as religiões, tudo lhe forneceu palavras. Em dez linhas percorrem-se os quatro cantos do pensamento e do mundo. Há aqui uma ideia swedenborgiana, ao lado, uma metáfora de açougueiro ou de químico; duas linhas além, um trecho de tirada filosófica, depois, um gracejo picante, um matiz de enternecimento, uma semidivisão de pintor, um período musical. É um extraordinário carnaval de metafísicos pedantes, de bêbados libidinosos, de sábios lívidos, de artistas desengonçados, de operários de uniforme, todos enfeitados e ajaezados com todas as magnificências e os badulaques, roçando os vestuários e os espólios de todos os séculos, aqui um farrapo, além um traje bordado a ouro, a púrpura costurada aos trapos, os diamantes adornando os andrajos, toda essa multidão turbilhonando e suando na poeira e na luz, sob o resplendor do gás, cujo áspero brilho palpita e deslumbra. A princípio sentimo-nos chocados, depois vem o hábito, e em seguida a simpatia e o prazer. Fica-se impressionado com essa irrupção de figuras estranhas, essa largueza de perspectivas, essa imensa e súbita abertura de todos os horizontes...* (TAINE *apud* RÓNAI, 2012, pp.122-123)

Tal profusão novelesca de tipos, em cuja base residia, sobretudo, a exaltação do homem médio (e não mais aristocrático), típico representante da classe burguesa que visava à ascensão social e econômica e que, de repente, percebeu-se representado literariamente, foi a chave com que Balzac abriu o espírito dos leitores de seu tempo, cuja fome por romances era imensa.

Mas somente com a criação de sua **Comédia humana** é que se operou a grande transformação na trajetória literária e na vida do autor, que até então vivera miseravelmente com os parcos recursos advindos das primeiras obras, consideradas subliterárias.

### Flertes epistolares

Junto às glórias iniciais do sucesso, vieram também as infindáveis cartas que lhe dirigiam, principalmente, as mulheres leitoras, inaugurando, na rotina do escritor, a necessidade de salvar um tempo para tais correspondências, uma vez que estas potencializavam a crescente procura por seus romances. Vez ou outra, orientado pelo que as cartas lhe comunicavam, diante da recepção de determinada obra, Balzac chegou a escrever "sob medida", a fim de atender os anseios de seu vasto público feminino. Além disso, é preciso lembrar que ele — talvez bem mais do que outros — passara a compreender perfeitamente a interdependência das indústrias do papel e do livro, tendo sido um dos primeiros a considerar a editora não como simples intermediária entre a tipografia e o público, mas sim, como coordenadora de múltiplas atividades industriais, o que o fez investir em sua própria editora, que porém, não teve êxito.

O melhor conhecedor de sua vida, o visconde Spoelberch de Lovenjoul chegou a precisar o número de doze mil cartas recebidas por Balzac, entre 1830 e 1850. Algumas dessas mensagens, publicadas em Paris, oferecem uma interessante mostra do que poderia ser o perfil de algumas de suas leitoras:

*São solteironas protestando contra o retrato da solteirona, impiedosamente traçado; louras tomando as dores por alguma heroína loura, maltratada num romance; senhoras reclamando contra conceitos injuriosos acerca das mulheres casadas; esposas incompreendidas trazendo a sua própria história para dar assunto ao romancista — e quase todas pedindo encontro para demonstrar pessoalmente quanto Balzac se enganara ao pronunciar este ou aquele julgamento a respeito do sexo feminino. O escritor lia, entre lisonjeado e aborrecido, os bilhetes de todas essas mulheres "às vezes apaixo-*

*nadas, mais comumente, porém, apenas curiosas e pervertidas".* (SPOEL-
BERCH DE LOVENJOUL apud RÓNAI, 2012, p.28)

Mas foi exatamente uma dessas cartas, a assinada por "Uma estrangeira", que o arrebatou, conduzindo-o ao romance mais intenso e duradouro de toda sua vida, até então repleta de aventuras no universo feminino, especialmente com mulheres mais velhas do que ele (o que, inclusive, justificaria, na concepção de alguns críticos, a predileção do autor por traçar perfis femininos maduros, como se deixa entrever em **A mulher de trinta anos**, bastante emblemática quando se pensa nos sentidos que a expressão "mulher balzaquiana" foi assumindo ao longo do tempo).

A estrangeira, com quem ele passará a manter assídua e inflamada correspondência, tratava-se, na verdade, da polonesa Eveline Rzewuska (casada com o latifundiário Wenceslas Hanski, muito mais idoso do que ela), que Balzac passou a chamar de condessa Hanska e que viria a se tornar sua esposa. Precisou, porém, esperar por mais de oito anos (até a morte do marido) para enfim desposá-la, depois de um tempo de atribuladíssimas viagens que pudessem favorecer-lhes os encontros. Vale conferir o peso determinante de tal experiência na vida do autor por meio da leitura de suas famosas **Cartas a uma estrangeira**.

### Paris: a cidade-chama

Tratando do crescente sucesso de Balzac, especialmente depois da publicação de alguns dos romances que viriam a compor sua obra magna, um de seus maiores inimigos, Sainte-Beuve chegara a acusá-lo de oportunismo, pois percebia nas lisonjas que dirigia às mais diversas cidades francesas, em que tantas vezes situava seus personagens, uma nítida e ardilosa estratégia para cooptar leitores. De fato, quase toda a França aparece na **Comédia humana**, mas Balzac continua sendo, por excelência, o romancista de Paris.

Entretanto, como bem observa Rónai, o epíteto da charmosa cidade-luz transmuta-se no de cidade-chama, na pena do escritor, uma vez que, embora atraído pelo fascínio de suas seduções, jamais deixa de fazer ver o quanto a sociedade parisiense (que impera sobre a paisagem), em pouco tempo, se consome em suas chamas:

*Atrai de longe os moços de toda a França, de toda a Europa, do mundo inteiro, ricos e pobres, ávidos de amor, de êxito, de riqueza [...] A maioria consome-se inteiramente no fogo: esgota-se na luta, adoece e morre; cai na* miséria e se estiola longamente; ou foge da chama, espavorida, e resigna-se a uma existência mesquinha. Outros conseguem manter-se muito tempo à luz, dançam cintilantes aos olhos de seus semelhantes, chegam às alturas; mas o fogo lhes secou a seiva do coração, esterilizou-lhes a sensibilidade, fê-los renegar os ideais. Em Paris, aliás, o êxito quase não é menos perigoso do que o fracasso: ali o sucesso é louco, "capaz de esmagar as pessoas que não têm ombros e rins para sustentá-lo", como se vê no caso de Venceslau Steinbock, o talentoso mas abúlico artista por quem a prima Bete (do romance homônimo) se apaixona. A vitória e a derrota são obra de um minuto... [...] (RÓNAI, 2012, p.142)

Segundo Balzac, em Paris, melhor do que em qualquer outra parte do mundo, a vida se resume a uma eterna luta de instintos, mal disfarçada pelas formas polidas da civilização. De certa forma, esse cenário contraditório, que atrai e aniquila, que seduz e prepara o bote, acaba sendo o pano de fundo recorrente em muitos de seus romances.

Num dos mais importantes — eleito por parcela significativa de críticos como o melhor — **O pai Goriot**, a atmosfera parisiense é tão incisiva e reveladora que Jules Bertaut teria arriscado afirmar que Paris, no desenrolar daquelas páginas, assumiria o verdadeiro protagonismo. Nesse sentido, importa conferir o que afirma Vautrin (personagem importantíssimo do romance, que encarna o porta-voz das intenções diabólicas e tentadoras daquele ambiente) ao principiante e ainda inocente Rastignac:

*Paris, veja, é como uma floresta do Novo Mundo, onde se agitam vinte espécies de tribos selvagens que vivem do produto das diferentes classes sociais. Você é um caçador de milhões. Para apanhá-los usará ciladas, engodos, chamarizes. Há várias maneiras de caçar. Uns caçam dotes, outros liquidações. Estes pescam consciências, aqueles vendem seus assinantes com os pés e os punhos amarrados. Os que voltam com o alforje bem cheio são saudados, festejados, recebidos na alta sociedade. Façamos justiça a este solo hospitaleiro. Você tem como campo de ação a cidade mais complacente do mundo.* (BALZAC *apud* RÓNAI, 2012, p.144)

### Conservador ou revolucionário?

Cumpre observar, no entanto, que a Paris desenhada por Balzac é a que revela as transformações radicais que se operaram nas mentalidades daquele início de século, sobretudo porque seus personagens se deixam moldar pela necessidade de ascensão social a qualquer preço, o que inevitavelmente situa o "vil metal" no centro de todos os embates.

Em interessante ensaio sobre o século 19, intitulado *O século sério*, Franco Moretti aponta também como traço evidente, no ambiente romanesco balzaquiano, a ênfase dada à inseparabilidade entre pessoa e coisa, e cita as palavras de Erich Auerbach a respeito:

*Balzac não somente localizou os seres cujo destino contava seriamente, na sua moldura histórica e social perfeitamente determinada, como o fazia Stendhal, mas também considerou essa relação como necessária: todo espaço vital torna-se para ele uma atmosfera moral e física, cuja paisagem, habitação, móveis, acessórios, vestuário, corpo, caráter, trato, ideologia, atividade e destino permeiam o ser humano [...]* (AUERBACH apud MORETTI, 2008, p.715)

Com efeito, essa "coisificação" do ser — em que a objectualização do indivíduo é flagrante e as descrições de personagens e seu entorno ora se saturam de aparatos, vestuários, ornamentos, ora de despojamentos e desleixos grotescos de toda espécie de miséria, sempre num detalhamento exaustivo — aparece como traço fortemente marcado no estilo de Balzac. Vejamos, apenas a título ilustrativo, esta descrição da sra. Vauquer (dona da precária "pensão burguesa", em que reina a "miséria sem poesia; uma miséria econômica, concentrada, gasta, que não tem ainda lodo, mas manchas; que não tem buracos nem andrajos, mas uma podridão envelhecida...", onde se passam muitas das cenas de **O pai Goriot**):

*Essa peça [a pensão] adquire todo seu esplendor no momento em que, pelas sete horas da manhã, o gato da sra.Vauquer precede sua dona, salta sobre os armários, fareja o leite contido em várias tigelas cobertas com pratos e faz ouvir seu rom-rom matinal. Logo depois aparece a viúva, enfeitada com uma touca de filó da qual sai um coque de cabelos postiços mal posto, arrastando os chinelos rotos. Seu rosto avelhantado, gorducho, do meio do qual sai um nariz em bico de papagaio, as mãozinhas rechonchudas, o corpo roliço como o de um rato de igreja, o busto amplo e oscilante estão em harmonia com essa sala que ressuma desgraça, onde se acaçapa a especulação e cujo ar calidamente fétido a sra. Vauquer respira sem enfado. Seu rosto frio como a primeira geada do outono, seus olhos enrugados, cuja expressão passa do sorriso prescrito às bailarinas à amarga carranca do agiota, toda sua pessoa, enfim, explica a pensão, como a pensão implica sua pessoa. Não há galé sem guarda, não se imagina uma sem o outro. A gordura baça dessa mulherzinha é o produto dessa vida, como o tifo é a consequência das exalações de um hospital. Sua saia de baixo, de malha de lã, que aparece sob o velho vestido reformado e cujos chumaços saem pelos rasgões do forro cheio de fendas, resume a sala de estar, a sala de refeições e o jardinzinho, anuncia a cozinha e faz pressentir os pensionistas.* (BALZAC, 2012, 4, pp. 32-33)

Segundo Moretti, tal procedimento seria recorrente no realismo característico das descrições do século 19 (não apenas balzaquianas, mas também, por exemplo, as impetradas por Walter Scott) porque haveria uma necessidade de "fixar a história" (numa explícita tendência de sobrecarregar o presente, mas sempre como apêndice do passado), muito comum à grande ideologia política daquele período que foi o pensamento conservador.

Entretanto, sobre a postura ideológica assumida por Balzac, é bastante interessante observar o que nos esclarece a respeito, novamente, Paulo Rónai. Pelo que o crítico nos faz compreender, as correntes políticas mais antagônicas se servem do nome do romancista como de um escudo:

*Léon Daudet explora-o em seus ataques ao "estúpido século 19", ao passo que Marx e Engels o consideram uma das principais testemunhas da acusação no grande processo do capitalismo e da burguesia. Discute-se ainda hoje a moralidade ou imoralidade de seus livros. Um Jean Carrère condena-o ao pelourinho por ter sido "mau mestre", corruptor de uma geração; um Paul Bourget, que o venera com entusiasmo de discípulo, aponta nele o juiz de uma geração corrompida.* (RÓNAI, 2012, p.15)

### O pai Goriot

É no ambiente da Casa Vauquer que circula, já no início do melhor romance do escritor francês, a precisa galeria de tipos balzaquianos. Um deles, por exemplo, o Sr. Poiret:

*[...] era uma espécie de autômato. Vendo-o passar como uma sombra cinza ao longo de uma alameda do Jardin-des-Plantes, a cabeça coberta com um gorro mole, mal segurando a bengala com castão de marfim amarelado, deixando flutuar as abas enrugadas da sobrecasaca que ocultava uns calções quase vazios e pernas metidas em meias azuis que tremiam como as de um ébrio, mostrando um colete branco sujo e um peitilho de grossa musselina enrugada, que se unia imperfeitamente à gravata enrolada em volta de seu pescoço de peru, muitos perguntavam se essa sombra chinesa pertencia mesmo à audaciosa raça dos filhos de Jafé que perambulam pelo Boulevard des Italiens.* (BALZAC, 2012, 4, p. 37)

Moram ao todo, na pensão, sete locatários — e sempre tendo em mente a minúcia descritiva de uma proposta realista que visa suprimir os confins entre o mundo da realidade e os domínios da arte, assim nos adverte o narrador de **O pai Goriot**, logo às primeiras páginas: "Ah! Sabei-o: este drama não é ficção nem romance. *All is true*: ele é tão verídico que qualquer um pode reconhecer em si mesmo e, talvez em seu próprio coração, os elementos que o compõem".

O enredo do famoso drama pode ser resumido a um típico e drástico caso de ingratidão filial (que mantém diálogo intertextual explícito com o **Rei Lear** de Shakespeare).

O Sr. Goriot, homem simples e rude, antes da Revolução, trabalhava como operário numa fábrica de massas. Acabou conseguindo acumular um capital que mais tarde lhe permitiu dedicar-se ao comércio, "com a superioridade que uma grande soma de dinheiro confere a quem a possui". Embora fosse "paciente, dinâmico, enérgico... um diplomata para planejar e um soldado para executar [...] fora de seu singelo e obscuro armazém, voltava a ser o operário estúpido e vulgar, incapaz de compreender um raciocínio, insensível aos prazeres do espírito, o homem que dorme no teatro...". Ficando viúvo precocemente, acaba transferindo sua afeição às filhas Anastácia e Delfina, a quem tudo dedica, inclusive a fortuna.

As moças, a partir do momento em que começam a ser seduzidas pelo luxo dos altos círculos da sociedade parisiense e casando-se, a primeira delas com um conde e a segunda com um rico banqueiro, envergonhadas diante dos hábitos toscos do pai, evitam encontrá-lo. E o pobre homem, envelhecido e quase sem recursos financeiros, já que depauperado pelas irrefreáveis ambições das filhas, acabará na pensão Vauquer, morrendo na mais absoluta penúria e abandono.

Apenas um dos moradores da pensão, o jovem Eugênio Rastignac — o verdadeiro protagonista do romance — que se mudara do sul da França para Paris para estudar Direito, é que terá piedade do pobre homem, assistindo-o em sua hora derradeira. A indignação do estudante diante do estado a que o velho fora reduzido é bem elucidada no seguinte trecho:

*Eugênio, que entrara pela primeira vez no quarto do pai Goriot, não pôde evitar um gesto de estupefação ao ver o quarto miserável onde vivia o pai, após ter admirado o luxo da filha. A janela não tinha cortinas. O papel que forrava as paredes estava desbotado em vários lugares, devido à umidade, e enrugado, deixando ver o reboco da parede amarelada pela fumaça. O velho estava deitado num catre, tendo sobre o corpo um cobertor fino e sobre os pés um acolchoado feito com os pedaços aproveitáveis de vestidos velhos da sra. Vauquer. O assoalho era úmido e cheio de poeira [...] O mais humilde criado vive, certamente, muito melhor na sua água-furtada do que o pai Goriot na casa da sra. Vauquer. O aspecto do quarto causava frio e apertava o coração, parecia mais a cela triste de uma prisão.* (BALZAC, 2012, 4, p. 160)

Mas o que parece ser o traço mais importante desse romance — muito além dessas questões éticas que tangenciam a dinâmica da ingratidão e da fossilização dos afetos — é a tensão que o narrador balzaquiano consegue estabelecer, magistralmente, no espírito daquele jovem, a princípio ingênuo e bem-intencionado, que vive em crise por ser tentado a se corromper na "lama da sociedade parisiense", onde todos têm seu preço.

### Balzac, Eça, Dostoiévski

Segundo Rónai, esse Rastignac de Balzac pode ser visto como o personagem inaugural, o que teria inspirado uma série de outros que o seguirão (como, por exemplo, o Teodoro de **O mandarim**, de Eça de Queirós, ou ainda o grandioso Raskólnikov de **Crime e castigo**, de Dostoiévski), em meio ao grande rol dos personagens-chave de vários romances da boa literatura universal. São eles os que — guardando as respectivas diferenças e distâncias — sofrem eternas crises de consciência diante do que lhes dita sua verdade interior, em contraste com o que a avalanche de perturbações e necessidades de toda ordem, sobretudo as materiais, lhes impõe.

Há um diálogo de **O pai Goriot** que bem resume essa tensão e pode ser tomado como emblemático, quando se busca rastrear em toda **Comédia humana** e também em outros contos do autor, uma de suas mais fortes obsessões, refletida em grande parte de seus escritos. Trata-se do assim chamado "dilema do mandarim".

### Assassinos virtuais

O jovem Rastignac, recém-chegado da província à "cidade-chama", vai se dando conta da dura trajetória que o espera, se tiver que vencer por seus próprios meios e parcos recursos. Ambicioso e ávido por ascender social e economicamente, é constantemente tentado pelas propostas diabólicas que lhe faz o Sr. Vautrin, que insinua como estratégia viável para que ele consiga obter, com maior facilidade, o que tanto almeja, que se elimine um indivíduo, na realidade, um pária, que não faz a menor falta à sociedade (crime que ficaria sem ter a menor chance de ser desvendado) e cujo assassinato traria, como consequência, o acesso à fortuna e à inserção social que o jovem deseja.

A pergunta crucial que Eugênio dirige ao amigo Bianchon, estudante de Medicina, traz à luz o seguinte dilema, nos termos resumidos por Sigaux:

*Se lhe bastasse, para tornar-se o rico herdeiro de um homem a quem nunca tivesse visto, de quem nunca tivesse ouvido falar e que fosse um mandarim riquíssimo que morasse no fundo da China, apertar um botão que o fizesse morrer, será que você o faria?* (BALZAC, 2012, 4, pp.166-167)

Melhor dizendo, se qualquer ser humano pudesse — em circunstâncias análogas à de Rastignac — "matar um mandarim" para enriquecer, sem que ninguém jamais suspeitasse do crime, sem que houvesse o medo do castigo, talvez o ato monstruoso de dar fim à vida alheia se atenuasse, a ponto de se poder até mesmo conceber a tese de que há em todos nós um assassino virtual, capaz de matar, desde que jamais descoberto. Ao menos é o que se colhe a partir da leitura do famoso conto *O assassínio do mandarim*, do ficcionista inglês Arnold Bennett, outro autor extremamente influenciado pelo **Pai Goriot** de Balzac.

### O eterno dilema

Eugênio não cederá à proposta de Vautrin, mas "matará seu mandarim" de outra forma, tornando-se amante de uma das filhas de Goriot, conseguindo assim o que queria, transformando-se de idealista ingênuo em arrivista sem escrúpulos. O "assassínio do mandarim" foi imposto a Rastignac pela sociedade.

Há quem veja, nos cuidados extremos que o jovem dedica ao velho ultrajado e moribundo, um culto inconsciente às reminiscências dos valores puros do bom moço do Sul da França, capaz de se comover ainda com os dramas humanos. Há também quem perceba — psicanaliticamente — em sua conduta, algo que tangenciaria a "teoria da compensação", uma vez que, ainda que tenha se deixado corromper para obter êxito na inescrupulosa sociedade parisiense, continuava a dizer a si mesmo que, apesar de tudo, mantinha no coração os mais nobres sentimentos.

Se pensarmos que Balzac morreu em 1850, bem antes que Sigmund Freud ficasse célebre por suas teses, poderíamos arriscar afirmar que a genialidade do escritor francês se deveu, em grande parte, à sua arguta capacidade de observação do humano, em todas as nuances de sua manifestação.

Segundo Paulo Rónai, o "dilema do mandarim" já estava formulado no conto *A estalagem vermelha*, desde 1831, e saindo do plano meramente literário havia se tornado um pesadelo constante do autor. Daí porque se tornou também o problema central de toda **Comédia humana**.

O drama do **Pai Goriot** se intensifica por meio do drama de consciência de Rastignac, personagem-símbolo que encarna muitas das contradições que passarão a ser frequentes nos protagonistas dos romances modernos, que surgirão quase cem anos depois desse inventário de tipos que nos legou Honoré de Balzac. Talvez, o próprio autor intuísse a força específica desse romance, uma vez que considerava a história do pai traído pelas filhas ingratas como a mais importante de todas.

Ainda que pareça estranho aos leitores de nossos dias, cinéfilos assíduos, operadores de todas as mídias, superconectados com as mais diversas espécies de redes sociais, adeptos de uma literatura direta, rápida e visual voltar à lentidão minuciosa das exaustivas descrições do universo balzaquiano, talvez valha à pena estimular-lhes a dar o primeiro passo. Com certeza, terão o privilégio de estar diante do mais fidedigno retrato de costumes da História Privada da França do século 19. Além do que, em meio à infinita galeria de personagens que se desenharão ao longo daquelas inesgotáveis páginas, quem sabe possam descobrir marcas deixadas pelo grande mestre francês em muitas produções artísticas contemporâneas.

E se isso ainda não fosse suficiente, bastaria recordar, por exemplo, o instigante e atualíssimo tema da crítica da imprensa por meio da ficção — que já aparece em **Ilusões perdidas** e **Os jornalistas** — revisitado, contemporaneamente, em obras como **Os imperfeccionistas**, de Tom Rachman, **Exclusiva**, de Annalena McAfee, e **Millenium**, do sueco Stieg Larsson, que, conforme ensina o jornalista Alberto Dines, "seguem a trilha iniciada por Balzac há, pelo menos, 176 anos...".

## O DIREITO À PAUSA

Um homem mergulha às pressas no mar para salvar uma desconhecida que está se afogando. Depois de muito esforço, consegue empreender o feito heroico, mas ao voltar para casa, descobre que, naquele mesmo momento em que salvava uma vida, sua própria mulher morria de aneurisma.

Todo esse cenário inicial, em tese, estaria fadado a exigir as tintas carregadas de um romance melodramático, predestinado a suscitar lágrimas copiosas. No entanto, nada disso acontece, ao longo das 415 páginas deste **Caos calmo** de Sandro Veronesi[53].

De modo totalmente inusitado, sem nenhum aparente desespero, somos conduzidos pela hábil mão de Pietro Paladini, o narrador-protagonista desse drama, que acaba de ficar viúvo, a nos sentar num banco de praça em Milão, diante da escola de sua filha Claudia, de dez anos, e lá permanecer, vendo a vida passar. Uma espécie de *não* gritante a todos os modos previsíveis de comportamento, diante de situações de perda e luto. Uma suspensão das atitudes socialmente aceitas e "politicamente corretas": elaborar a morte por meio da pausa. Não da pausa convencional, de tempo concedido aos indivíduos, em que o respeito à dor de quem perde entes queridos é cronometrado pelo relógio da produtividade, que estabelece, com precisão, a hora, o minuto e o segundo em que a dor deve parar. Apenas uma pausa reivindicada, para que se possa estar à altura do que a vida, com todas as suas armadilhas, exige: parar para ver e estar com a filha, o único porto seguro, agora, o ponto fixo mais importante do universo.

Assim, para a surpresa de todos, Pietro será encarado como o estranho homem, que, diante da morte súbita da mulher, como se vivesse um surto, resolve levar a filha à escola todas as manhãs e eleger, como lugar para a pausa, o banco da praça em que se senta, para que, no intervalo, Claudia, simplesmente, venha até a janela e o veja e lhe acene. Isso é o que importa.

De certa forma, Pietro revê os modos pelos quais a sociedade contemporânea lida com a morte, estabelecendo parâmetros próprios e subjetivos

---

[53] Sandro Veronesi nasceu em Florença, Itália, em 1959. Considerado um dos melhores escritores italianos de sua geração, publicou seu primeiro romance em 1988. Em 2000, obteve grande sucesso com *A Força do Passado*, ganhando o Prêmio Campiello e Viareggio. *Caos calmo* recebeu o Prêmio Strega em 2006, o *Prêmio Méditerranée* em 2008 e o *Prêmio Femina* de melhor romance estrangeiro publicado na França. Este romance também foi adaptado para o cinema, em um filme dirigido por Antonello Grimaldi e estrelado por Nanni Moretti. Sua obra está traduzida em quinze idiomas.Este texto foi publicado no Jornal Rascunho em abril de 2009. Utilizamos como referências principais, as seguintes obras: VERONESI, Sandro. *Caos calmo*. Trad: Gabriel Bogossian. Rio de Janeiro: Rocco, 2007 / BENJAMIN, Walter. O narrador. Trad: José Lino Grunnewald et alii. In: *Benjamin, Adorno, Horkheimer, Habermas*. Textos escolhidos. Coleção: Os Pensadores. São Paulo: Abril Cultural, 1980, p.61-73 / FREUD, Sigmund. *Além do princípio do prazer* (trad: Paulo César de Souza). São Paulo: Cia Das Letras, 2010, v.14) / _____. *O mal-estar na civilização* (trad: Paulo César de Souza). São Paulo: Cia Das Letras, 2010, v.18)/ Schnitzler, Arthur. *Breve romance de sonho*. Trad: Sérgio Tellaroli. São Paulo: Cia Das Letras, 2008.

para elaborá-la. Reage contra o que se esperaria e acaba nos fazendo questionar os meios pelos quais somos levados a evitar o processo do fim.

Isso nos faz lembrar o que ensina Walter Benjamin, em **O narrador**, ao constatar que no decorrer do século 19, os mecanismos burgueses de higienização acabaram por "oferecer às pessoas a possibilidade de se furtarem à visão dos moribundos e [...] morrer, durante a Era Moderna, é cada vez mais repelido do mundo perceptível dos vivos". Os nossos são, portanto, "ambientes purificados de morte", pois ao adoecermos ou envelhecermos, o caminho natural é o dos hospitais e asilos. Nesse mecanismo, a sociedade da juventude eterna, plasticamente preservada em formol, se libera das ruínas, livre dos sinais de decrepitude que a proximidade do fim causa.

Em consonância com esse olhar distanciado, de veto à morte, com o aparato que vende bem-estar, as cenas ritualísticas de luto, que prolonguem os efeitos "danosos" causados pela ruptura com a vida, precisam ser evitadas.

Ao requerer, ao mundo, o direito a essa pausa, correndo todos os riscos de ser taxado de louco, o narrador protagonista dessa história, ao menos, coloca em questão o que a maioria de nós não consegue mais fazer: enfrentar, a seu modo, a eterna dor das chamadas "perdas necessárias".

### Abraço de afogado

Sem que pudesse imaginar, o protagonista vivenciará um tipo de situação totalmente imprevisível. Os demais personagens que vão surgindo, ao longo do fluxo da narrativa, tornam-se, metaforicamente, semelhantes a alguma vítima prestes a se afogar e acabam indo buscar consolo em Pietro, o salvador. De vítima, ele passa, de repente, a adquirir a força dos que ousam nadar contra a maré. Por ter assumido, de modo aparentemente apaziguado, as sequelas da própria dor, é como se fosse investido, pelos demais, do poder do psicanalista, capaz de ser todo ouvidos às mais secretas dores da alma alheia.

Nos quase três meses que ali permanece, veremos uma sucessão de seres diversos — desde altos funcionários da poderosa rede de televisão em que trabalha, até sua cunhada, o único irmão, além dos outros que surgem naquele ambiente em torno à escola — vindo sentar-se a seu lado, apenas para, sob o pretexto de o estarem consolando, serem, na verdade, por ele consolados. O banco da praça, no lugar do divã.

Inevitável não perceber a relação com o primeiro momento que abre o livro: o da luta para salvar a mulher que se afogava e que, como todo aquele que está se afogando, lhe dá o abraço desesperado, com a força furiosa de quase levá-lo para o fundo da água também.

Vivendo aquele "caos calmo", como define o próprio momento, Pietro se humaniza demais e, sem saber, concede aos outros, assim como concedera àquela primeira vítima, a acolhida necessária, num mundo em que todos parecem se afogar, nas carências inesgotáveis dos mares da existência.

### Eros x Tânatus

Na travessia desse tumultuado mar de histórias, notamos que tudo converge para os dois eixos dialéticos de força, descritos por Freud, nas obras **Além do princípio do prazer** (1920) e **O mal-estar na civilização** (1929): Eros e Tânatus.

Eros manifesta-se como libido e é o instinto da vida, pois tem como função unir os indivíduos. Age, nesse sentido, a favor da civilização e da vida comunitária.

Tânatus encontra-se num segundo plano, podendo ser percebido por meio das manifestações de agressividade. Age contra a civilização, já que busca a volta ao estado inorgânico, à quietude, à morte, opondo os homens uns contra os outros, processo que se confronta com o de Eros.

O romance que aqui analisamos, basicamente, estrutura-se em torno desses dois grandes eixos, que se projetam em cada uma das histórias narradas. Trata-se, na verdade, de uma obra que aborda as complexidades da psique humana, sem cair na trama fácil do psicologizante.

Daí algumas cenas recorrentes, dotadas de forte colorido erótico, que concentram, na dinâmica da libido do protagonista, uma espécie de convocação desesperada à vida, em suas pulsões mais instintivas e naturais, as únicas capazes, a nível inconsciente, de se contrapor ao peso sufocante da morte.

O viés erótico, nesse caso, se veste, não apenas com a roupagem aleatória dos que buscam traduzir as ousadias da libido humana, quando não totalmente refreada pelo superego. Muito mais do que um recurso apelativo, no corpo da narrativa, Eros revela a pulsação da vida em latência, que precisa resistir como se fossem poros que buscam respirar, por baixo da derme fria da morte que está sempre à espreita.

É o que depreendemos do seguinte trecho, em que o protagonista se percebe excitado quando se aproxima do corpo da mulher que está se afogando:

*Estou fazendo isso, sim, para salvar, para salvar-me, mas essa incongruência agora me assusta mais que a morte, porque nunca estivera tão próximo dela, e constatar na hora que olhar a morte nos olhos me faz esse efeito, e descobrir que no fim acaba... e depois de elaborá-la e dali a pouco aceitá--la, amansá-la, domesticá-la como a uma leoa mórbida de salão, a morte me excita a ponto de associá-la a uma decadentíssima fantasia sexual que não me lembro de ter tido antes, tudo isso, merda, e não a morte em si, tudo isso me assusta.* (VERONESI, 2007, pp.16,17)

Mas não nos enganemos. Pietro não é e nem pode ser o salvador das almas alheias, já que lida também com as profundas complexidades de sua história. Enquanto recebe sobre si as mazelas das dores dos outros, chegando a pensar em voz alta que aquele seu lugar é como o "muro das lamentações, sem ser um muro", lida o tempo todo com a própria culpa de sentir que não está, de fato, sofrendo. Para ele, a pausa para elaborar a perda é, de modo contraditório, uma exaustiva espera da dor que parece não vir... A armadilha do inconsciente não se pauta pela lógica do previsível. É antes a do mergulho nos labirintos do ser, a viagem mais difícil e atemorizante.

### Veronesi e Schnitzler

Não parece ser outra a viagem que está no cerne das questões propostas pelo escritor austríaco Arthur Schnitzler[54] (1862-1931), a quem o narrador evoca e homenageia explicitamente. De fato, em certo momento do romance, Pietro revela que um de seus maiores sonhos seria o de filmar o livro **Aurora** do mencionado autor.

Para além desse dado, a reiterar a já conhecida fama do escritor vienense como a de nitidamente "cinematográfico" (verifique-se, por exemplo, a brilhante adaptação feita por Stanley Kubrick do romance

---

[54] Arthur Schnitzler (Viena, 15 de maio de 1862 - Viena, 21 de outubro de 1931) foi um escritor, dramaturgo e médico austríaco. Ele é mais conhecido por ter desenvolvido um recurso narrativo conhecido como monólogo interior, ao qual frequentemente recorria em suas obras para descrever o desenrolar dos pensamentos de seus personagens. A grande notoriedade e o sucesso que o acompanharam na vida despertaram nele e na sua obra o interesse pelo pai da psicanálise, Sigmund Freud, que o considerava uma espécie de "duplo". Esse fato lhe causou um misto de atração e medo. De fato, a obra de Freud parece ter influenciado muito a produção de Schnitzler e no início da carreira médica do escritor também havia uma espécie de contiguidade de interesses científicos como, por exemplo, os estudos sobre a hipnose. Os dois se encontraram em breve, mas várias cartas foram trocadas. Em uma delas, Freud se pergunta como Schnitzler poderia ter alcançado um conhecimento que lhe custou anos de estudo e sacrifício "no campo" (Freud para S., 8 de maio de 1906). Entre suas obras citamos neste artigo: Sonho duplo (Traumnovelle), 1926 e Jogo ao amanhecer (Spiel im Morgengrauen), 1927. (Disponível em: https://it.wikipedia.org/wiki/Arthur_Schnitzler)

**Breve romance de sonho** (*Traumnovelle*) no filme *De olhos bem fechados*), há a intertextualidade, que se evidencia na fonte de temas e recorrências do autor italiano, a dialogar com as obras de Schnitzler.

Percebemos, a aproximar os dois escritores, o trato minucioso de situações em que o homem é o reflexo das manifestações da psique. Em cena, principalmente, Eros, Tânatus, o "obscuro objeto do desejo", as sondagens de conflitos internos, as projeções, os complexos, fundados nos estudos psicanalíticos de Freud (de quem, aliás, Schnitzler era muito próximo, considerado, por alguns, como seu duplo).

O protagonista da obra de Schnitzler, Fridolin, na Viena da virada do século 19, retrata a miséria da condição humana, a hipocrisia de uma sociedade burguesa em decadência. De modo análogo, o outro, o protagonista de Veronesi, ouve de todas as consciências narrativas, que por ele passam, as mais inconcebíveis armadilhas e atitudes desprezíveis de traição, inveja, competitividade, abandono.

Em ambos os casos, Tânatus, convocado, em toda potência agressiva, desagrega os homens, jogando-os em seu antagonismo e barbárie.

### Cinema e Radiohead

Sandro Veronesi pertence à geração de autores italianos que faz questão de dizer em que fontes multimidiáticas bebe. Está ao lado, por exemplo, de Niccolò Ammaniti, Susana Tamaro, Margareth Mazzantini, de cujas obras se tem feito diversas adaptações para o cinema.

Assim é que, logo no primeiro capítulo de **Caos calmo**, percebemos o diálogo explícito com o filme *La stanza del figlio* (2001), dirigido e protagonizado por Nanni Moretti. Neste caso, um psicanalista vai atender ao chamado de um paciente quando, pouco depois, ao voltar para casa, se dá conta de que um grave acidente ocorrera, levando à morte seu próprio filho. Nas duas situações, temos a questão da simultaneidade das ocorrências de salvação e morte, com prejuízo dos protagonistas. Não parece ser casual que Nanni Moretti, viva, no cinema, o papel de Pietro Paladini (2008) do romance homônimo de Veronesi.

Além disso, muitos personagens vão sendo evocados por se assemelharem a atores de cinema. Por exemplo, Marta, a cunhada, tão bela como Natalie Wood. Eleonora Simonetti, a mulher que teria sido salva do afogamento e com quem Pietro acabará se relacionando, uma típica mulher de formas exuberantes, felliniana. Outra, uma francesa, parecida com Isabelle Adjani. O velho romano viúvo, que o chama de doutor, caracterizado com fortes traços pasolinianos. Steiner, um poderoso empresário judeu, como uma nova versão de Marlon Brando.

Desse modo e com referência a diversos títulos de filmes famosos, ele cria esse diálogo intertextual com a sétima arte. Mas o faz melhor ainda, formalmente, apelando a procedimentos narrativos que privilegiam a linguagem cinematográfica propriamente dita, ao investir em marcações e rubricas que compõem cenários, descritos com a mesma minúcia e precisão de quem sabe empunhar uma câmera.

Ainda fazendo jus às múltiplas linguagens, permite que as letras das canções do Radiohead invadam a página em branco, coladas, literalmente, no corpo da narrativa, a partir do original em inglês, a fim de elucidar as crises do protagonista, em relação à esposa morta. Uma delas diz: *we are accidents waiting to happen*.

Ler este livro de Veronesi é um convite à pausa, ao lado de Pietro, para atender aos chamados da vida, enfim, a esses acidentes que estão sempre "prestes a acontecer" ...

## O GUARDIÃO de METAMORFOSES
*Há os que se entregam à língua para dissolvê-la. E outros que estremecem ao tocá-la.*
Elias Canetti

Talvez a palavra-chave para acessar o vasto e inquietante universo de Elias Canetti[55] seja *metamorfose*. No conjunto da obra deste autor judeu sefardita, Nobel de Literatura em 1981, nascido na Bulgária e educado em alemão, que morou na Inglaterra, Áustria e Suíça e é considerado um dos mais incisivos intelectuais do pós-guerra, a única possibilidade de compreensão do mundo parece ser apenas o que é capaz de demovê-lo da lei da inércia.

Em famoso discurso, proferido em Munique, em 1976, *O ofício do poeta*, de fato, ele insiste na necessidade de que "o guardião das metamorfoses" se manifeste, que verdadeiramente assuma seu papel, pois só assim, haverá quem exerça uma força contrária à que cega a sociedade contemporânea, jogando-a no marasmo alienante de quem nada mais questiona e se deixa manipular pelo aparato ideológico que mantém as estruturas de poder.

Para Canetti, zelar por *metamorfoses* é tratar do literário como forma de resistência, como tentativa de salvaguardar o humano do embrutecimento, da avalanche sectária de todas as formas de preconceito predominantes em sociedades dirigidas pela tirania dos que não admitem transformações, dos que se enrijecem nos muros da segregação, sufocando as liberdades individuais e os direitos humanos.

Nesse sentido, podemos perceber um rico diálogo entre o que ideologicamente o alimenta — analisado com minúcia em *Massa e po-*

---

[55] Elias Canetti (Ruse, 25 de julho de 1905 - Zurique, 14 de agosto de 1994) foi um escritor, ensaísta e aforista de nacionalidade búlgara e britânica, que escrevia em língua alemã, ganhador do Prêmio Nobel de Literatura em 1981. É considerado a última grande figura da cultura europeia, pelo fato de sua obra ser bastante excêntrica, se comparada com a própria tradição que aquela cultura formou entre o início do século XX e o final da Segunda Guerra Mundial. Além de Karl Kraus, figura dominante até 1960, e mais tarde Hermann Broch, é de fato difícil encontrar referências precisas sem ver influências taoistas e budistas no pensamento de Canetti.
O presente artigo foi publicado no Jornal Rascunho em fevereiro de 2010 e faz referência, principalmente às seguintes obras: CANETTI, Elias, *Auto de fé*, trad.: Herbert Caro, São Paulo, Cosac Naify, 2004./ _____, *Festa sob as bombas. Os anos ingleses*, trad: Markus Lasch, São Paulo, Estação Liberdade, 2009 a/ _____, *O jogo dos olhos. Histórias de uma vida: 1931-1937*, trad: Sergio Tellaroli, São Paulo: Cia Das Letras, 2001./ _____, *Sobre a morte*, trad: Rita Rios, São Paulo: Estação Liberdade, 2009b/ _____, *Sobre os escritores*, trad: Kristina Michehelles, Rio de Janeiro, José Olympio, 2009c.

*der*, obra que o consagrou com o Nobel — e o que vem sendo proposto por vários pensadores contemporâneos a respeito. Apenas a título ilustrativo, bastaria lembrar a análise de José Saramago sobre *a cegueira generalizada* que, em tempos como os nossos, é avassaladora e tem o poder de se alastrar e contaminar a todos.[56]

No mesmo tipo de abordagem, em boa medida, situam-se muitos autores — Mario Vargas Llosa, Octavio Paz, Bernardo Soares, Alessandro Baricco, Claudio Magris, entre outros — que, respeitando as respectivas diferenças e particularidades, entendem o literário como requisito primeiro no resgate de uma *erudição da sensibilidade*, capaz de combater uma das concepções mais difundidas hoje em dia: a de que a literatura seria uma atividade da qual se pode prescindir.

Não só não se pode prescindir da literatura, dirá Canetti, como se faz urgente reconhecer a indiscutível missão do poeta (aqui, também, entendido em acepção mais ampla: o escritor, o homem das letras), alguém que se esforça para "guardar" toda potencialidade de transformação humana, atento às metamorfoses como instrumentos de combate à alienação e, consequentemente, ao aprisionamento das consciências.

A tarefa de quem *guarda metamorfoses*, portanto, é árdua e deve se verificar, primeiramente, na apropriação da herança literária da humanidade. Aqui, assevera nosso autor, há que se ater a dois livros fundamentais da Antiguidade: **Metamorfoses**, de Ovídio, coletânea quase sistemática de todas as metamorfoses míticas e "elevadas" então conhecidas, e a **Odisseia**, que trata particularmente das metamorfoses aventureiras de um homem, Ulisses. De fato, não é difícil constatar o quanto as **Metamorfoses** de Ovídio reaparecem em Ariosto, Shakespeare e em incontáveis outros, incluindo os modernos e pós-modernos, além do óbvio fato de que nos deparamos com Ulisses cada vez mais, a ponto de consagrá-lo como "o primeiro personagem a entrar para o panteão da literatura universal". Mas o poder de zelar por metamorfoses vai além e aqui reside sua força mais incisiva:

*Num mundo onde importam a especialização e a produtividade; que nada vê senão ápices, almejados pelos homens em uma espécie de limitação linear; que emprega todas as suas energias na solidão gélida desses ápices, desprezando e embaciando tudo o que está no plano mais próximo — o múltiplo, o autêntico —, que não se presta a servir ao ápice; num mundo*

---

[56] A propósito, gostaria de remeter a outro artigo de minha autoria, neste mesmo volume: Quando o olhar se faz visão: *Oceano mar* de Alessandro Baricco e *Ensaio sobre a cegueira* de José Saramago- um diálogo

*que proíbe mais e mais a metamorfose, porque esta atua em sentido contrário à meta suprema de produção; que multiplica irrefletidamente os meios para sua própria destruição, ao mesmo tempo em que procura sufocar o que ainda poderia haver de qualidades anteriormente adquiridas pelo homem que poderiam agir em sentido contrário ao seu — num tal mundo, que se poderia caracterizar como o mais cego de todos os mundos, parece de fundamental importância a existência de alguns que, apesar dele, continuem a exercitar o dom da metamorfose*[57]. (CANETTI, 1976)

No exercício dessa "paixão pela metamorfose" é que consistiria a habilidade dos poetas em manter abertas as vias de acesso entre os homens, uma vez que o poeta seria aquele capaz de se transformar em qualquer um, mesmo no ser mais ínfimo, no mais impotente. Desse modo e apenas assim agindo, seria possível sentir o que um homem é por trás de suas palavras: *não haveria outra forma de apreender a verdadeira consistência daquilo que nele vive.*

Disso decorre que, em síntese, a grande busca de Elias Canetti, como romancista, poeta, ensaísta, dramaturgo ou pensador, tenha sido a de tornar-se, ele mesmo, um guardião dessas metamorfoses, numa constante troca de peles, a fim de buscar o outro, atingindo o que se esconde por trás das máscaras de cada discurso.

Transformar-se, desse modo, assume uma dicção próxima àquela do "outrar-se" pessoano. Transformando-me em outros, abro o dique da contenção homogênea e massificadora de culturas que se fossilizam na autorreferência, sem espaço para o diverso ou estrangeiro.

Ao vestir outras peles, metamorfoseado, relativizo verdades absolutas e paradigmas dogmáticos, exercendo a liberdade como prerrogativa intrínseca do humano e não apenas como instância a ser conquistada a ferro e fogo, resgatada das armadilhas que embotam e condicionam consciências.

### A influência de Karl Krauss

Diante disso, é bem compreensível que um dos intelectuais mais venerados por Canetti tenha sido Karl Krauss. Não faltam referências a ele e a todo o seu poder de influência nas aulas e conferências em que, como brilhante orador, vaticinava sobre os efeitos desastrosos que adviriam da segunda grande guerra que, à época, apenas se anunciava.

---

[57] Esse é um trecho do discurso que o autor proferiu em Monaco em 1976 e está disponível no volume: *Sobre os escritores*, publicado pela José Olympio em 2009 (pp195-196).

De fato, tanto em **O jogo dos olhos**, como em **Sobre os escritores**, em que Canetti lhe dedica todo um capítulo[58], fica bem evidente o quanto Krauss foi onipresente em sua formação intelectual e quão decisiva foi a leitura do excepcional **Últimos dias da humanidade**. Sobre o que teria aprendido com Karl Krauss, afirma:

*Em primeiro lugar, há o sentimento de responsabilidade absoluta. Ele existia em mim de uma forma que beirava a obsessão, e nada que fosse menos me parecia valer a pena viver... Temos essa pobre palavra "engajamento", nascida para ser banal e que hoje se multiplica por toda parte qual erva daninha. Soa como se tivéssemos que ter uma relação empregatícia com as coisas mais importantes. A verdadeira responsabilidade é cem graus mais pesada, pois é soberana e se autodetermina.*

*Em segundo lugar, Karl Krauss me abriu os ouvidos, e ninguém mais teria conseguido fazê-lo. Desde que o ouvi, é-me impossível não ouvir... Graças a ele comecei a compreender que cada indivíduo possui sua própria configuração linguística graças à qual se destaca de todos os outros.* (CANETTI, 2009c, p.185)

É também, no âmbito abrangente e polissêmico dessa urgência de metamorfoses que compreendemos o tom de inquietação de Canetti, ao escrever seus apontamentos e aforismos sobre escritores, literatura, vida, guerras e morte.

Na trilogia lançada pelo trabalho conjunto da José Olympio – o já mencionado **Sobre os escritores** — e da Estação Liberdade — **Festa sob as bombas** e **Sobre a morte**, que são apresentados ao público como uma compilação de inéditos — verificaremos o mesmo fio condutor que já direcionava suas principais obras: o da representação poética da singularidade de cada experiência.

Não é à toa que Peter Von Matt — um exímio decifrador do espírito irrequieto e apaixonado desse búlgaro — observa que, a todo o momento, diante dos mais simples apontamentos de Canetti, estejamos expostos a uma voz que nos incita, como se dissesse: "Vejam, esse aí me transformou!".

**Sem meias medidas**

A essa voz persuasiva e quase devocional que nos convence da necessidade de conhecermos certos autores, como Büchner, Goethe, Kafka (entre os eleitos, o maior), Stendhal, Robert Walser, Keller, Musil e Pes-

---

[58] Sobre o capítulo dedicado a Karl Krauss, veja-se: CANETTI, Elias, trad. Kristina Michahelles, *Sobre os escritores*, Rio de Janeiro, José Olympio, 2009, pp.175-193.

soa — devido às metamorfoses que suscitariam em seus leitores — há, em contrapartida, a linguagem afiada contra os não-eleitos. Desse modo, encontraremos páginas antológicas de profunda veneração, como o capítulo inteiro sobre Büchner ou o fragmento dedicado a Kafka:

*Kafka despiu Deus dos últimos vestígios da paternidade. O que resta é uma teia densa e indestrutível de dúvidas acerca da própria vida e não acerca das pretensões do criador...*

*Diante de algumas figuras do espírito, e são muito poucas, o meu Eu para completamente. Nem são aqueles que mais realizaram; estes, ao contrário, apenas nos estimulam. São antes aqueles que enxergaram por trás de sua realização coisas mais importantes e inalcançáveis, precisando encolher até ela desaparecer. Entre essas figuras está Kafka, e assim ele tem uma influência mais profunda sobre mim do que Proust, que realizou incomparavelmente mais.* (CANETTI, 2009c, pp.157, 158)

Com o mesmo tipo de ênfase, porém contra os "não gratos" denominaríamos como, no mínimo, ousadas, algumas de suas famosas investidas aforísticas a respeito de intelectuais respeitados e renomados como Freud ou Sartre. Sobre o primeiro, por exemplo: "Freud só se tornará interessante depois de ficar totalmente esquecido durante muito tempo. Se eu fosse Freud, sairia correndo de mim mesmo". (CANETTI, 2009, p.152)

Ou ainda, no que toca a um dos pais do existencialismo:

*Jamais o considerei um poeta, e sim um analista e panfletário. Sempre me repugnou o seu "engajamento" como um tipo de atividade. Nenhuma de suas formulações foi um pensamento. Nada seu foi novo. Ele tinha logo uma resposta, que existia já antes da pergunta. Há em todas as afirmativas de Sartre aquela mesma falta de cores, nada brilha, nada respira, nada vive. Mas há também grandes e detalhadas discussões. Elas nunca me interessaram e eu mal me ocupei delas.* (CANETTI, 2009c, pp.170-171)

Tal tipo de postura pode levar, com frequência, a diagnósticos prematuros sobre Canetti, vez ou outra, distorcendo a abrangência de seu pensar, sob a acusação de arrogância ou presunção.

O que temos, ao invés disso, é o permanente tom de inquietação de quem jamais se satisfaz com o que está posto, de quem não pretende aparar arestas, mas sim, explicitá-las.

Recorrendo ainda a Peter Von Matt, concordamos com o que ele observa como um forte traço de originalidade do autor. De fato, enquanto os tradicionais guardiões da cultura pretendem encontrar nuances, gradações e principalmente classificações que possibilitem catalogar escritores em categorias já conhecidas, Canetti, diferentemente, investe no ímpar, na descrição minuciosa de experiências daquilo que é único. Esta *singularidade da experiência* é que estaria por trás de todos os encontros do autor com livros, poetas, intelectuais e, também, com as mais diversas pessoas e situações de sua vida.

### Retratos humanos

Desse modo, em **Festa sob as bombas — Os anos ingleses**, coletânea de fragmentos, o que se nos apresenta é um desfile dos mais variados tipos, desde poetas da alta casta intelectual de Londres, Oxford, Cambridge, Hampstead Heath, até o simples casal de anfitriões Milburn, que acolhe Elias e sua esposa Veza no campo, por conta do aumento de ataques aéreos e das subsequentes vitórias dos alemães, à época da guerra.

Cada um desses encontros é narrado com tamanho detalhe e força descritiva que passa a constituir um verdadeiro retrato humano, como se a lente objetiva do autor aqui visasse a uma aproximação o mais fidedigna possível de uma representação do real, que desse conta de um alto grau de verossimilhança, necessário a certos relatos que pretendem, acima de tudo, documentar.

Talvez seja esse transbordamento do humano, criado em seu texto, abrindo um amplo leque de pessoas de todo tipo, que confira certa leveza àquele cenário de guerra na Inglaterra, sob as bombas de Hitler.

Mais uma vez, e nesse caso, em experiências que tangenciam encontros verdadeiros, narrados com o timbre quase confessional dos diários, Canetti busca a metamorfose, valorizando cada singelo esbarrão, com quem quer que seja, parando para ver, ouvir e, assim, dar voz a esse outro, transformando-se nele, deixando-se transformar por ele, eterno guardião da intensidade única de situações que, com eficácia, acrescentam algo valioso à sua existência.

É o que extraímos, por exemplo, do irônico episódio em que a paradoxal ingenuidade e total alienação da senhora Milburn vem à baila:

*Mrs. Milburn assustou-se um pouco com Veza, que não conseguia reprimir o fogo em seu rosto e logo começou a contar dos ataques aéreos a Londres. Tais coisas Mrs. Milburn não gostava nem de pronunciar, nem de ouvir. "O mal não existe realmente", ela disse com brandura, "o mal é uma imaginação nossa", disse Mrs. Milburn. Veza percebeu finalmente os meus sinais e calou-se.* (CANETTI, 2009 a, p.42)

Ou ainda, neste refinado retrato de um gari:

*O gari observava bem e conhecia todos. Não apenas por causa de sua idade, ele era a pessoa mais experiente do povoado inteiro. Tinha um jeito lento de olhar e não sentia vergonha de demorar os olhos por muito tempo em alguém. Mas, à sua maneira, era precisamente isso. Foi assim que senti seu olhar em mim, a primeira vez que saí da loja. Assim o senti nas minhas costas durante o tempo todo na calçada que ligava as duas ruas. O que via quando olhava as pessoas se afastarem? O fato de ele encarar os transeuntes parecia tão natural quanto a sua coroa de cabelos brancos.* (CANETTI, 2009 a, p.56)

Com a mesma vibração com que colhe tipos humanos aparentemente tão singelos, buscando interpretar o mundo por meio de seus olhares, Canetti não poupa argumentos contra o distanciamento e a frieza características das festas inglesas, junto a intelectuais que, tantas vezes frequentava e em que era imperativo não se revelar, não se deixar conhecer, em consonância com o espírito fleumático e egocêntrico do típico inglês que jamais se expõe publicamente, mestre na arte de dissimular, arte à qual o autor sempre manifestou resistência. A propósito, uma de suas críticas mais ferrenhas e polêmicas, à época, foi a que travou contra T. S. Eliot.

### Sobre a morte

Às anotações e aforismos sobre os mais variados pensadores, poetas e escritores, em recorte sincrônico, encontrados em **Sobre os escritores**, correspondem, no mesmo estilo, as observações a respeito de outro de seus grandes temas: o da morte.

Traumatizado pela morte precoce do pai, que presencia com apenas sete anos, permanecerá, ao longo de toda vida, um inconformado diante da inexorabilidade do fim: "Quem se abriu cedo demais à experiência da morte jamais pode fechar-se novamente diante dela: uma ferida que se torna um pulmão, através do qual se respira".

É da insistência em lutar contra a morte e contra tudo que lhe seja concernente que tratam os pensamentos colhidos em **Sobre a morte**, de 1973 a 1985. Entre todos, talvez pudéssemos colher algo dessa indignação particularmente no seguinte:

*Por que você se defende contra a ideia de que a morte já está dentro dos vivos? Ela não está em você?*

*Ela está em mim porque devo atacá-la. Para isso, para nada mais que isso é que preciso dela. É para isso que eu a peguei para mim.*

Tal resistência será levada a cabo, inclusive nas assertivas que faz sobre Nietzsche, porque para ele — diferentemente do que postula o eminente filósofo alemão — não seria possível reconhecer morte alguma.

### Hiroshima

Entretanto, se só são considerados sábios os que não prestam honrarias à morte, em sentido contrário, releva Canetti, é o máximo sinal de integridade humana dedicar absoluto respeito aos mortos. Daí porque teça sinceros elogios a um médico sobrevivente de Hiroshima, Dr. Michihiko Hachiya, por meio de cujo diário é possível recolher fontes seguras e comoventes daquela catástrofe. O que mais o engrandece, diante dos olhos do autor, é o fato de ter demonstrado pensar nos mortos *como pessoas*, não como cadáveres a mais, porém como indivíduos, de quem era necessário recuperar a história.

Importa perceber aqui um ponto interessante de aproximação entre o que é relevante para Canetti e as teorias tecidas por Walter Benjamim sobre a morte no texto *O narrador*[59], ao entendê-la como fonte de conhecimento da história dos indivíduos.

Também é interessante lembrar a mesma postura de valorização dos mortos, numa obra-prima do cinema japonês: *A partida*, do diretor Yôjirô Takita premiado com o Oscar de melhor filme estrangeiro em 2009, em que um jovem violoncelista, tendo recebido a notícia de que a orquestra em que tocava seria extinta, precisa recomeçar, sendo conduzido pelas mãos do destino a outro tipo de emprego, totalmente estranho e subestimado pela sociedade: o dos que "ajudam a partir", ou melhor dizendo, dos que preparam os corpos dos mortos para a cerimônia final.

Em tempos em que vigora uma verdadeira necessidade de "higienização" da morte, em que os velhos e doentes são, cada vez mais, afastados de seus próprios ambientes, alijados dos espaços públicos, confinados em asilos e clínicas que possam subtrair a imagem da decrepitude aos olhos da população, tanto a preocupação de Canetti quanto as lições de Benjamin e a delicada e profunda mensagem de *A partida* são de extrema relevância.

A imagem da morte natural que nos vai sendo sonegada, substituída pela brutalidade das mortes violentas, amplamente exploradas pela mí-

---

[59] A propósito, veja-se: BENJAMIN, Walter: O narrador, trad: José Lino Grunnewald et al., in BENJAMIN, ADORNO, HORKHEIMER, HABERMAS, *Textos escolhidos*. Coleção: Os Pensadores, São Paulo, Abril Cultural, 1980, pp.61-73.

dia, forjam um sentimento generalizado de aversão à morte e consequentemente aos mortos, o que, para Canetti é inconcebível, sobretudo em sociedades que compreendem e valorizam a história de seus indivíduos.

### De corpo e alma

"De corpo e alma" é uma expressão que parece dizer bem do comportamento desse autor que procura um entendimento visceral e apaixonado de cada uma de suas experiências.

Para ele, nada passa despercebido e tudo é digno de nota, pois tudo precisa se transformar ou ser transformado pela ação do outro, seja este outro um livro, um autor, um homem, uma história de vida, de guerra, um amor, uma morte...

Muito interessante, a propósito, é o que ele narra no capítulo *Büchner no deserto* [60] (em **O jogo dos olhos**) sobre a crise que viveu, logo após o término de seu único romance: **Auto-de-fé**.

O livro trata, em síntese, dos descaminhos e desilusões sofridos pelo erudito sinólogo Kien, dono de uma vasta biblioteca, cuja tragédia é levada a cabo quando precisa se deparar com o mundo exterior ao dos livros, mundo que acabará por destruí-lo, já que nele não há lugar aos que cultivam o espírito e o pensamento.

Mas o episódio que transtorna o autor Canetti é o fato de ele ter criado a situação de ruína do protagonista, em meio à queima dos livros. É pungente o modo como revela o que o assolava então:

*A queima dos livros era algo pelo qual não podia me perdoar. Não acredito que ainda lamentasse por Kien. Tanto mal fora-lhe infligido ao longo de todo o trabalho no livro, eu havia me atormentado tanto a fim de reprimir minha compaixão por ele — não me permitindo demonstrá-la nem mesmo da forma mais velada — que pôr um fim à sua vida pareceu-me, do ponto de vista do escritor, sobretudo uma redenção.*

*Para essa libertação, porém, haviam sido empregados os livros, e que estes se consumissem em chamas foi para mim como se fosse eu próprio a arder. Sentia-me como se tivesse sacrificado não apenas meus livros, mas também os do mundo inteiro, já que a biblioteca do sinólogo continha tudo o que havia de importante para o mundo: os livros de todas as religiões, de todos os pensadores,*

---

[60] *Büchner nel deserto* é o trecho dedicado ao tema da queima dos livros, inserido no romance *Auto da fé*. A propósito, veja-se: CANETTI, Elias. *O jogo dos olhos*, trad: Sergio Tellaroli, São Paulo, Cia Das Letras, 2001, pp.13-26.

*os da totalidade das literaturas orientais, os das ocidentais que tivessem conservado em si um mínimo que fosse de vida. Tudo isso fora consumido pelo fogo, e eu permitira que assim fosse sem ao menos uma única tentativa de salvar alguma coisa. O que restou foi um deserto, agora nada mais havia além dele. Disso eu era culpado, pois o que se passa num tal romance não é meramente um jogo, mas uma realidade pela qual temos de responder perante nós mesmos, muito mais do que a qualquer crítica vinda de fora...* (CANETTI, 2001, pp.13-14)

Essa análise do cúmplice narrador autobiográfico Canetti faz vir à cena o autor do romance Canetti, que, até então estava por trás dos bastidores. Essa espécie de confissão sobre seu padecimento, enquanto autor, pode ser lida como verdadeira chave de entendimento dos rumos pelos quais transitam algumas de suas concepções sobre o processo da criação ficcional.

Diferentemente das tendências atuais que postulam a total anulação do sujeito e do esvanecimento do autor, em que a obra se assume como entidade ontológica em si, em sentido diametralmente oposto, em mais de uma situação, Canetti faz questão de mostrar os mecanismos de funcionamento das metamorfoses pelas quais passa, durante o processo em que gera personagens e histórias.

Nessa espécie de autorreflexão, em que teríamos uma situação semelhante, por exemplo, à do relojoeiro que desmonta a peça toda, para fazer vir a conhecer o que antes ficava oculto dentro da máquina, assim também temos, num tom de sinceridade confessional, uma humanização do sujeito criador.

Ao depararmos com esse tipo de relato parece que estamos diante de um autorretrato do autor, quando do momento decisivo da elaboração do epílogo de sua grande obra, em que os transtornos e culpas do Deus criador vestem a pele do humano, que sofre por se responsabilizar pela ruína do personagem, em mais um difícil jogo de outrar-se, nessa constante e infindável transmutação.

O que temos, enfim, é o narrador em primeira pessoa Elias Canetti, na obra de cunho autobiográfico **O jogo dos olhos**, assumindo-se como contador de sua própria história, cúmplice da crise enfrentada por Elias Canetti, ele mesmo, transfigurado, agora, no autor do romance **Auto-de-fé**, metamorfoseado em homem, ao assumir a dor da culpa de ser o único responsável pela incineração da biblioteca do personagem Kien, biblioteca ficcional que, por sua vez é, também, a metamorfose de todas as bibliotecas de toda a humanidade.

Esse episódio dá conta de mais um de seus mais significativos aforismos sobre personagens:

*Alguns personagens de romances são tão fortes que mantêm o seu autor aprisionado e o sufocam.*

*Dissolução do personagem na literatura mais recente: os personagens de que nosso tempo necessita são tão monstruosos que ninguém mais teria a audácia de inventá-los.* (CANETTI, 2001, p.25)

Seja como for, nesse complexo ser antenado com o mundo ao redor, captando-o de corpo e alma, arrebatando e sendo arrebatado por livros, pensadores, poetas, encantado por gente, pela rica diversidade de cada singular experiência vivida e sofrida, diante do imponderável da morte, Canetti encarna, em tudo que o traduz, a imagem que ele mesmo criou, no discurso proferido em Munique, a partir da interessante metáfora da metamorfose. Se existiram poetas que assumiram plenamente o dom de exercitá-la, certamente ele foi um deles, um de seus mais legítimos e incansáveis guardiões.

## O INVENTOR de ANJOS MAUS

Rainer Maria Rilke[61], um dos maiores poetas de língua alemã de início do século 20, é muito lembrado pelo fato de ter resistido aos "ismos" tendenciosos das vanguardas europeias que se afirmavam à época. Com efeito, conforme ensina um de seus mais brilhantes estudiosos, Sérgio Augusto de Andrade, a poesia do grande artista de Praga era glo-

---

[61] Rainer Maria Rilke nasceu em 4 de dezembro de 1875 em Praga, quando a Boêmia fazia parte do Império Austro-Húngaro. Educado pela mãe num catolicismo rigoroso, teve uma formação cultural essencialmente alemã. Aos 19 anos, publicou seu primeiro livro: *Vida e canções*. Depois de sua viagem à Rússia, é que nasceriam as grandes obras do poeta: *O livro das horas*, *Novos poemas* (1907-1908), *Elegias de Duíno* (1922), *Sonetos a Orfeu* (1922), *Cartas a um jovem poeta* (1903-1908), *Os cadernos de Malte Laurids Brigge* (1910). Entre 1902 e 1912 viaja e faz conferências em vários países europeus. Após a Primeira Guerra Mundial se estabelece na Suíça alemã. Quatro meses após ter publicado os seus poemas franceses, fere-se acidentalmente na mão. A ferida agrava a leucemia da qual sofria, causando-lhe a morte em 29 de dezembro de 1926 em Valmont.
Este artigo foi publicado no Jornal Rascunho em agosto de 2012. As principais obras do poeta às quais fazemos referência são: RILKE, Rainer Maria, *A melodia das coisas. Contos, ensaios, cartas*, trad: Claudia Cavalcanti, São Paulo, Editora Estação Liberdade, 2011; _____, *Cartas a um jovem poeta*, trad: Pedro Süssekind, Porto Alegre, L&PM, 2012 a; _____, *Elegias de Duíno*, trad e comentários: Dora Ferreira da Silva, prefácio de Sérgio Augusto de Andrade, São Paulo, Ed. Globo, 2001; _____, *Os cadernos de Malte Laurids Brigge*, trad. e notas de Renato Zwick, Porto Alegre, L&PM, 2009; _____, *Poemas*, trad.e notas de José Paulo Paes, São Paulo, Cia Das Letras, 2012.

riosamente indiferente a seu tempo e soava com a gravidade majestosa do mármore grego: "enquanto todos pareciam empenhados em descobrir o lirismo histérico de locomotivas e arranha-céus, Rilke só se concentrava em inventar anjos" (DE ANDRADE in RILKE, 2001, p.9)

Mas os anjos que aparecem como temática recorrente em toda sua obra não são puros nem idealizados, numa perspectiva que deixaria entrever vestígios românticos naqueles seres alados, símbolo da presença da proteção divina, zelosos guardiães do humano.

Os anjos de Rilke são terríveis e tal caracterização pode nos ajudar a compreender um dos eixos de força polarizadores de sua poética, qual seja o da constatação paradoxal do efêmero de nossa condição. "Todo anjo é terrível", um dos versos mais inquietantes da primeira de suas **Elegias de Duíno** (iniciadas em 1912 e retomadas dez anos mais tarde), assinala que, justamente por serem dotados da capacidade de transitar entre o visível e o invisível, por habitarem tanto o mundo real dos homens quanto o eterno além, os anjos nos lembram, o tempo todo, de nossas próprias limitações.

Dora Ferreira da Silva[62], tradutora consagrada daquelas **Elegias** para o português, observa que há uma evidente tensão ameaçadora na relação entre o homem e o Anjo, "símbolo do que ultrapassa e transcende a esfera do visível". Nesse sentido, não haveria repouso possível para o homem — o que, de certa forma, aproxima a poesia de Rilke da filosofia heideggeriana, sob cuja perspectiva nosso estar no mundo é marcado pela ameaça constante da efemeridade, do desligamento, do estranhamento e do constante exílio.

A missão de custodiar e a de ser o porta-voz da mensagem divina para o humano se reverte e reitera um tipo de instabilidade — a do desamparo — marcadamente moderna.

O anjo não é apenas o que consegue exprimir o absoluto da inspiração poética, mas, como entende Bollnow, surge no viés rilkeano muito mais como o ser hipotético que serve para pôr em evidência "a maneira de ser do homem".

E aqui não poderíamos deixar de fazer menção ao filme *Asas do desejo*[63], de Wim Wenders, em que, por amor, um anjo decide abdicar

---

[62] Além de ser tradutora da obra em português, a autora tece profundos e significativos comentários sobre essas Elegias em: DA SILVA, Dora Ferreira, Comentários in RILKE, Raine Maria, *Elegias de Duíno*, São Paulo, Editora Globo, 2010.
[63] *Der Himmel über Berlin* (*Asas do desejo*) é um filme de 1987, dirigido por Wim Wenders. As poesias de Rilke inspiraram, em boa parte, o filme: Wenders declarou que os anjos vivem nas poesias

de sua condição superior de imortal e descer a terra, seduzido que fora pelo desejo de se humanizar. Além da temática do anjo caído (recorrente na literatura e na arte em geral, como o excelente estudo *Anjos caídos* de Harold Bloom[64]), nesse caso, evidencia-se que, por ter desejado, o anjo se perde, pois se continuasse a exercer apenas a missão de guardião, sem ter se envolvido amorosamente com a trapezista do circo pela qual se apaixona e por quem decide descer à terra, jamais teria conhecido a terrível dor da perda e da eterna despedida que nos assola.

Se o filme de Wenders trata do anjo que cai em virtude de um nobre sentimento, os que Rilke evoca, conforme revelam suas próprias palavras em carta ao tradutor polonês, são criaturas em que "a transformação do visível em invisível [...] aparece já cumprida", donde serem terríveis para "nós, suspensos ainda no visível". (DA SILVA in RILKE, 2001, p.100)

Assim é que essa terribilidade dos anjos acaba sendo importante chave de compreensão de algumas das temáticas mais caras ao poeta, quais sejam: a da efemeridade, a do inefável e a do adeus existencial.

**Eterna despedida**

José Paulo Paes, em elucidativo estudo introdutório das traduções que levou a cabo, ao longo de anos, de uma seleta variada de poemas de nosso autor (cuja 2ª edição foi lançada pela Companhia das Letras em 2012: **Poemas**, tradução e introdução de José Paulo Paes), observa que a pedra de toque da modernidade literária de Rilke tem muito mais a ver com o sentimento de total desamparo do homem no mundo e do fundamental absurdo da vida que ele exprimiu em suas figurações artísticas, coincidentes com os preceitos filosóficos do existencialismo de Heidegger, do que com sua resistência aos avanços tecnológicos de então. Daí por que, embora seja importante notar a aversão do poeta à ascensão da máquina e à sociedade de massa do século 20, seja fulcral perceber o quanto ele merece ser reconhecido como altamente representativo daquela época, uma vez que o pensamento existencialista se desenvolvera à sombra das duas grandes guerras mundiais.

Para Paes, Rilke não só inovou a poesia do século 20 no plano dos conteúdos, como nos próprios meios de expressão, primeiro com

---

de Rilke. O diretor pediu a colaboração de Peter Handke para escrever muitos dos diálogos e no filme é retomado o poema: *Lied vom Kindsein*. Venceu o prêmio de melhor direção no 40º Festival de Cannes. Em 1998, fizeram de *Asas do desejo* o remake americano: *City of angels*.

[64] BLOOM, Harold. *Anjos caídos*. Trad: Antonio Nogueira Machado, Rio de Janeiro, Objetiva, 2008.

"a visualização dos poemas-coisas coligidos nas duas séries dos **Novos poemas** (1907-8), depois com as elipses audaciosas da *Gedankenlyrik*, lírica do pensamento de que os **Sonetos a Orfeu** e as **Elegias de Duíno** são a suprema realização". (PAES in RILKE, 2012, p.15)

A *Oitava elegia de Duíno* talvez seja, nesse sentido, bastante exemplificadora desse adeus existencial, que faz com que estejamos em eterna despedida, diversamente do animal "isento de morte" que tão somente "avança, avança, Eternidade adentro, como as fontes que correm":

[...] *Oh a bem-aventurança da miúda criatura*
*que permanece sempre no seio que a conteve até nascer;*
*oh a felicidade da mosca que ainda saltita por dentro*
*até mesmo quando em núpcias: pois o seio é tudo.*
*E vê a semissegurança do pássaro*
*que, por sua origem, quase conhece uma e outra coisa,*
*como se fosse a alma de um etrusco,*
*saída de um morto que o espaço acolheu,*
*embora com a figura jacente como tampa.*
*E quão atônito não fica o que, vindo de um seio,*
*tem de voar. Como, temeroso*
*de si mesmo, sulca o ar, qual*
*rachadura ao longo de uma xícara. Assim fende o voo*
*do morcego a porcelana do fim de tarde*
[...]
*Quem nos fez virar de tal maneira que,*
*façamos o que for, imitamos a postura*
*de quem se vai? Como aquele que do alto*
*do derradeiro monte, a desdobrar-lhe uma outra vez ainda*
*seu vale todo, volta-se, detém-se e se demora —*
*assim vivemos nós em despedida sempre.* (RILKE, 2001, pp.73-79)

Como ser transitório que é, o homem não pode ter nenhum apego, nem mesmo o amoroso, mas deve estar sempre pronto, a cada momento, a despedir-se de algo ou de alguém. Este tema é também recorrente num dos *Sonetos a Orfeu*[65]. De modo análogo à postura intermediária dos anjos que circulam entre o visível e o invisível, nada mais pertinente do que evocar Orfeu enquanto ser, capaz de transitar entre o mundo da vida e o da morte.

---

[65] Para maior aprofundamento, veja-se a tradução e os comentários de José Paulo Paes em *Sonetos a Orfeu*, em RILKE, 2012, pp.172-193.

Junto à lírica do pensamento e a ela implícita aparece ainda a do *Dasein*, "existência", composta por *Da*, "lá", e *Sein*, "estar". E talvez a *Nona elegia Duinense* seja a que melhor ilustre a complexidade do traço do efêmero que nos constitui, pois "[...] estar-aqui significa muito; porque todas/ estas coisas efêmeras, que estranhamente nos concernem, necessitam/ de nós, ao que parece. De nós, os mais efêmeros". (RILKE, 2001, p.81)

Eis que, então, se anuncia a grande missão do poeta, que é, sobretudo, a de *dizer*, justamente por meio dessa consciência de nossa efemeridade, o que as coisas por si só não conseguem revelar:

*[...] Talvez estejamos aqui para dizer: casa,*
*ponte, fonte, porta, cântaro, janela, árvore de fruta —*
*quando muito: coluna, torre... mas para dizer, entende,*
*oh dizer o que as próprias coisas nunca*
*pensaram ser no íntimo*
*[...]*
*E tais coisas, que vivem*
*do perecer, compreendem que as celebres; efêmeras,*
*creem que nós, os mais efêmeros, podemos salvar.*
*Querem que em nosso invisível coração as transformemos —*
*oh infinitamente — em nós. [...]* (RILKE, 2001, pp.83-84)

O poeta é, assim, o agente da profunda metamorfose das coisas, o que celebra sua efemeridade justamente porque tem plena consciência do transitório. Ele não apenas vê as coisas, mas assume a interioridade delas. Graças a isso é que exerce a tarefa de dizer as coisas, as quais, destituídas de voz própria, pedem para ser ditas por ele.

Ainda em relação à importância das **Elegias de Duíno**, faz-se necessário ressaltar o quanto elas colaboram para o entendimento da cosmovisão de Rilke em que, em síntese, sobressaem os seguintes temas: a terribilidade do Anjo; o desamparo existencial do homem; a missão celebratória do poeta; as amantes abandonadas; os heróis; os mortos precoces; a continuidade entre a vida e a morte; o mito da origem da música (e da poesia).

Cumpre ainda notar, no que tange à vertente metafísica de sua poética, tão decantada por seus mais diversos estudiosos, que — conforme também observa Paes — esta não surge de nenhuma doutrina filosófica, mas sim da própria experiência: "os versos não resultam de 'sentimentos' (esses têm-se cedo bastante), mas de experiências", afirma o protagonista de **Os cadernos de Malte Laurids Brigge**, o único romance do poeta[66].

Diante disso, faz-se necessário também precisar melhor as nuances do que se entende por poesia metafísica em Rilke (cujas marcas evidenciam-se, sobremaneira, nas **Elegias**), uma vez que é fácil incorrer no sentido restritivo com que costuma ser analisada, ou seja, como sinônimo de obscuro, conceituoso, rebuscado. Como esclarece Bollnow, no caso do eminente poeta, "pensar e poetizar não estão ainda cindidos como possibilidades distintas, [...] a poesia como tal é também uma forma do pensamento" e se move o tempo todo no âmbito da imanência. (BOLLNOW *apud* DA SILVA in RILKE, 2001, p.109)

### Busca agônica

A propósito, o professor Mansueto Kohnen O. F. M., especialista em Literatura Germânica do século 20, assinala o quanto Rilke, muitas vezes denominado "Gottsucher" (o que está à procura de Deus), concebia o Ser Supremo na imanência das coisas e da natureza. Para o estudioso, nosso poeta O possuía e O trazia em si e ainda assim acreditava ter que procurá-lo sempre e novamente, o que apontava a uma agônica busca do divino mais do que passiva adesão aos dogmas de uma religião estabelecida[67].

Esse viés da mística rilkeana se consolida especialmente com a publicação — em 1905 — da obra: **O livro de horas**, composto por três partes: *O livro da vida monástica, O livro da peregrinação e O livro da pobreza e da morte*, escritos respectivamente em diversas fases da vida do poeta.

A coincidir com o fecundo período estão as viagens, sobretudo a que fez para a Rússia, em companhia de Lou Andreas-Salomé, amante, amiga e decisiva orientadora e mentora intelectual dos rumos que sua arte passa a tomar. Com efeito, tal viagem teria servido para acentuar as afinidades eslavas que o poeta praguense mantinha com aquele país, o qual foi por ele adotado como verdadeira pátria espiritual.

Em sua empreitada na busca desse Deus, percebe-se um grau intenso de íntima necessidade de comunicação e comunhão, em que mais do que divina criatura, Este se apresenta como ser extremamente humanizado, ao alcance do poeta e de sua voz:

---

[66] A propósito, veja-se PAES in RILKE, 2012, p.26.
[67] Para maior aprofundamento, veja-se KOHNEN, Mansueto. *Literatura germânica do século XX*, Petrópolis, Vozes, 1963, pp.56-57.

*Se tantas vezes te importuno, ó Deus meu vizinho,*
*batendo forte à tua porta na noite extensa,*
*é porque te ouço respirar, da tua presença*
*sei: estás na sala, sozinho.*
*Se de algo precisares, não há ninguém ali*
*que possa te trazer um gole d'água sequer.*
*Vivo sempre à escuta. Dá-me um sinal qualquer.*
*Estou bem perto de ti. [...]* (RILKE, 2012 b, p.59)

Enquanto Deus se fragiliza, humanamente solitário na sala, o poeta se prontifica a ajudá-lo, uma vez que está sempre à procura e à escuta de algum sinal Dele. Deus não está nas alturas, mas ao lado e também imanente às coisas e à natureza, ao nosso redor.

### Rilke e Rodin

Da mesma forma que é possível precisar a impressionante influência de Lou Andreas-Salomé na vida e na poética de Rilke, também é necessário dar valor ao impacto fundamental que a obra do artista plástico Auguste Rodin exerceu sobre o espírito do poeta. Vale a pena conferir o seguinte trecho, extraído de uma das inúmeras cartas que Rainer escreveu à Lou, a propósito de Rodin (compilado no volume **A melodia das coisas: contos, ensaios, cartas**, lançado pela Estação Liberdade, organizado e traduzido por Claudia Cavalcanti):

*Profundamente dentro de si, carregava a escuridão, o refúgio e a calma de uma casa, e acima dela ele próprio se tornara o céu e a floresta em torno e a amplidão e o grande curso d'água que sempre por ali fluía. Que solitário é esse ancião que, mergulhado em si mesmo, se ergue repleto de seiva como uma velha árvore no outono! Ele se tornou profundo; para o seu coração escavou uma profundeza e o batimento dele vem de longe, como do interior de uma montanha [...]* (RILKE, 2011, p.156)

*E essa maneira de ver e de viver está tão arraigada em Rodin porque ele a conquistou como artesão: tempos atrás, quando conquistou o elemento tão infinitamente imaterial e simples de sua arte, ganhou para si essa grande justiça, esse equilíbrio que não vacila diante de um nome, frente ao mundo. Como lhe foi dado ver coisas em tudo, adquiriu a possibilidade de construir coisas: pois essa é sua grande arte [...]* (RILKE, 2011, p.157)

*E creio, Lou, que assim deve ser... Oh!, Lou, num poema que consigo escrever há muito mais realidade do que em cada relação ou simpatia que eu sinta; quando crio, sou verdadeiro, e gostaria de encontrar a força para fundamentar minha vida totalmente nessa verdade [...] Já buscava isso quando fui ao encontro de Rodin; pois eu há anos pressentia ser sua obra exemplo e modelo infinitos [...]* (RILKE, 2011, p.159)

Conforme nos ensina José Paulo Paes, ainda que sejam diversos os materiais com que escultor e poeta tenham trabalhado, a influência do primeiro em relação ao segundo se determinou, sobretudo, na dimensão artesanal e estrutural do processo artístico de Rilke, que seria depois aprofundada pela pintura de Cézanne.

Com Rodin, Rilke recebe a valiosa lição da visibilidade. "Aprendo a ver", afirma Malte Laurids Brigge, pouco depois de sua chegada a Paris (o poeta chega à Cidade Luz em 1902). Daí por que os **Novos poemas** já assinalam a concretude da escultura e da pintura em contraposição à vagueza da música que preponderara ainda em **O livro de imagens**. Um dos que melhor ilustram essa nova tendência é *A pantera*, escrito seguindo o conselho de Rodin de ir ao jardim zoológico para aprender a ver — o animal enjaulado não é descrito de fora, mas de dentro, na sua própria essência:

*Seu olhar, de tanto percorrer as grades,*
*está fatigado, já nada retém.*
*É como se existisse uma infinidade*
*de grades e mundo nenhum mais além.*
*O seu passo elástico e macio, dentro*
*do círculo menor, a cada volta urde*
*como que uma dança de força: no centro*
*delas, uma vontade maior se aturde.*
*Certas vezes, a cortina das pupilas*
*ergue-se em silêncio. — Uma imagem então*
*penetra, a calma dos membros tensos trilha —*
*e se apaga quando chega ao coração.* (RILKE, 2012b, p.95)

### Rilke no Brasil

À poética do inefável — a que nos referimos na primeira parte do presente estudo —, podemos aliar, agora, essa poética da precisão do olhar. É por esse viés de mão dupla que a obra de Rilke foi recebida entre nós.

Como bem observa o tradutor Pedro Süssekind na apresentação de **Cartas a um jovem poeta**, editado pela L&PM, foi o primeiro aspecto — o das inquietações metafísicas das **Elegias** — que mais suscitou a admiração inicial pelo poeta, especialmente entre os autores da chamada Geração de 45, o que desencadeou uma espécie de "rilkeanismo" em língua portuguesa, notável, por exemplo, em alguns poemas de Cecília Meireles (que também foi a tradutora, para o português, de **A canção de amor e de morte do porta-estandarte Cristóvão Rilke**, cuja 20ª edição foi publicada em 1994 pela Globo, junto com as famosas **Cartas a um jovem poeta**, traduzidas por Paulo Rónai).

Mas, alargando essa recepção inicial e visando corrigir o que ela apresentava como tendencioso, os chamados "poemas-coisas" reunidos, principalmente, nas duas partes dos **Novos poemas**, passaram a ser extremamente representativos da lição de visibilidade ou da precisão do olhar que Rilke aprendera com Rodin. Por isso João Cabral de Melo Neto afirmou a respeito: "Preferir a pantera ao anjo,/ Condensar o vago em preciso...", e Augusto de Campos decidiu incluir o mesmo poema na antologia que organizou sobre Rilke, buscando enfatizar também a mudança de foco na recepção da obra do poeta — já que seria extremamente limitador exaltar apenas a vertente espiritualista, em detrimento da concretude que passara a ser recorrente na organização interna de seu processo artístico.

### Traços autobiográficos

Sobre a visibilidade, ainda, vale ressaltar o quanto ela é a pedra de toque do único romance do autor, a que já se fez menção: **Os cadernos de Malte Laurids Brigge**. Algumas das principais inquietações do poeta — tais como a busca de Deus, a sombra da morte, os medos infinitos, o significado da arte — surgem anunciadas na prosa do protagonista narrador dinamarquês Malte, que, chegando a Paris, aguça ao máximo sua capacidade de ver:

*Aprendo a ver. Sim, estou começando. Ainda é difícil. Mas quero aproveitar o meu tempo.*

*Eu nunca tinha percebido, por exemplo, que existem tantos rostos. Há um número imenso de pessoas, mas o número de rostos é muito maior, pois cada uma delas possui vários. Há pessoas que ostentam um rosto por anos a fio, e, obviamente, ele se gasta, fica sujo, rompe-se nos vincos, alarga-se como as luvas que usamos durante a viagem. São pessoas parcimoniosas, simples; não o trocam, nem sequer mandam limpá-lo. Esse é bom o bastante, dizem elas, e quem poderá lhes provar o contrário? Pergunta-se, todavia, visto que possuem vários rostos: o que fazem com os outros? Elas os guardam. Seus filhos devem usá-los. Mas também acontece de seus cães saírem com eles por aí. E por que não? Rosto é rosto [...]* (RILKE, 2009, pp.8-9)

Também nesse livro, em que alguns estudiosos percebem nítidos traços autobiográficos do poeta, evidencia-se o tenso relacionamento de Malte com a mãe, que, perdendo a primeira filha, teria transferido ao filho (que nascera depois) todo o peso daquela terrível morte. No estudo feito por José Paulo Paes, ele esclarece que os biógrafos de Rilke costumam descrever-lhe a mãe como uma mulher artisticamente bem--dotada, mas emocionalmente instável. Contam que o casal tivera uma menina que morrera bebê; quando nasceu o filho, Phia insistiu em dar--lhe o mesmo nome da primogênita, René, e em tratá-lo como menina. As relações do poeta com a mãe sempre foram difíceis, uma contraditória mistura de afinidade e de repulsão que ele descreveu nas cartas a Lou Andreas-Salomé[68] e transfigurou na história de Malte e, de forma mais impressionante ainda, num poema de 1915, intitulado *Ai de mim, que minha mãe me desarvora*.

Permeado por fragmentos de histórias fantasmagóricas, os **Cadernos de Malte** também induzem à concepção do maravilhoso em Rilke, afastado dos contos de fada tradicionais, impregnado de casos que ele conta, impactado com os efeitos mais que assombrosos dos castelos dinamarqueses em que passeava e vivia, repleto de cômodos e de imagens de família em que mortos aparecem como se estivessem vivos e mãos continuam a se movimentar sozinhas, apartadas do corpo.

### Olhar convalescente

Mas de tudo o que é possível elencar nesta prosa rilkeana, talvez o que mais chame a atenção seja a recorrente sombra da morte, que tanto acompanhou a vida doentia do eminente autor. Aqui, mais do que em outros textos, surgem os delírios febris que o acometiam durante longos períodos, tão constantes em seu frágil corpo, devido à leucemia.

Não é à toa, nesse sentido, a homenagem explícita que Malte dedica a Baudelaire enquanto poeta que melhor representou o efêmero na modernidade. Da mesma forma com que o poeta francês do **Spleen**

---

[68] Algumas dessas cartas foram compiladas no volume traduzido e organizado por Claudia Cavalcanti em Rainer Maria Rilke, *A melodia das coisas. Contos, ensaios, cartas*, São Paulo, Editora Estação Liberdade, 2011, pp.156-160.

**de Paris** vira na pintura fugidia de Constantin Guys o ícone revelador das inovações de sua época, comparando-lhe os modos de percepção do real às de um convalescente recém-saído de um longo período de reclusão e para quem tudo chama muito e a intensidade das cores e dos movimentos é central, assim também o delírio com que Malte vai aprendendo a ver não se distancia dos modos com que Rilke apreende o seu em torno.

### Epistológrafo compulsivo

Além da vasta poética e dos **Cadernos de Malte**, as muitas cartas escritas por Rilke a diversos correspondentes acabaram se tornando material extremamente valioso para a compreensão de sua vida e obra. É possível acompanhar melhor as influências que recebeu especialmente nas cartas que trocou com Lou Andreas-Salomé, Clara Rilke (sua mulher e com quem teve a filha Ruth), Marina Tsvetaeva e, evidentemente, as mais famosas, as que dedicou ao jovem Franz Xaver Kappus, entre 1903 e 1908, e que foram publicadas como **Cartas a um jovem poeta**.

Sobre as tais cartas, Cecília Meireles[69] teria afirmado que pouco falam de literatura, sendo, mais que tudo, lições de vida. Os conselhos que Rilke dá ao jovem podem ser assim resumidos: escrever só por absoluta necessidade; evitar temas sentimentais e formas comuns; escolher as sugestões oferecidas pelo ambiente, a imaginação e a memória; não dar importância aos críticos; não ler tratados de estilo. É ela, ainda, quem observa que:

*Rilke [...] aplica-se a valorizar aos olhos do jovem Kappus, a necessidade de um mundo interior; de uma clarividência; de um gosto da solidão, constante e inteligente; de uma visão diversa do amor; de uma ternura pela natureza e pelos mínimos aspectos das coisas; de uma paciência interminável; de uma aceitação leal de todas as dificuldades; de uma fidelidade à infância; de uma expectativa de Deus; de uma compreensão mais humana da mulher; de uma disciplina poética humilde e vagarosa. Mas sobretudo a solidão assume, nessas cartas, um caráter de heroísmo e de magnificência — a ponto de poder dizer que o homem solitário pode preparar muitas coisas futuras porque as suas mãos erram menos.* (MEIRELES in RILKE, 2012 a, p.9)

---

[69] Cecília Meireles (1901-1964) foi também tradutora e divulgadora da obra de Rilke no Brasil.

**Ferido pela rosa**

Curiosamente, consta como incidente fatal que teria levado à morte aquele que Otto Maria Carpeaux afirmara ser "o poeta mais atual e permanente do nosso tempo" um ferimento ocasionado na mão, no momento em que colhia rosas e que se agravara, em decorrência da leucemia contra a qual já lutava havia anos. O fato deu origem a este seu poema-epitáfio:

*Rosa, ó pura contradição, prazer*
*de ser o sono de ninguém sob tantas*
*pálpebras.* (RILKE, 2012, p.199)

Seja como poeta do inefável ou da precisão do olhar, seja por meio de sua legião de anjos ou da contradição da rosa que fere, Rainer Maria Rilke é leitura mais que necessária num mundo em que a circunspecção e a viagem solitária ao redor do "eu" foram substituídas, radicalmente, pela avalanche de informações e parafernália de luzes da sociedade em que tudo é espetáculo. A busca agônica e rilkeana de Deus (próximo e imanente a todas as coisas) traduz também o desamparo do indivíduo contemporâneo, que não encontra espaço para as peculiaridades de sua expressão.

Ainda que terríveis, os anjos do poeta evocam a fugacidade de nossa condição; ainda que fira, sua rosa é a poesia possível, a que resiste à barbárie dos que estão desaprendendo a ver o essencial.

## O LEGADO de PERSEU

Um dos aspectos mais interessantes, que merece atenção quando se pretende tratar de Italo Calvino, é a fecunda correspondência entre sua vasta obra ficcional e a ensaística. Não são raros os escritores de ficção que se dedicam a refletir sobre o literário e a arte em geral, mas o caso do escritor lígure é singular. E isso talvez se explique, num primeiro momento, por sua aspiração evidente a querer manter sempre vivo o diálogo com o público, sem, entretanto, fazer concessões à superfluidade dos que aderem fácil à *mise-en-scène* da literatura encarada como espetáculo.

Conforme nos faz saber um de seus mais profundos conhecedores, Vittorio Spinazzola[70], o público ao qual o grande autor se dirigia não

---
[70] Italo Calvino (1923-1985) é considerado um dos maiores escritores italianos e mundiais de todos os tempos, que se dedicou à ficção mas também a uma vasta obra ensaística. Para maior aprofundamento, veja-se SPINAZZOLA, *L'io diviso di Italo Calvino* in "Belfagor: Rassegna di varia

se limitava apenas aos destinatários da alta competência especializada, mas principalmente ao interlocutor coletivo mais heterogêneo e vário, formado pelas classes de média cultura, que melhor representavam a consolidação do desenvolvimento urbano-industrial da Itália dos anos do pós-guerra. É, aliás, um traço instigante do fascínio da personalidade de Calvino a aparente contradição dos modos pelos quais um escritor, cujo temperamento era considerado esquivo e aristocraticamente reservado, pôde desempenhar diante de seus leitores um diálogo aberto, extremamente democrático, afável e cordial. Em franca atitude paritária, nunca quis assumir a postura dos que falam do alto, tão comum aos que se sabem detentores de algum carisma. E não seria exagero perceber a força de tal intenção dialógica, nas diversas transformações que assumem as formas narrativas adotadas pelo autor, ao longo de sua trajetória. Talvez, um bom exemplo disso seja o intuito explícito de hipervalorizar o leitor, levado a cabo em seu famoso romance metaliterário, **Se um viajante numa noite de inverno**, hoje exaltado como referência por grande parte dos estudiosos da assim chamada Teoria da Leitura. A propósito, na opinião do crítico Mario Barenghi[71], nenhum escritor contemporâneo parece ter se dedicado, tão longa e proficuamente, ao papel do leitor na literatura como Calvino.

### A leitura regenera

Em páginas de exaltação ao ato de ler, como fundamental no processo de humanização do indivíduo, nosso autor enfatiza o papel regenerador do literário. Um exemplo ilustrativo dessa temática é o interessante conto *Um general na biblioteca*, que dá título à antologia de contos e apólogos, escritos entre 1943-1958. Algo desse enredo remete ao célebre **Fahrenheit 451**, de Ray Bradbury, imortalizado no cinema por François

---

umanità, sett 1987, 42, pp.505-507, 31.
[71] BARENGHI, Mario. A forma dos desejos. A ideia de literatura de Calvino. **Remate de Males**, Campinas, SP, v. 25, n. 1, p. 41–49, 2012. DOI: 10.20396/remate. v25i1.8636111. Disponível em: https://periodicos.sbu.unicamp.br/ojs/index.php/remate/article/view/8636111. Acesso em: 5 jun. 2023.
O presente artigo foi publicado no Jornal Rascunho em fevereiro de 2012 e faz referência às seguintes obras do autor: CALVINO, Italo. *As cidades invisíveis*, trad: Diogo Mainardi, São Paulo, Cia das Letras, 1990. / _____. *Palomar*, trad: Ivo Barroso, São Paulo, Cia das Letras, 1994. / _____. *Seis propostas para o próximo milênio*, trad: Ivo Barroso, São Paulo, Cia das Letras, 1997. / _____. *Um general na biblioteca*, trad: Rosa Freire D'Aguiar, São Paulo, Cia das Letras, 2010. / _____, *I nostri antenati: Il visconte dimezzato, Il barone rampante, Il cavaliere inesistente*, Milano Mondadori (1ªed: maggio 1996), 2009.

Truffaut[72]. Com efeito, há nas duas obras, ainda que de modo alegórico (e guardando as respectivas diferenças), a ambientação comum às épocas em que, sistematicamente, regimes ditatoriais e tirânicos se mobilizavam, de modo violento, contra a arte, a literatura e a cultura em geral. Como é sabido, os agentes desses sistemas se pautavam (e ainda hoje se pautam) pelo policiamento ostensivo, censura, perseguição e queima de livros e execução de artistas, intelectuais e pensadores que, em tese, pudessem representar algum tipo de ameaça ao poder.

Assim também, no conto em questão, instaura-se nas mentes dos oficiais superiores da "nação ilustre" da Panduria a suspeita "de que os livros contivessem opiniões contrárias ao prestígio militar". Diante disso, o Estado-Maior decide nomear uma comissão de inquérito, a ser comandada pelo general Fedina, militar severo e escrupuloso. O objetivo de tal missão seria o de examinar todos os livros da maior biblioteca do lugar.

No início, a maioria das obras examinadas ia sendo vetada e posta à parte. Mas, aos poucos, o que se verifica, diversamente do que se poderia esperar (isto é, a queima indiscriminada daquele acervo) é a verdadeira metamorfose por que passam os militares envolvidos no processo, em contato rotineiro e cotidiano com a leitura. Os generais da censura, ao contrário do que deles se exigia, capitulam diante da força arrebatadora daquela sedução:

*[...] estavam tomando gosto por aquelas leituras e aqueles estudos como nunca antes teriam imaginado; por outro, não viam a hora de voltar para junto das pessoas, de retomar contato com a vida, que agora lhes parecia muito mais complexa, quase renovada aos olhos deles; e, além disso, a aproximação do dia em que deveriam deixar a biblioteca enchia-os de apreensão, pois teriam de prestar contas de sua missão, e, com todas as ideias que andavam brotando em suas cabeças, não sabiam mais como sair dessa enrascada.* (CALVINO, 2010, p.71)

### Ensaísta e ficcionista

Para dar conta desse escritor plural faz-se necessário enfatizar sua produção ensaística, especialmente a dos textos reunidos em 1980, no volume **Una pietra sopra: Discorsi di letteratura e società**, publicado no Brasil, em 2006, com o título **Assunto encerrado: Discursos sobre**

---

[72] Sobre o papel do leitor na literatura e no cinema, veja-se: MARTIRANI, Maria Célia. E, cena: o leitor, disponível em: http://magis.colegiomedianeira.g.12.br/pdf/mediacao/mediacao_13, pdf, pp.30-33

**literatura e sociedade** e também **Lezioni americane: Sei proposte per il prossimo millenio**, de 1988, fruto das conferências que ministrou na Universidade de Harvard, publicadas, entre nós, em 1990, como **Seis propostas para o próximo milênio**. Tais obras representam bem mais do que pertinentes e profundas reflexões acerca do literário. São textos que buscam o interlocutor, em exercícios acurados de diálogo permanente, em que a capacidade intelectiva do receptor jamais é subestimada. Daí por que é fundamental o reconhecimento da validade dessa produção ensaística, não apenas como meio de compreensão da trajetória do intelectual ativo e do excepcional ficcionista que foi Calvino, mas também pelo fato de que se trata do conjunto de textos-bússolas, capazes de nortear quem quer que queira se debruçar sobre as lides da arte, como forma fidedigna de conhecimento do mundo.

Além de dar conta, com profundidade, de diversos temas literários, tais obras representam um contínuo exercício de autocrítica do pensador reflexivo acerca de seu proceder enquanto ficcionista. A chave para a compreensão da amplitude desse tipo de comportamento não se reduz à imediata pressuposição de que, ao ler os ensaios, estaremos mais aptos a enfrentar as complexidades do universo ficcional do autor. Em parte, isso pode até ser verdade, mas o que aqui se apresenta como traço singular em Calvino é a evidência de que o ensaísta e o ficcionista andam de mãos dadas, jamais ensimesmados em mirabolantes e herméticos arroubos filosóficos. Eles interagem dialogicamente com os interlocutores-leitores que, dessa inquietante viagem, queiram participar.

Por isso, vale a pena tomar como ponto de partida para iniciar tal travessia uma página antológica de suas **Seis propostas para o próximo milênio**, a respeito da *Leveza*:

*Logo me dei conta de que entre os fatos da vida, que deviam ser minha matéria-prima, e um estilo que eu desejava ágil, impetuoso, cortante, havia uma diferença que eu tinha cada vez mais dificuldade em superar. Talvez que só então estivesse descobrindo o pesadume, a inércia, a opacidade do mundo — qualidades que se aderem logo à escrita, quando não encontramos um meio de fugir a elas.*

*Às vezes, o mundo inteiro me parecia transformado em pedra: mais ou menos avançada segundo as pessoas e os lugares, essa lenta petrificação não poupava nenhum aspecto da vida. Como se ninguém pudesse escapar ao olhar inexorável da Medusa.*

> O único herói capaz de decepar a cabeça da Medusa é Perseu, que voa com sandálias aladas; Perseu, que não volta jamais o olhar para a face da Górgona, mas apenas para a imagem que vê refletida em seu escudo de bronze. Eis que Perseu vem ao meu socorro até mesmo agora, quando já me sentia capturar pela mordaça de pedra — como acontece toda vez que tento uma evocação histórico-autobiográfica. Melhor deixar que meu discurso se elabore com as imagens da mitologia. Para decepar a cabeça da Medusa sem se deixar petrificar, Perseu se sustenta sobre o que há de mais leve, as nuvens e o vento; e dirige o olhar para aquilo que só pode se revelar por uma visão indireta, por uma imagem capturada no espelho. Sou tentado de repente a encontrar nesse mito uma alegoria da relação do poeta com o mundo, uma lição do processo de continuar escrevendo. [...] É sempre na recusa da visão direta que reside a força de Perseu, mas não na recusa da realidade do mundo de monstros entre os quais estava destinado a viver, uma realidade que ele traz consigo e assume como um fardo pessoal. (CALVINO, 1997, pp.16-17)

O ideal de leveza perseguido pelo autor, tal como por ele mesmo enunciado, é um dos índices mais esclarecedores sobre o seu proceder literário e que acompanhou todas as fases de suas mutações. A necessidade de intervir para subtrair o peso do que havia ao redor justifica, por exemplo, de saída, a sua recusa à adesão às estruturas narrativas do realismo romântico, voltadas aos ideais de inteireza do mundo, numa espécie de totalidade sapiencial, que muitas vezes conduziam a uma visão unilateral e obtusa da realidade. A propósito, vale lembrar que, mesmo em seu primeiro romance, **A trilha dos ninhos de aranha**, de 1947, muito representativo do espírito neorrealista de pós segunda guerra mundial, o protagonismo se volta à causa marginal da resistência partigiana, com suas histórias cheias de aventura, ousadia e movimento. Ainda que de forma incipiente, já em seus primeiros passos como ficcionista, mesmo que o espírito da época exigisse uma literatura engajada, de cunho ético-político, capaz de dar conta das consequências funestas daqueles embates, vemos aqui pré-anunciada uma tentativa de deslocamento do centro — que significaria excesso de peso — em direção à marginalidade daquele grupo de resistentes.

Mas a grande guinada na consciência do Calvino ficcionista se dará, efetivamente, na década de 50, com a publicação da famosa trilogia **O visconde partido ao meio** (1951), **O barão nas árvores** (1956-57) e **O cavaleiro inexistente**[73] (1959). Compreendendo perfeitamente que a arte

---

[73] As referências bibliográficas sobre a *Trilogia* de Calvino utilizadas neste texto são da obra: *I nostri antenati*, Milano Mondadori, 1996.

precisava buscar outros ares e formas renovadas de expressão e obstinado em sua busca pela leveza, nessa fase, é que o autor privilegia e investe nos módulos narrativos da época pré-burguesa; ou melhor, de uma burguesia nascente. Conforme ensina Spinazzola, tais estruturas se voltavam às tipologias mais próximas aos arquétipos de uma narrativa primária, tais como o apólogo, o *exemplum*, a fábula, enfim, às variações do que se convencionou denominar *conte philosofique*. Foi justamente para retirar o excesso de peso da bagagem que Calvino investiu em formas do contar que transcorressem com uma ligeireza irônica sobre os fatos, evitando o rigor das narrativas peremptórias, de cenho franzido. Esse tipo de busca justificaria, em particular no que se refere à trilogia, a opção do escritor lígure pelo discurso galopante das peripécias provenientes de matriz narrativa picaresca ou cavalheiresca.

Importa notar que essa busca de leveza em nada pode ser traduzida como espécie de escapismo. A passagem a que já nos referimos anteriormente deixa claro que Perseu traz também consigo a realidade monstruosa e petrificadora da Medusa (que precisa, necessariamente, enfrentar).

O conceito do que representa, para Calvino, essa subtração do peso da existência, precisa ser bem compreendido, a fim de que não se lhe desvirtue o significado. Com efeito, afirma:

*Cada vez que o reino do humano me parece condenado ao peso, digo para mim mesmo que à maneira de Perseu eu devia voar para outro espaço. Não se trata absolutamente de fuga para o sonho ou o irracional. Quero dizer que preciso mudar de ponto de observação, que preciso considerar o mundo sob uma outra ótica, outra lógica, outros meios de conhecimento e controle. As imagens de leveza que busco não devem, em contato com a realidade presente e futura, dissolver-se como sonhos...* (CALVINO, 1997, p.19)

### As mil vidas do barão

Tal necessidade de "voar para outro espaço" é muito bem ilustrada, por exemplo, em **O barão nas árvores**, com cujo herói o autor confirma mais ter se identificado. O romance traz à luz a história de Cosme, o menino que, não conseguindo se adequar ao rigor da nobreza engessada, pesada e vazia de sua aristocrática família, foge do reino opressor e autorreferente da "quase sombra" de Penúmbria, a fim de buscar uma saída. Resolve, então, subir às árvores, para de lá nunca mais voltar. É sob o prisma do olhar de seu irmão — o narrador dessa fascinante e temerosa aventura — que Cosme nos apresenta suas infinitas peripécias.

Mas o que pode significar, em essência, essa alegoria do indivíduo que, por se sentir inadequado e estranho ao próprio meio, decide fugir, indo habitar as árvores? O que poderia traduzir essa partida do chão, da terra firme, para querer viver a vida no alto? Num primeiro momento, sem dúvida, a necessidade urgente de ampliar as perspectivas do ver, transcendendo a estreiteza do reino fechado e obscuro das sombras, em que não entra a luz.

Do alto das árvores, o universo todo se amplia, a visão se alarga e pode-se ver o que antes não se via, por ser vetado ou simplesmente desconhecido. Lá das árvores, toma-se a distância tão necessária para a percepção do mundo. E, mais ainda, renuncia-se o terreno seguro das verdades postas para penetrar o universo movediço e imbricado dos infinitos galhos, ramos e copas verdejantes, suspensos, repleto de inusitadas descobertas e novos desafios. No chão, tudo é firme demais.

No confinado reino da Penúmbria, a família aristocrática se autoconsume em mesquinharias e valores vãos. Não há curiosidades, nada é novo e todos parecem se arrastar, como um conjunto de sombras letárgicas a desfilar, na penumbra das paredes frias do castelo de uma existência triste e neurótica. Mesmo tratando dessa pesadíssima carga existencial, o narrador — pelo hábil viés da ironia e do sarcasmo — manipula as formas do narrar, que se traduzem perfeitamente como um dos índices da gravidade sem peso, que enfrenta a Medusa, à maneira de Perseu, conforme já citado pelo Calvino ensaísta. Vários exemplos ilustram essa estratégia narrativa. Num deles, o narrador enfatiza a personalidade da mãe, extremamente rígida, apelidada "generala", já que obcecada por tudo que se referia às lides bélicas de combate:

*Durante o resto do dia, mamãe ficava fechada nas suas dependências a fazer rendas, bordados e filé, pois a generala só era capaz de se ocupar dessas tarefas tradicionais de mulher e apenas nelas desafogava a sua paixão guerreira. Eram rendas e bordados que, em geral, representavam mapas geográficos; e, estendidos em almofadas ou painéis para tapeçaria, mamãe os enchia de alfinetes e bandeirinhas, assinalando os planos de batalha das Guerras de Sucessão que conhecia na ponta da língua. Ou então, bordava canhões, com as várias trajetórias que partiam da boca-de-fogo, e as forquilhas de tiro e os ângulos de projeção, porque era muito competente em balística além disso tinha à disposição toda a biblioteca de seu pai, o general, com tratados de arte militar, mesas de tiro e atlas.*
(CALVINO, 2009, p.90)

De todo modo, cumpre notar que, mesmo "voando para outro espaço", em nenhum momento *Cosme* se desconecta do que acontece no mundo abaixo dele, isto é, da realidade. Quanto mais se distancia das coisas, vendo-as do alto, mais se aproxima delas, interessado, participativo e engajado. O fato de ter saído do sistema não implica no escapismo alienante de buscar soluções fáceis. Em sentido radicalmente oposto, parece ser uma preocupação do autor a ideia de que "saindo para ver melhor, com outros olhos" é que se torna possível interagir com o real, num comprometimento atuante[74].

Assim é que o barão, desde suas primeiras iniciativas e durante suas múltiplas façanhas intelectuais, de aventura, políticas, comunitárias, jamais se mostra como um alienado. O papel do intelectual aqui representado se aproxima da figura-ícone de Antonio Gramsci, tão cara à grande parte da geração de escritores filiados aos Partidos da Esquerda Italiana da época, como o próprio Calvino (que era do Partido Comunista). A propósito, vale conferir o que ele afirma no posfácio à edição italiana de **I nostri antenati**, de 1960 (**Os nossos antepassados**), em que se reuniram os três romances da trilogia:

*Aqui também, eu tinha uma imagem em mente: a de um rapazinho que sobe em uma árvore; sobe e encontra personagens extraordinários. Isso mesmo, sobe ao alto e de árvore em árvore, viaja por dias e dias, melhor ainda, não desce nunca mais, recusa-se a descer a terra, vivendo sobre as árvores toda sua existência. Devia fazer dessa ideia uma história de fuga das relações humanas, da sociedade, da política, etc.? Não, teria sido óbvio e fútil demais: o jogo começava a me interessar, desde que eu fizesse desse personagem, que se recusa a caminhar sobre a terra como os outros, não um misantropo, mas um homem continuamente dedicado ao bem do próximo, inserido no movimento de sua época, querendo participar de cada aspecto da vida ativa: desde os avanços das técnicas da administração local até as peripécias da vida galante.* (CALVINO, 2009, pp.417-418)

A trajetória de Cosme é análoga à enaltecida pelo autor no referido ensaio em que trata de um dos imperativos fundamentais de sua escrita: o da busca incessante pela leveza. Diante da monstruosa Medusa ou das pesadas sombras do reino da Penúmbria, é preciso, tal como Perseu ou Cosme, pôr asas nos pés e voar ou se deslocar para outro espaço, sem, contudo, perder de vista o peso da existência.

---

[74] Veja-se a propósito: MARTIRANI, Maria Célia. *Configurações do trágico na obra O barão nas árvores de Italo Calvino*, São Paulo, Serafino, 2008, 2, pp.107-116.

**Partido ao meio**

As outras duas obras da trilogia, por sua vez, são as que melhor representam o conflito do homem moderno, concebido como indivíduo dividido ao meio. Em **O visconde partido ao meio**, o visconde Medardo, vítima de uma bala de canhão, sofre a divisão de seu corpo em metades, que sobrevivem apartadas, com características opostas.

É mais uma vez o Calvino ensaísta que vem em nosso auxílio no posfácio à edição italiana de **Os nossos antepassados**, revelando que o homem contemporâneo é mutilado, incompleto, inimigo de si mesmo: "Marx o chamou de 'alienado', Freud de 'reprimido', o estado de antiga harmonia se perdeu e se aspira a uma nova forma de completude". Mas o que mais fascina, no que propõe o escritor lígure, não é apenas a representação conflituosa dessa cisão. De fato, à primeira vista, poder-se-ia pensar que a grande causa do sofrimento de Medardo fosse a perda de integridade ou que **O visconde** pudesse se alinhar, de modo fidedigno, a obras como **Dr. Jekyll and Mr. Hyde** ou a dos dois irmãos de **Master of Ballantrae**, de R. L. Stevenson. Porém, o que se observa, contrariamente a essas, em que uma metade - em geral, boa - contrasta com a outra má, a riqueza de Medardo está justamente nas contradições não maniqueístas, vivenciadas por cada uma de suas partes.

Nesse sentido, aqui, a inclinação à leveza dá-se por uma espécie de elogio à dimidiação como verdadeiro modo de ser. Quem vive na história é apenas Medardo, enquanto metade de si mesmo. E cada uma dessas metades, carregada de contradições, apresenta, respectivamente, o lado "mau" do Visconde, cheio de piedade e, em contrapartida, o lado "bom", repleto de tiradas sarcásticas. Melhor dizendo, o indivíduo, com suas particularidades e idiossincrasias, é o que interessa pôr em cena, ainda que essa esquizofrenia identitária seja a melhor tradução do homem do século 20 até a contemporaneidade.

Aqui, Medardo cindido encarna o Perseu que enfrenta a monstruosidade da Medusa, cuja face é o da homogeneização generalizada, da busca por uma inteireza que é obtusa, porque plasma todos no mesmo universo forjado e artificial dos condicionamentos e que aborta preconceituosamente as diversidades, rejeitando, de antemão, tudo que lhe é estranho e disforme.

### Vazia armadura

**O cavaleiro inexistente** eleva à máxima potência o que já se anunciara no **Visconde** e conta a história de uma armadura que caminha, mas que é vazia por dentro. Para compreender melhor o que, no fundo, Calvino pretendia representar com o guerreiro inexistente Agilulfo como uma das melhores metáforas do homem totalmente artificial, vejamos o que ele mesmo pondera:

*Do homem primitivo que, constituindo um todo com o universo, poder-se--ia afirmar que ainda fosse inexistente, porque indiferenciado da matéria orgânica, chegamos lentamente ao homem artificial que, constituindo um todo com os produtos de consumo e com as situações, é inexistente porque não se confronta mais com nada, não estabelece mais nenhum tipo de relação (de luta e através da luta, de harmonia) com aquilo que (seja natureza, seja história) lhe está em torno, mas que apenas abstratamente, "funciona".* (CALVINO, 2009, p.419)

Agilulfo é, no limite, uma das faces mais terríveis da Medusa que o Perseu contemporâneo deve encarar: a da total desintegração do eu, que só passa a existir funcional e maquinalmente como um autômato, que remete ao personagem memorável, interpretado por Charles Chaplin em *Tempos modernos*, em que um operário de fábrica, manipulado pelo sistema da alta produtividade, acaba neurótico, robotizado, cheio de tiques e esgares, decorrentes daquele excessivo apelo de funcionalidades utilitárias e jamais estéticas.

De toda forma, o que observamos como linha a ser perseguida pelo ficcionista, sempre reiterado pelas reflexões acuradas do brilhante ensaísta, é a premissa de que a subtração do peso — seja agindo como Cosme, que se desloca para outro espaço; seja investindo nas metades apartadas do Visconde, muito peculiares em suas contradições intrínsecas; seja nas perambulações da armadura errante e vazia de Agilulfo, à procura de uma consciência que o permita existir — só pode ser conquistada se os componentes trágicos, inerentes a essas situações, perseguirem o legado deixado por Perseu.

E, então, chegamos a um dos traços mais relevantes na análise de um autor do cabedal de Italo Calvino, qual seja o de que jamais pode se perder de vista o fato de que ele se insere na tradição dos escritores italianos que melhor atualizaram o conceito de trágico na contemporaneidade.

### Trágico moderno

Algumas obras dos grandes autores da literatura italiana do século 20, tais como Svevo, Pirandello, Pavese, Primo Levi e obviamente Italo Calvino, abrem-nos um amplo leque de possibilidades de compreensão ao que se costuma chamar de "configurações do trágico" na modernidade. Uma análise acurada, que dá conta de um histórico dessa interessante evolução conceitual, é feita por Glenn W. Most, em **Da tragédia ao trágico**[75]. A transformação radical pela qual passou esse conceito, segundo o eminente estudioso, deu-se com as propostas de Schiller que:

*[...] formulou, pela primeira vez, uma visão do trágico como um aspecto fundamental da existência humana, indicativo da irremediável, dolorosa incompatibilidade entre o homem e o mundo em que ele se acha por acaso — uma ideia absolutamente moderna que está intimamente ligada à secularização e ao desencantamento do mundo e, é claro, largamente estranha à maior parte do pensamento grego antigo — e então, num segundo passo, designou ao gênero da tragédia a missão de incorporar adequadamente este insight.* (MOST, 2001, p.15)

Percebe-se, a partir dessa nova teorização, uma ruptura com a tradição canônica da tragédia grega, porque o trágico passa a ser visto como inerente à experiência humana, como abismo que se abre entre o homem e o mundo.

Se pensarmos que os heróis gregos devem cumprir um Destino inexorável, notaremos que, em tese, eles só podem ser "aproblemáticos". Em sentido radicalmente oposto, o anti-herói moderno é, em si mesmo, a tradução perfeita do que vem a ser "problema", já que o desajuste e a incapacidade de pertencimento a qualquer sistema fazem parte do que o constitui. Daí, talvez se compreenda por que o trágico, hoje, se expresse, sobretudo, por meio das aporias e paradoxos.

No que se refere à tradição da literatura italiana do século 20, essa trajetória pode ser sintetizada, por exemplo, no que Victor Brombert[76] denominou "coragem do desespero" de Zeno Cosini de **A consciência de Zeno**, de Italo Svevo, ou em **Um, nenhum e cem mil**, do chamado "mestre da razão enlouquecida", Luigi Pirandello. E ainda mais em

---

[75] MOST, Glenn W. Da tragédia ao trágico, In: ROSENFIELD, Kathrin, *Filosofia e Literatura: o trágico*, Rio de Janeiro, Jorge Zahar, 2001.
[76] BROMBERT, Victor. Em louvor de anti-heróis, trad: José Laurenio de Melo, São Paulo, Ateliê Editorial, 2002.

Primo Levi, diante da violência emudecedora do horror do holocausto, por meio do ato de testemunhar como forma de sobrevivência.

Em Calvino, considerado um "camaleão" que se molda às mais diversas formas do narrar, consciente de que a única permanência está na mudança, a busca de parâmetros do que ele denomina "leveza", "rapidez", "exatidão", "visibilidade", "multiplicidade", cada uma de suas seis conferências, elencadas em **Seis propostas para o próximo milênio**, voltam-se, sobretudo para a linguagem. Nesse sentido, confirma o que propõe Eduardo Lourenço em **O canto do signo**[77] ao afirmar que "o trágico agora é outro; reflui da exterioridade onde sempre parece ter tido o centro, para o seu núcleo primordial: a Linguagem".

Contra a concepção romântica de integridade coesa de mundo, Calvino almeja o que é em partes, o que jamais se completa, o que precisa vir a ser, numa verdadeira apologia das potencialidades e da falta como melhor representação do desejo. É por isso que seus modos de narrar, tantas vezes, se apropriam da fabulação picaresca ou cavalheiresca, dos reinos e espaços imaginários, em que o tempo histórico e cronológico se suspende para dar lugar à existência atemporal de **Castelos dos destinos cruzados** ou de **Cidades invisíveis**, que estão por trás do que ordinariamente se vê. É, a propósito, na célebre passagem com que encerra essas suas **Cidades** que Marco Polo, em diálogo com o sábio Kublai Kan, ensina:

— *O inferno dos vivos não é algo que será; se existe, é aquele que já está aqui, o inferno no qual vivemos todos os dias, que formamos estando juntos. Existem duas maneiras de não sofrer. A primeira é fácil para a maioria das pessoas: aceitar o inferno e tornar-se parte deste até o ponto de deixar de percebê-lo. A segunda é arriscada e exige atenção e aprendizagem contínuas: tentar saber reconhecer quem e o que, no meio do inferno, não é inferno, e preservá-lo, e abrir espaço.* (CALVINO, 2009, p.150)

**Palomar: o olho telescópico**

O último romance de Calvino é de novembro de 1983. Neste, o protagonista é o senhor Palomar, um indivíduo com nome de telescópio, que se detém a contemplar melros, girafas, tartarugas, ervas daninhas, queijos, açougues e estrelas, concedendo a tudo a dignidade de ser objeto de pensamento. Junto ao princípio norteador da leveza, poderia-

---

[77] LOURENÇO, Eduardo. *O canto do signo. Existência e Literatura* (1957-1993), Lisboa, Editorial Presença, 1994.

mos acrescentar à análise dessa obra derradeira a ênfase à proposta da "visibilidade", uma vez que o que aqui mais se nota, de modo flagrante, é a preocupação com os modos de ver e perceber o mundo.

O mesmo insight já anunciado em **O barão nas árvores**, cujo protagonista se desloca por não aguentar o peso sufocante de seu ambiente e, subindo às árvores, amplia o foco de visão, também neste caso, o que se propõe é um redimensionamento do ver, já que em tempos de saturação de imagens e cegueira generalizada, tem-se a impressão de que se vê tudo, porém, na maior parte das vezes, perdendo o frescor e a agudeza do olhar capaz de ver o essencial.

Mas o homem Palomar — diversamente das paisagens panorâmicas sobre as quais, a princípio, o telescópio homônimo pousa — perscruta o universo muito de perto, nas filigranas minuciosas do que está ao alcance do olho nu, despojado de lentes de qualquer tipo. A estrutura narrativa exacerba os elementos descritivos, numa poética de precisão e adjetivação exaustiva, que lembra as análises minuciosas de pesquisas de rigor científico. Essa investida no ato de ver em detalhes adensa a necessidade de resistir ao ver superficialmente, como se necessitássemos voltar à visão virginal, num processo de reeducação de nossa percepção sensorial do mundo, resgatando sua instância inaugural, pré-lógica, de tempos muito remotos e que acabou por nos ser tolhida ou deformada pelo excesso de imagens que, ininterruptamente, nos assediam:

*O senhor Palomar e a senhora Palomar toda noite acabam deslocando as poltronas de frente da televisão para junto da vitrine; do interior da sala contemplam a barriga esbranquiçada do réptil sobre o fundo escuro [...] a televisão se move pelos continentes recolhendo impulsos luminosos que descrevem a face visível das coisas; o camaleão ao contrário representa a concentração imóvel e o aspecto oculto, o contrário daquilo que se mostra à vista.*

*A coisa mais extraordinária são as patas, verdadeiras mãos de dedos moles, só falanges, que premidas contra o vidro a ele se aderem com suas ventosas minúsculas: os cinco dedos se alargam como pétalas dessas florzinhas dos desenhos infantis, e quando uma das patas se move, recolhem-se como uma flor que se fecha, para tornar depois a se distender e a se comprimir contra o vidro, fazendo aparecer estrias miudíssimas, como as que se veem nas impressões digitais. Ao mesmo tempo delicadas e fortes, essas mãos se libertam da função de se manter ali aderidas à superfície vertical, readquirir os dotes das mãos humanas, as quais segundo dizem se tornaram hábeis a partir do momento em que não tiveram mais de se manter agarradas aos ramos ou aderidas ao solo.* (CALVINO, 1983, pp. 53-54)

Palomar age também à maneira de Perseu, resgatando a leveza por meio da resistência, fazendo com que seu olhar arguto incida sobre o que se desaprendeu a ver. Reverte o que Cesare Cases[78] havia denominado em **O barão das árvores** de "pathos da distância", aproximando o olho despido de recursos, em busca do "aspecto oculto" das coisas. A linguagem se compraz da ironia e do paradoxo de que o que deveria ser o mais evidente — uma vez que não exige esforço, nem aparelhos especializados para ser visto — no mundo multimidiático do império das imagens, passa despercebido ao olhar. O que deveria ser simples e direto torna-se de difícil apreensão.

O mais trágico, denunciado por Italo Calvino em **Palomar**, é que se hoje Perseu tivesse que tomar emprestado nossos olhos embotados e violentamente cegados pelo excesso de luz, numa espécie de cegueira branca, como a que concebeu José Saramago, talvez, ofuscado, não conseguisse nem mesmo identificar a horrível face da Medusa, a que, desde sempre, é preciso continuar a combater.

## O PRESO QUE SONHAVA

O escritor Mario Benedetti[79], um dos principais nomes da literatura uruguaia, integrante da chamada Geração de 45, faleceu no dia dezessete de maio de 2009, aos oitenta e oito anos. Autor prolífero, com

---

[78] Quem se refere a esse "pathos da distância" retomando Cesare Cases é Mario Barenghi, veja-se nota 2, p.354.
[79]**Mario Benedetti** (14 de setembro de 1920, Paso de los Toros, Uruguai - 17 de maio de 2009, Montevidéu, Uruguai) foi um poeta, escritor e ensaísta uruguaio. Integrante da *Geração de 45*, a qual pertencem também Idea Vilariño e Juan Carlos Onetti, entre outros, é considerado um dos principais escritores uruguaios, tendo começado a carreira literária em 1949 e ganhando projeção em 1956, ao publicar *Poemas de Oficina*, uma de suas obras mais conhecidas. Benedetti escreveu mais de 80 livros de poesia, romances, contos e ensaios, assim como roteiros para cinema.
O romance *A trégua* (1960) é uma de suas obras mais importantes e foi traduzido para 19 línguas. Devido às suas posições políticas de esquerda, Benedetti exilou-se do Uruguai por doze anos, quando o país sofreu um golpe militar, em 1973. Morou na Argentina, Cuba e Espanha e voltou ao seu país só em 1985. Foi ainda um grande crítico da política externa dos EUA.O escritor foi reconhecido com o prêmio Reina Sofia de Poesia Iberoamericana, em 1999 e o Prêmio Internacional Menéndez Pelayo, em 2005.Seu último livro, *Testigo de Uno Mismo* foi lançado em 2008. Entre seus livros editados no Brasil, estão *Primavera num Espelho Partido* (1982) e *Correio do tempo* (1999), ambos pela Alfaguara.
O presente artigo foi publicado no Jornal Rascunho em junho de 2009 e faz referências às seguintes obras do autor: BENEDETTI, Mario. *Correio do tempo*, trad: Rubia Prates Goldoni, Rio de Janeiro, Alfaguara, 2007b;
_____ *Primavera num espelho partido*, trad: Eliana Aguiar, Rio de Janeiro, Alfaguara, 2009.

mais de oitenta obras publicadas, desde poesia, até contos, ensaios e romances, acabou sendo exilado de seu país, por dez anos (1973 a 1983), devido às suas posições políticas de esquerda e à militância ferrenha contra a influência dos EUA na história latino-americana.

Os dados biográficos do autor e todo seu engajamento político acompanhado da dura experiência de preso exilado, por conta do golpe de Estado do Uruguai, em 1973, sem dúvida alguma, deixaram vestígios profundos, em sua vasta produção ficcional. Não é à toa que, naturalmente, o nome de Benedetti esteja vinculado às mais diversas classificações que tangenciam o universo da literatura de testemunho, de denúncia das atrocidades de uma época que não se pode esquecer. Afinal, a memória parece ser o melhor antídoto contra o horror e buscar formas ficcionais de transfigurá-la representaria, em última instância, um ato de resistência. Por esse viés, a literatura acabaria assumindo a missão de recontar, sob as vestes da ficção, aquilo que só quem viveu ou testemunhou pode lembrar. E a lembrança, assim ficcionalizada, torna-se necessária, porque exerce a função de propalar à toda humanidade, a fim de que não se recaia no erro novamente, a crueldade, a baixeza de atos que, no auge de nossa desumanização, somos capazes de cometer. Testemunhar, nesse sentido, significaria reabilitar, de algum modo, a voz dos que, diante do horror, foram obrigados a calar.

Emudecemos diante das guerras de todo gênero, das mais variadas formas de exploração e abuso de poder, de todos os holocaustos, das infinitas e abomináveis expressões da tortura. E contra esse mutismo, sem dúvida, se insurge a voz altissonante do Benedetti militante e, também, a do escritor. Analogamente ao que Primo Levi desenvolve, no romance *Se isto é um homem* (1947), transformando, em matéria ficcional, o testemunho do vivido no campo de concentração em Auschvitz, o escritor uruguaio, especialmente em *Primavera num espelho partido* (1982) e *Correio do tempo* (1999), publicados pela Alfaguara, busca fazer com que se ouçam as vozes dos que sofreram nas masmorras sombrias da ditadura e todos os demais que, envolvidos afetivamente com aqueles presos e exilados, acabam tendo, também, suas vidas dilaceradas.

Mas se partirmos para a leitura de Mario Benedetti, apenas com olhos já direcionados à constatação da força de seu discurso de escritor engajado, correremos o sério risco de reduzir a grande potencialidade de sua literatura aos estereótipos classificatórios. Nesse sentido, vale lembrar o que Susan Sontag questiona em *Ao mesmo tempo*[80], a propósito do valor eminentemente literário de certas obras que os rótulos taxonômicos acabam por distorcer ou negligenciar.

Por isso, faz-se necessário perceber a riqueza de nuances dos procedimentos narrativos usados pelo escritor uruguaio que, com a maestria de um artesão, tece e destece os fios do narrar, conferindo à sua literatura uma dimensão que transcende o mero testemunho. Mais do que um "libelo pela construção da realidade" – como se tem afirmado – a obra de Benedetti alcança a universalidade das contradições humanas, em sua ampla rede de significados. Ao tratar do preso exilado, por exemplo, não se restringe apenas ao exilado político, vítima da opressão do sistema, mas toca, de modo perspicaz e contundente, no exílio nosso de cada dia, nas múltiplas faces da incomunicabilidade que nos fazem sofrer, talvez, do mal maior: o do aprisionamento do ser em seu cárcere interior, estrangeiro a tudo e a todos.

### Correio do tempo

Esta antologia de contos chama atenção, logo de saída, pelos subtítulos de cada uma das partes que a compõem: *Sinais de fumaça*; *Correio do tempo*; *As estações* e *Colofão*.

Interessante observar que, de fato, os textos inaugurais podem ser definidos como esses sinais, índices muito preliminares do que, aos poucos, irá tomando corpo, no que se configurará a seguir. Assim, as narrativas dos *Sinais de fumaça* sugerem mais do que revelam, em diálogos densos que quase não explicitam nada, anunciando o que está por vir, tal como nas mensagens ritualísticas de comunicação entre certas tribos primitivas, em que a fumaça exerce o poder subliminar de avisar que algo importante estaria acontecendo.

Já em *Correio do tempo*, a segunda parte, reunião dos contos que dão título ao livro, o que antes apenas se insinuara, de maneira esfumaçada, adquire forma, pois teremos consciências narrativas várias, que se expressam por meio de cartas. Da comunicação incipiente da fumaça passaremos à força material da correspondência epistolar, de cartas escritas no papel, palpáveis registros do ocorrido.

Assim, há um conto, todo estruturado em tenso diálogo, em *Sinais*

---
[80] A propósito, veja-se, neste mesmo volume, o artigo *A arte do inconformismo*, dedicado à Susan Sontag.

*de fumaça*, cujo título é *Dezenove*. Em resumo, refere-se ao número de um preso político, o *Dezenove*, que, tendo sobrevivido à cruel carnificina dos que eram jogados vivos dos aviões no mar pelos torturadores – prática muito comum à época das ditaduras militares do Uruguai, Chile e Argentina – decide procurar seu carrasco para assombrá-lo. A narrativa é contida e aqui a maestria do diálogo bem construído confere ao conto a precisão imagética, tão cara à linguagem cinematográfica, já que é possível "ver" a cena descrita. Conseguimos ver o preso chegando à casa do militar e declarando-se um sobrevivente ao maior dos horrores: o de ter sido jogado vivo no oceano. Porém, esses detalhes, justamente porque não são revelados num discurso verborrágico, mas sim pontual e incisivo, acabam dando a impressão de um esfumaçamento, do que ainda está na névoa da dúvida ou do sonho. Tanto é verdade, que o tempo todo o militar imagina estar sonhando, como se o *Dezenove* fosse um espectro, um fantasma, pois seria praticamente impossível sobreviver àquela situação.

A "nuvem de fumaça" que sugere a barbárie desse tipo de crime virá explicitada, na segunda parte do livro, em *Com os golfinhos*, por meio de outra voz narrativa, a de uma adolescente, *Paulina* que, em uma carta endereçada à mãe adotiva *Maria Eugenia*, revela a dor de ter descoberto que seus verdadeiros pais, presos políticos, haviam sido jogados vivos ao mar. E a irada indignação transborda diante da descoberta de que os que a adotaram teriam sido cúmplices daquele crime.

Nesse segundo caso, os personagens passam a ter nome, não são apenas identificados por um número – como no caso anterior. A narrativa adquire forma, e o que antes se sugeria, de modo tenso e ambíguo passa a ser evidente e assustadoramente claro. O discurso incontrolável, irônico e ressentido de Paulina toca explicitamente na ferida aberta das sequelas da ditadura. Ela é vítima do sistema, "contundida e ferida" – para usar os próprios termos do autor em *Primavera num espelho partido* – uma das tantas que terão suas vidas dilaceradas.

Mas é importante verificar o quanto a dimensão poética das formas do narrar, que aqui se assume, é que confere a tragicidade necessária à denúncia desse horror. De fato, simbolicamente, o ventre do mar, como um Deus, acolhe os pais mortos da menina, mesmo de modo abrupto e cruel e permite que ela retorne, por meio do narrar, ao fundo desse oceano, "com os golfinhos", como se voltasse à fonte genesíaca da vida intrauterina, resgatando, poeticamente, o irreversível. Temos, assim, a complexidade do paradoxo de buscar algum traço de vida, redenção ou transcendência no que já sucumbiu:

> ... *mas meus pais afogados não voltaram... No melhor dos casos, não estão rodeados de apóstolos, mas de golfinhos. Talvez, Deus, se existe algum, não more lá no Altíssimo, mas no fundo do mais profundo dos mares. E lá onde está, ignore tudo, embora de vez em quando abra suas brânquias e distribua bênçãos. Não descarto que uma noite dessas, eu, que não sei nadar, afinal me decida e mergulhe para buscá-lo, assim mesmo, sem boias, mas com a mochila cheia de recriminações... Tchau, Paulina.* (BENEDETTI, 2007, p.103)

O conto *Sonhou que estava preso* pode, também, ser lido como uma célula inicial, um microcosmo poético que será transfigurado em um dos principais motes do romance *Primavera num espelho partido*.

A ideia de que o sonho e a memória são, mais do que formas, estratégias de sobrevivência às atrocidades do real é já conhecida no mundo das artes. Manuel Puig, em *O beijo da mulher aranha* utilizou desse expediente, carregando conotativamente as imagens oníricas de seus personagens na prisão como via de escapismo do submundo, para alguma possível transcendência estética.

Mas em Benedetti, a representação da realidade do cárcere, sublimada pelo sonho, assume características muito peculiares. No conto citado, um preso acaba encontrando, ao sonhar, forças para resistir à dura realidade da cela. Aos poucos, transforma o mínimo mundo ao redor, tornando-se destro em recriá-lo, por meio das mais variadas e coloridas expressões oníricas. De certa forma, a superação do trauma do aprisionamento se viabiliza pela libertação possível no sonho. Então, teríamos, a seguinte equação: realidade = prisão x sonho = liberdade. Porém, o imponderável e a quebra total de expectativa se instauram, ao final do conto. Depois de muitos anos confinado, quando posto em liberdade, o ex-preso, já em lençóis e cama limpa, na casa da irmã que cuida dele, continuará sonhando, não que está livre, mas preso. A equação parece se reverter: agora o sonho adquire o peso do poder de aprisionar...

O desconcerto e o estranhamento advêm do fato de que, mesmo que o corpo o leve para os espaços de liberdade, uma vez confinado, o indivíduo perde a dimensão essencial do que é *ser* livre e, então, a gravidade do paradoxo é a de que o espírito e a mente, na verdade, não conseguem se libertar jamais dos condicionamentos a que o corpo foi submetido. Talvez, como um "vício de forma", título de uma série de contos de Primo Levi (*Vizio di forma*, 1971), cujo eixo central denuncia quão bruscamente pode o humano passar ao desumano, a partir do momento em que se lhe infligem situações violentas, muito calcadas na matriz pavloviana de adestramento de animais.

A mesma perplexa inquietação percorre todo o romance *Primavera num espelho partido*, que parece propor a crucial pergunta sem resposta: o que resta, de quem passou pelos porões da ditadura? Depois da violência e de tamanha humilhação, como acreditar no sonho? Em quem se transformam os presos políticos torturados? Em quem se transmutam seus amigos, conhecidos, familiares, filhos, amores? O que não se vai e permanece íntegro, após tantos exílios? Enfim, o que sobra de um espelho, quando ele se parte?

### Espelho estilhaçado

A imagem recorrente do espelho partido como reflexo da identidade dilacerada, em Benedetti, traduz metaforicamente a dor irreparável que a violência das separações de toda ordem pode gerar. O espelho, agora estilhaçado em fragmentos, representa a perda da identidade e da dignidade humana, incapaz de se reconhecer, após a humilhação da tortura e do exílio. Talvez, de modo análogo, um pouco como, poeticamente, revela Cecília Meireles[81] em:

*Eu não dei por esta mudança,*
*Tão simples, tão certa, tão fácil:*
*Em que espelho ficou perdida*
*A minha face?*

Importa ressaltar que a estrutura narrativa, criada pelo autor uruguaio, revigora a ideia das personagens aquebrantadas, já que o corpo do romance é todo fragmentado, coerente com a ideia dos estilhaços vítreos que refletem e refratam o estranhamento do eu, que já não sabe mais quem é ou em quem se transformou.

Assim, o sumário que abre *Primavera num espelho partido* apresenta, desde o início, os títulos dos capítulos, por meio de ícones que tentam identificar os personagens, em suas múltiplas vozes narrativas.

---

[81] Versos extraídos do poema Retrato In MEIRELES, Cecília, *Antologia Poética*, Rio de Janeiro, Ed. Nova Fronteira, 2001)

O romance trata, em resumo, da história do preso político Santiago, um militante de esquerda, que, durante o golpe militar no Uruguai, em 1973, acaba confinado por cinco anos, dois meses e quatro dias, ao fim dos quais se libertará. Para além da denúncia das atrocidades por ele sofridas, a fragmentação do espelho de sua vida, também se reflete nas vidas vinculadas à dele, especialmente, na de sua mulher, Graciela.

Todos os familiares têm que enfrentar o exílio forçado para Buenos Aires. Cada qual, a seu modo, aprenderá a se refazer, em suas novas identidades. Mas o conflito maior é o que aponta à questão do exílio interior, da distância do convívio e da quebra da intimidade sofridos, por exemplo, pela mulher, para quem o tempo corre em outra dimensão na frequência natural das mudanças a que estamos todos sujeitos.

A dissonância entre o modo pelo qual Santiago apreende o tempo, que parece suspenso na prisão e a velocidade das mudanças sofridas por Graciela, cuja passagem das horas, em liberdade, só oprime e sufoca é bastante reveladora. Ao final, mesmo que amando-o à distância, ela não resiste aos apelos da vida real e se relaciona com Rolando, o melhor amigo de Santiago. O romance também trata desse tipo de dilaceramento do eu dividido entre a ânsia de reconstruir a vida e a culpa pelos que deixamos de amar.

Mas é fundamental perceber como isso se dá no plano estrutural da obra. Aparecem, como reflexos dessa imagem estilhaçada de Santiago pela prisão e pelo exílio, em plena Primavera, os demais, os amigos, dentre os quais se destaca Rolando; o pai, Dom Rafael; a mulher: Graciela e a filha, a pequena Beatriz. O romance ganha complexidade e força narrativa, pois vai sendo construído, a partir de cada uma dessas consciências, que tal como as múltiplas faces do espelho partido, adquirem voz própria, não sucumbindo à onipotência da voz de um único narrador, detentor da verdade dos fatos e único dono-testemunho da história.

Como os diferentes movimentos de uma partitura musical, veremos desfilar, em ordem crescente e decrescente, mas de modo repetitivo num refrão : *Intramuros* – título que se refere ao preso, quando confinado e às cartas que escreve para a mulher; *Feridos e contundidos* – que narra os dilemas pelos quais passa Graciela, ao perceber que a relação amorosa com o marido, a partir do desgaste do tempo que ele passa na prisão, se deteriora; *Dom Rafael* – que encarna a sábia voz do velho pai de quase setenta anos, um professor que, também tem que aprender, a duras penas, a lidar com o exílio forçado, devido ao encarceramento do filho; *Exílios* –

que reúne diversos casos de exilados, narrados pela voz do personagem autor, uma espécie de alter ego do próprio Mario Benedetti; *O outro* – aqui representado por Rolando Asuero, o amigo mais próximo de Santiago que acaba se envolvendo e amando Graciela, *Beatriz* – que assume a narrativa em primeira pessoa, da voz da menina, extremamente vivaz e curiosa, capaz de conferir nuances de leveza e alegria ao trágico de toda a situação. Só ao final, aparecerá o novo índice: *Extramuros*, em que a voz de Santiago, já fora da prisão, no trajeto de retorno à casa, se manifesta.

Ao esfacelar a coesão da narrativa, o autor consegue relativizar os pontos de vista, num procedimento requintado de relativização da própria história oficial, ampliando os modos de percepção de um momento histórico tão crucial e polêmico. Se fosse apenas o mero testemunho de mais um episódio do horror, não adquiriria a dimensão universal da grande literatura, pois talvez incorresse na redução do relato.

A fragmentação do espelho, portanto, mais do que a revelação do momento de ruptura de vidas deterioradas pela ditadura, acaba incidindo no estilhaçamento dos indivíduos *feridos e contundidos*, que já não sabem mais qual o seu lugar no mundo.

Interessante perceber, também, que a voz do personagem autor, Mario Benedetti, ao recontar passagens de vida de vários exilados, nos fragmentos intitulados *Exílios* parece exercer a função de uma certa quebra do ilusionismo. Talvez aqui, a intenção, à la Brecht, seja a de quebrar a chamada "quarta parede", ou seja, permitir que a "realidade" possa entrar no espetáculo/livro, sem as nuances da representação ou da transfiguração, como um alerta ao espectador/leitor, a fim de que se lembre de que o romance não pretende, em momento algum, se distanciar dos fatos de uma história que ocorreu e que é preciso contar.

**Beatriz, trégua, sonho e primavera**
Diante desse rol de sofrimentos, exílios, perdas e rupturas várias poderia se ter a impressão de que Benedetti encarna a feição sisuda e carregada dos escritores assumidamente trágicos. Claro que, em sua alma de escritor, jazia uma profunda e dolorosa cicatriz – que inclusive aparece transfigurada, nas cicatrizes de vários personagens, vítimas da violência do cárcere. Mas, aos poucos, na compreensão geral de sua criação, nota-se que ele não permanece refém da dor.

Por exemplo, no romance *A trégua*, de 1960, uma de suas mais importantes obras, de cunho intimista, o velho viúvo Martín Santomé, vivendo o tédio e uma espécie de clausura em uma vida arrastada e sem sentido, encontrará uma saída, ao descobrir-se apaixonado pela jovem Laura Avellaneda. A "trégua" aqui, tal como uma pausa concedida, um momento de paz, em meio à dura batalha, talvez pudesse ser traduzida por estas palavras de Riobaldo, em *Grande Sertão Veredas*, de João Guimarães Rosa: "qualquer amor é um intervalo na loucura".

Tal como na Primavera, em que as flores renascem após longo inverno, a trégua e o sonho representariam pequenas janelas de luz, nas paredes sombrias da existência.

Assim, parece que o drama existencial da vida só decantou e purificou, ainda mais, a veia poética de nosso autor, que se autodefinia como "alegremente melancólico".

A busca de leveza, em meio à opressão, vem representada, também, na visão de mundo de Beatriz, a menina filha do preso Santiago, de *Primavera num espelho partido*. Poética e ludicamente, ela tem a "mania" de brincar com a ambiguidade das palavras, com a ironia fina e bem-humorada de quem, como os poetas e os cegos, "sabe ver na escuridão".

Beatriz e o seu próprio nome – em tributo à intertextualidade com a personagem de Dante – está a indicar quem, de certa forma, pode conduzir os desesperados do Inferno à alguma réstia de luz paradisíaca. E faz isso, por meio da linguagem poética, calcada no lúdico e na inocência pueril das primeiras associações de descoberta do mundo. Mas não nos enganemos: a inocência de Beatriz é esperta, pois travestida do aguçado olhar sarcástico e irônico do autor, hábil artesão nos jogos do narrar:

*Tio Rolando disse que esta cidade está ficando imbancável de tanta poluição que tem. Eu não disse nada, para não passar por burra, mas da frase inteira só entendi a palavra cidade. Depois fui ao dicionário e procurei a palavra IMBANCÁVEL e não achei. No domingo, quando fui visitar meu avô, perguntei o que queria dizer imbancável e ele riu e explicou de muitos bons modos que queria dizer insuportável. Aí sim entendi o significado, pois Graciela, ou seja, minha mãe, me diz, às vezes, ou melhor, todo dia, por favor, Beatriz, por favor, às vezes você fica realmente insuportável. Precisamente nesse mesmo domingo ela me disse isso, mas dessa vez repetiu três vezes, por favor, por favor, por favor, Beatriz, às vezes você fica realmente insuportável, e eu, bem tranquila: você está querendo dizer que estou imbancável, e ela achou graça, mas não muita, mas me tirou do castigo, o que foi muito importante. A outra palavra, poluição, é bem mais difícil. Essa sim está no dicionário. Ele diz, POLUÇÃO: efusão de sêmen. O que será efusão e o que será sêmen. Procurei EFUSÃO e achei: derramamento de um líquido. Também achei sêmen e diz: germe, semente, líquido que serve para a reprodução. Ou seja, o que tio Rolando falou quer dizer o seguinte: essa cidade está ficando insuportável de tanto derramamento de sêmen...* (BENEDETTI, 2009, pp.141-142)

Analogamente à revitalização luminosa que Beatriz consegue conferir às sombras da prisão, há também, de modo recorrente, nos temas eleitos pelo autor, o do sonho e o da memória, como meios eficazes de reinvenção da vida, diante da dura realidade. Daí porque ser extremamente necessário, para sobreviver, não abdicar dos mesmos, para que possam arejar os porões da existência confinada:

*Um preso sonhou que estava preso. Com nuances, claro, com diferenças. Por exemplo, na parede do sonho havia um pôster de Paris; na parede real havia apenas uma mancha escura de umidade. No chão do sonho corria uma lagartixa; no chão de verdade um rato o fitava.*

*O preso sonhou que estava preso. Alguém massageava suas costas e ele começava a se sentir melhor. Não conseguia ver a pessoa, mas tinha certeza de que era sua mãe, uma especialista no assunto. Pela ampla janela entrava o sol da manhã, e ele o recebia como um sinal de liberdade. Quando abriu os olhos, não havia sol. A janela gradeada (três palmos por dia) dava para um poço de ventilação, para outro muro de sombras.* (BENEDETTI, 2007b, p.32)

Ao sair, finalmente da prisão, depois de tantos anos, Santiago, num misto de euforia e dúvidas sobre o que haverá de encontrar "lá fora", faz uma verdadeira ode à Primavera. Ele, que havia sido preso em plena Primavera, num estranho redesenhar dos traços cíclicos do destino, será posto em liberdade naquela mesma estação do ano:

*... depois desses cinco anos de inverno ninguém vai me roubar a primavera...*

*A primavera é como um espelho, mas o meu está com a ponta quebrada/era inevitável não ia sair inteirinho desse bem nutrido quinquênio/mas apesar da ponta quebrada o espelho serve a primavera serve...*

O que nos fica, como legado da obra de Mario Benedetti, talvez seja essa possibilidade de reinventar a vida, apesar de todos os exílios... Em meio aos inevitáveis e penosos desafios do viver, há um preso que sonha; uma primavera que retorna. Como o velho Rogerio Velasco, personagem do conto *Testamento hológrafo* diria: *deixo um vidro com chuva que me deixava alegremente melancólico/ deixo uma insônia com lua crescente e duas estrelas/ deixo a sineta com que chamava a esquina boa sorte/ deixo o relâmpago da memória, que às vezes ilumina os baldios da minha consciência.* (BENEDETTI, 2007b, p.135)

Deixando-nos, o grande escritor uruguaio, dá-nos a prova definitiva de que sua obra singular não nos deixará jamais...

### PAISAGEM de HOMEM e MENINO

O romance **Aos 7 e aos 40**, de João Anzanello Carrascoza[82], lançado pela Cosac Naify (2013) em edição primorosa, confirma o que já se anunciava em boa parte da trajetória ficcional do autor: a bem realizada investida num tipo de prosa que se caracteriza, acima de tudo, por ser poética.

Em tempos como estes, em que certas tendências artísticas acabam, muitas vezes, por forjar produções ficcionais altamente pretensiosas, repletas de arroubos de intertextualidade, ensaísmo e citações carregadas de erudição, que exigem verdadeiras acrobacias por parte do leitor comum, pode soar estranho falar em autêntica prosa poética.

No entanto, Carrascoza vem se afirmando como mestre no gênero, isento aos *ismos* de toda espécie, dono de uma voz que lhe é muito própria. Parece saber que qualquer pequeno deslize pode ser excessivo a ponto de fazer a narrativa se encharcar de tintas melodramáticas — daí por que tudo o que escreve reforça a ideia da justa medida e da boa e necessária contenção. O que advém, em decorrência disso, é o depuro de uma linguagem que tangencia o poético, sem jamais cair no prosaico, conciliando esses dois elementos — que adquirem extrema densidade, como

---

[82] João Anzanello Carrascoza é escritor e professor universitário (ECA- USP) e um dos maiores escritores brasileiros contemporâneos. Entre suas principais obras, destacam-se: *Hotel solidão* (1994); os livros de contos: *O vaso azul* (1998), *Duas tardes* (2002), *Espinhos e alfinetes* (2010), *Amores mínimos* (2011), *O volume do silêncio* (2006, Prêmio Jabuti), *Aquela água toda* (2012, prêmio APCA), *Caderno de um ausente* (2014), *Trilogia do adeus* (2015, prêmio Jabuti), *Elegia do irmão* (2019), *Tramas de meninos* (2021), *Inventário do azul* (2022).
O presente texto foi publicado no Jornal Rascunho em outubro de 2013 e se refere ao primeiro romance do autor. CARRASCOZA, João Anzanello. *Aos 7 e aos 40*. São Paulo: Cosac Naify, 2013.

se cada palavra assumisse o peso de todo o universo (na melhor tradição de nossa literatura, como a que encontramos, por exemplo, no grande Raduan Nassar). E esse universo passa a ser apreendido no singelo das coisas simples, das ações cotidianas, do contraste entre o espaço urbano e o rural, do intercâmbio sutil das relações e dos afetos, num tempo que se suspende e se dedica a capturar o flagrante do aqui e agora.

### Duas consciências

Não é diferente o que ocorre neste seu primeiro romance. Trata-se de uma obra de tom memorialístico, uma vez que temos duas consciências narrativas que dialogam num interessante jogo de espelhos, refletindo-se reciprocamente.

Uma delas, em primeira pessoa, é a de um homem a resgatar fragmentos dispersos da infância, buscando aproximar-se — o mais intimamente possível — do menino que teria sido aos sete anos. A outra, distanciada em terceira pessoa, revela a trajetória madura daquele mesmo homem (aos quarenta) em seu presente, repleto de dúvidas e incertezas.

Importa notar o quanto o romance ganha força justamente a partir dessa opção do autor em trabalhar com dois níveis distintos de consciências do narrar. Temos, assim, logo ao início, a divisão das partes da obra, configurada por meio de dísticos ou de duas variações sobre o mesmo tema; ou ainda, da justaposição de índices antitéticos, a revelar o inconciliável, o imponderável da vida e, mais que tudo, o das desconcertantes tentativas de aproximar presente e passado.

É o que percebemos nessa abertura, em que a parte superior da diagramação da página, em tom de verde mais escuro, dedica-se aos capítulos de volta à infância, e os da inferior, em verde mais claro, aos do homem maduro. Mas o que separa os dois universos é apenas uma linha muito sutil, como se as duas instâncias fossem os dois lados da mesma moeda ou, em outros termos, como se, para cada ação do menino correspondesse uma reação do homem:

*Depressa   Leitura   Nunca mais   Dia   Silêncio   Fim*
*Devagar   Escritura   Para sempre   Noite   Som   Recomeço*

Assim, por exemplo, o menino, ávido pela vida, tem pressa; o homem, por buscar as coisas de modo mais desencantado, faz com que tudo se arraste num ritmo mais lento. No momento em que o menino aprende a ler — tanto as palavras, quanto as pessoas — num ritual de iniciação, o homem, já vivido, arrisca-se a uma compreensão (um tanto quanto dolorosa) do mundo, escrevendo-o.

Os movimentos duais, embora opostos, fazem parte, dialeticamente, da mesma partitura musical, que aprendemos a executar vivendo.

### A nascente da memória

De certo modo, a estrutura romanesca que aqui se desenha revela o fracasso de qualquer empreitada da memória — ainda que bem intencionada — em resgatar o passado, uma vez que é impossível recuperar integralmente o que já se deu. É o que depreendemos do seguinte trecho final, em que o homem decide viajar para o interior, para sua cidade natal, onde vivera a infância (num caminho de volta às origens) e se depara com o vazio daquela busca:

*[...] por isso viera em sua nascente — como se fosse possível encontrar nos escuros do passado outra coisa além de alegrias mortas...* (p.142)

*[...] no vão entre suas palavras, lá ela se escondia, a voz vigorosa da certeza. Certeza de que o dia saía, quebradiço, do molde que ele imaginara perfeito para conformá-lo — a realidade, como uma lava, vazava, espessa e rija, petrificando suas lembranças.*

*A vida era o que era, e ele cada vez mais longe de sua fonte, mesmo se de volta a ela, como agora — tudo no caminho é para ficar para trás, as pessoas carregam só aquilo que deixam de ser, o presente é feito de todas as ausências.* (p.143)

*[...] precisava tirar os véus de seu pensamento, ver se debaixo deles reencontraria a sua velha infância. Caminhou vagarosamente até a praça, como se sobre as águas, andando distraído pela calçada empoeirada, mais dentro de si do que fora, com seus anos todos em cada um de seus passos. Reconhecia a igreja matriz adiante, a rua Quinze à esquerda, a casa da esquina onde antes era o Bar do Ponto.*

*Tudo ali havia perdido a cor, a luz, os contornos vivos.*

*A cidade que lá estava era a mesma, mas a outra, a sua, a cidade que se enraizara nele, essa se apagava aos seus olhos, como um glaucoma, sob a camada fria da atual. [...]*

*E os pés o levaram à escola, cujo prédio, embora com a mesma fachada de antes, já se revelava outro.*

*Parou diante do portão e observou a janela das salas de aula, o pátio onde conhecera a generosidade do Bolão, o cercado de areia onde treinava salto em altura. Na escadaria, umas folhas secas ao vento, era o que havia. O passado se recolhia em concha.*

*Ele, agora, só reencontrava bordas, o recheio das coisas se perdera.*

*E, afinal, o que ele desejava?*

*Reviver?*

*Mas tudo — adianta não admitir? — tudo é um viver único, de uma só vez, sem repetição...* (pp.144-145)

### Composição simbiótica

Mesmo que sua tentativa de reapropriação do passado fracasse, já que "aquele passeio pela cidade era uma hora final", anuncia-se, por outro lado, um incipiente reinício: "ele se saindo da placenta úmida, um novo velho menino".

Então, embora os dois níveis narrativos se configurem ao longo da disposição das páginas como células independentes, que inclusive, podem existir de modo autônomo, ao final, eles se entrecruzam, numa composição quase simbiótica. O homem extrai do inevitável colapso de sua viagem no tempo, de seus resquícios, a seiva vital para se reinventar — ainda que com os limites do presente — com uma força análoga a que possuía outrora.

Melhor dizendo, diante do desconcerto de que "o presente é feito de todas as ausências" e de que não há como trazer de volta o já vivido, pois tudo só acontece uma única vez, talvez as reminiscências do que fomos sejam o principal alimento a nutrir o que somos e o que viremos a ser. Porque na verdade, o presente segue, visceral e paradoxalmente, com o passado e, no homem, sempre habita o menino.

### Quadros

Com quadros narrados a partir da observação minuciosa de paisagens, desde as mais interiores e íntimas até as do ambiente externo, numa economia de meios capaz de traduzir um uso preciso da linguagem que busca também o não dito, o que se oculta no "vão das palavras", Carrascoza materializa formalmente seu intento literário, revelando o que há de melhor na prosa brasileira contemporânea.

Não importa aqui indagar se, machadianamente, neste **Aos 7 e aos 40** "o menino é o pai do homem", procurando verificar o que condiciona, às vezes de modo um tanto quanto estereotipado e determinista, a vida adulta ao que foi plantado na infância. O que importa é notar que o narrador em primeira pessoa propositalmente adere às descobertas do menino, às urgências do primeiro olhar sobre a vida, afoito, apressado, espontâneo, num à vontade que deixa de existir por completo quando o distanciamento se instaura pelo narrador em terceira pessoa. Este, de maneira diversa à do anterior (seu duplo), revela o homem maduro, cuja fala contida é a tradução precisa das perdas e de suas consequências. É nele que se precipita a crise e a necessidade de voltar ao passado, à cata de lembranças que possam brotar frescas da nascente da memória.

É da tensão entre os dois planos narrativos que surge a força dessa prosa poética, que trata de temas que nos são extremamente familiares, tão pertinentes à nossa condição.

Ainda que transite pelo fio da navalha, pela linha tênue que separa duas fases distintas da vida, em que predominam situações de radical confronto e oposição, o menino e o homem — aparentemente antitéticos — não duelam, nem digladiam. Compõem uma paisagem, que não é jamais figurativa, muito menos plácida ou coerente, porque a memória é a tela fluida, escorregadia, inapreensível e acima de tudo, ficcional e contraditória — na qual Carrascoza tão bem manuseia as tintas de seu narrar.

## PINTANDO O PRÓPRIO ROSTO

**Alfabetos**[83] é uma antologia de ensaios que, em síntese, trata da formação de Claudio Magris enquanto leitor. Certamente, nas páginas que aqui se apresentarão, de modo muito prazeroso e espontâneo, o grande escritor, germanista, ensaísta e pensador triestino quer nos fazer cúmplices do inquietante percurso do que — ele mesmo denomina — sua "Odisseia literária". E, de fato, pouco a pouco, vamos sendo convidados a partilhar do fascínio e desafios dessa infindável viagem, rumo ao universo das leituras e autores que o foram marcando, ao longo do tempo. Essa trajetória tem início na infância, quando sem ainda saber

---

[83] A propósito de Claudio Magris, gostaríamos de remeter ao ensaio: *Loucura lúcida*, neste mesmo volume.
Este texto, publicado no Jornal Rascunho em outubro de 2012, é o prefácio que redigi para a edição brasileira da antologia de ensaios de literatura *Alfabeti*, de Claudio Magris, por mim traduzida: MAGRIS, Claudio, *Alfabetos. Ensaios de literatura*, trad: Maria Célia Martirani, Curitiba, Editora UFPR, 2012.

ler, ouvia, atento e curioso, as histórias que sua tia Maria lhe contava, principalmente alguns trechos de **Os mistérios da floresta negra**, de Emilio Salgari. O menino, então, com apenas seis anos, passa a decifrar o alfabeto e mergulha na segunda parte daquelas aventuras, que representarão seu primeiro encontro efetivo com a palavra. Na sequência, virão os chamados "livros de leitura", que contemplam os álbuns de cães do pai (cinólogo apaixonado), passam pelas enciclopédias, chegam aos textos da "Biblioteca dos povos", como o **Mahabharata** e o **Ramayana** até os chamados "livros que deixam marcas absolutas", como a **Ilíada**, a **Odisseia**, o **Antigo** e o **Novo Testamento**. Confessa, ainda, ter recebido uma certa entonação em sua própria arte de narrar, por influência dos grandes escritores épicos, especialmente e muito de Tolstoi e também de Melville, Guimarães Rosa, Faulkner, Sábato, Nievo, mas em igual medida e fundamentalmente de autores, por ele muito amados, como Ibsen, Kafka, Svevo e todos os que traduzem de modo intenso a odisseia sem volta, o desajuste da existência, atingindo, no limite, uma auto lesiva e culpada expiação, tais como Céline ou Hamsun.

O longo e infindável inventário desse processo de formação acaba por constituir, assim, segundo o que ele mesmo afirma, a sua "carteira de identidade" e, em meio ao amplo leque de temas abordados pelos estudiosos da Teoria da Leitura e da Literatura, **Alfabetos** toca, muito de perto — para dizer o mínimo — nas complexas questões entre Literatura, Leitura e Identidade.

Mas o que é importante ressaltar é que Magris não permanece apenas na leitura de caráter impressionista, arrebatado pelos aspectos de ordem subjetiva, em relação aos textos e autores que elege como principais formadores de seu ser literário. Vai muito além do reconhecimento afetivo dos mesmos, conferindo-lhes a consistência e a densidade da análise minuciosa do leitor, capaz de mergulhar nas entrelinhas e nas entranhas daqueles alfabetos a decifrar, com o rigor e o método necessários à crítica literária fecunda, que jamais se perde em divagações estéreis. Daí porque estes seus escritos fujam do que Chesterton teria definido, no que diz respeito ao gênero, como o salto no escuro dos que correm o risco temerário de ensaiar escrever um ensaio. De fato, os ensaios do autor já nascem prontos, bem acabados. Não deixam de se dedicar, também, com versatilidade — como já propunham Montaigne e Kierkegaard — aos mais variados assuntos, além dos literários propriamente ditos, tais como os da *Felicidade, Coragem, Ira* (apenas para citar alguns).

O que cumpre notar, entretanto, é que os modos de seu pensar se articulam sempre na busca do equilíbrio entre a leveza dos temas eleitos pelo coração e o arguto olhar do acadêmico estudioso, incansável nas investidas filosóficas que se obstina a propor. Disso decorre que não recairemos nos extremos desvios de uma crítica meramente impressionista, subjetiva e assistemática, nem tão pouco na que passou a ser frequente, sobretudo, a partir da década de 60, com o uso abusivo de termos, cada vez mais científicos, que, no limite, teriam transformado a escritura, segundo Alfonso Berardinelli, em árido "quebra-cabeça, colagem de termos técnicos"[84].

O que caracteriza o ensaísmo de Claudio Magris é a justa medida, o estilo que não se perde nos caminhos traçados pela inevitável afinidade eletiva das preferências literárias, nem se fossiliza nos discursos engessados pelo rigor excessivamente especializado e cientificista das torres de marfim acadêmicas.

Assim é que, por exemplo, ao apresentar como lembrança inesquecível de leitura afetiva, a lenda de Savitri (uma das que compõe o **Mahabharata**, à qual ele teria tido acesso ainda na infância), com profunda erudição, estabelece um interessante diálogo entre aquela personagem hindu e Alceste, da tragédia narrada por Eurípedes, a que ele atribui a alcunha de "irmã grega" da primeira. E ainda, no mesmo estudo, intitulado *Alceste indiana*, encontraremos uma instigante proposta de aproximação — num viés comparatista, intertextual, antitético — entre o comportamento de Savitri e o de Orfeu, pois contrariamente a este, que fracassa no intento de trazer Eurídice da morte à vida, aquela consegue resgatar o companheiro Satiavan das trevas.

Uma das reflexões suscitadas por esse estudo é, pois, o da reversão do protagonismo de Orfeu, assumido pela heroína hindu, cujas impressões digitais parecem ter deixado marcas significativas na personagem feminina do romance **O senhor vai entender** [85](2006) do próprio autor.

Num outro momento, no ensaio *As alegrias do desclassificado*, teremos um dos mais brilhantes estudos da atualidade sobre a linhagem

---

[84] BERARDINELLI, Alfonso. *La forma del saggio. Definizione e attualità di un genere letterario*, Venezia, Marsilio, 2008.
[85] MAGRIS, Claudio. *O senhor vai entender*. Trad: Maurício Santana Dias. São Paulo: Cia das Letras, 2008.

de personagens que encarnam a negação absoluta ou a recusa total ao sistema, à la **Bartleby, o escrivão**, de Melville ou **Wakefield**, de Hawthorne, passando pelo genial pintor triestino Vito Timmel e ainda por Peter Klein do **Auto de fé** de Elias Canetti, todos em diálogo com a criatura perseguida do conto *A toca* de Kafka em que, de certa forma, a busca pelo desejado isolamento seria o único recurso a protegê-los da vida, já que, paradoxalmente, é esta a entregá-los à morte, na medida em que a tentativa de "defesa se torna idêntica à autodestruição".

A respeito da obra de Joseph Conrad, em *Nascer é cair no mar*, aprofunda-se a temática do indivíduo desafiado pelo absurdo e desconhecido, encarando a deserção não apenas como fraqueza ou vileza moral, mas como uma das verdades da alma humana, em que haveria "uma disponibilidade de ser, mas também de não ser" e em que o mar se equipara à vida, enquanto "encanto e horror, abandono e naufrágio, definhamento, imortalidade, destruição".

É nesse mesmo mar/vida — guardando as respectivas diferenças contextuais de cada obra — que o protagonista Salvatore Cippico do romance **Às cegas**[86] (2005) de Magris, por meio da sinuosidade de uma narrativa fragmentada, que oscila como um barco à deriva, levará adiante a sua viagem sem volta para casa, numa verdadeira "odisseia da desilusão", que não deixa de ser, também, uma das mais profundas marcas da literatura contemporânea. Nesse sentido, cumpre observar o quanto o ficcionista e o ensaísta parecem andar de mãos dadas.

Com igual profundidade analítica, veremos desfilar diante de nós — entre tantos — Heródoto, Kipling, Benjamin, Jakob Bidermann, Daniel Defoe, Schiller, Novalis, Schlegel, Hoffman, Goethe, Grillparzer, Musil, Masoch, Turguêniev, Goncharov, Sologub, os muitos autores de Praga (no exaustivo estudo *Praga ao quadrado*), Fontane, os nórdicos Jonas Lie, Alexander Kielland, *Bjørnstjerne Bjørnson, além de* Thomas Mann, Brecht, Moni Ovadia, Gregor Von Rezzori, Norman Manea, György Konrád, Ryszard *Kapuściński*, Drago *Jančar*, Boris Pahor, Jorge Semprún, Enesto Sábato, as mães argentinas da Praça de Maio, John Banville, Hemingway, Faulkner, Mo Yan, Achebe, Ngugi Wa Thiong', La Capria, Stefano Jacomuzzi, Camus, James Joyce e o elenco dos mais diversos autores e temas se abre ao infinito.

---

[86] _____. *Às cegas*. Trad: Maurício Santana Dias. São Paulo: Cia das Letras, 2009.

Conforme ensina Hans Magnus Enzensberger, em **Mediocridade e loucura e outros ensaios**[87], já que estes nossos tempos são marcados por um "analfabetismo secundário", para o qual a mídia ideal é a televisão e que, em termos de crítica literária, vivemos um verdadeiro "crepúsculo dos resenhistas", talvez seja bem oportuno, como resposta à crise contemporânea, mergulhar nestes exercícios de verdadeira realfabetização, propostos pelo professor de Trieste.

A propósito, retomando um dos contos de Jorge Luis Borges, a uma certa altura, Claudio Magris recorda a história do personagem que pintava paisagens e que afinal se surpreende, ao descobrir que havia pintado o próprio rosto. Se é verdade que isso é o que acontece a quem fala de livros, bom saber que a erudita precisão do manuseio das tintas literárias, que compõem estes **Alfabetos**, nunca borram, nem distorcem a imagem nítida e demasiado humana de seu artista/autor.

### QUANDO O OLHAR SE FAZ VISÃO
*Oceano mar* de Alessandro Baricco e *Ensaio sobre a cegueira* de José Saramago[88] – um diálogo

*Como é o lugar*
*quando ninguém passa por ele?*
*Existem as coisas*
*sem ser vistas?*
*O interior do apartamento desabitado,*
*a pinça esquecida na gaveta,*
*os eucaliptos à noite no caminho três vezes deserto,*
*a formiga sob a terra no domingo,*
*os mortos, um minuto*
*depois de sepultados,*
*nós, sozinhos*

---

[87] ENZENSBERGER, Hans Magnus. *Mediocridade e loucura e outros ensaios*. Trad: Daniel Arelli. São Paulo, Ática, 1995.
[88] O presente artigo – publicado no Jornal Rascunho em dezembro de 2008 - foi por mim refinado e aprofundado, num dos capítulos de minha tese de doutorado: *Sustentação instável: a intertextualidade em Alessandro Baricco*, defendida na F.F.L.C.H. – USP, em 2013, disponível em: https://teses.usp.br/teses/disponiveis/8/8151/tde-01082013-104034/pt-br.php. Aqui fazemos referência às obras *Oceano mar* de Alessandro Baricco (Trad: Roberta Barni. São Paulo: Iluminuras, 1997) e *Ensaio sobre a cegueira* de José Saramago (São Paulo: Cia das Letras, 1995).

*no quarto sem espelho?*
**Carlos Drummond de Andrade**
*Só existo na vida com a condição de ver.*
**Le Corbusier**

Uma das questões centrais e recorrentes na obra ficcional do escritor italiano Alessandro Baricco trata da problemática da cegueira generalizada, que se instaura, a cada dia, na sociedade contemporânea. De fato, nunca fomos, como hoje, literalmente, bombardeados e invadidos por imagens de toda natureza. Nunca, como hoje, o mundo esteve assim tão acessível ao simples apertar de um botão. A era da informação nos forma e deforma, com a avalanche de dados, mensagens, apelos visuais que chegam ao limite da saturação. Nunca estivemos tão próximos de um universo inteiramente ao alcance dos sentidos, do olhar. E, no entanto, esse excessivo e incessante estímulo faz com que vejamos tudo, sem, na verdade, estarmos vendo o essencial. Interessante o que nos conta José Saramago, quando entrevistado, no documentário *Janela da alma* (2001) de João Jardim e Walter Carvalho. Afirma que parece que vivemos numa espécie de Luna Park, em que temos, apenas, a impressão de que nosso campo visual se amplia. Na verdade, o que ocorre é que esse caleidoscópio imagético de infinitos apelos põe em cena uma realidade virtual, que passa a substituir o real, dando-nos a mesma falsa ilusão das sombras, vistas pelo homem da caverna platônica.

Não faltariam, na literatura, exemplos de textos que tratam, de maneira semelhante, a questão do olhar, nestes nossos tempos. Apenas a título exemplificativo, o próprio Saramago em **Ensaio sobre a cegueira** (1995), João Guimarães Rosa em **Miguilim** (1964), Italo Calvino em **Palomar** (2006), entre tantos outros.

**Oceano mar** (1997), dentre as várias obras de Baricco, é a que melhor evidencia a temática da necessidade de reaprender a olhar. Em resumo, o livro trata do encontro de diversos personagens, numa espécie de hospedaria, pousada, a chamada Estalagem Almayer (cujo nome faz referência explícita à obra **A loucura do Almayer** (1999), de Joseph Conrad[89]), local de onde apenas e somente se pode ver o mar. Neste lugar fantástico, estarão fadados à convivência alguns seres que fogem do protótipo dos seres comuns ou normais.

---

[89] CONRAD, Joseph. *A loucura do Almayer.* Trad: Julieta Cupertino, Rio de Janeiro: Revan, 1999.

### Resgatar a vida

Assim, por exemplo, há o pintor Plasson, que quer pintar o mar, sem usar nenhuma tinta, a não ser a própria água, buscando, incessantemente, onde estariam os olhos do mar. O professor Bartleboom é um cientista que pretende pesquisar o ponto preciso em que termina o mar. Eliseween, a menina saída do reino do conto de fadas, filha do Barão de Carewall, que é mandada para lá por seu pai, a fim de tentar se curar da estranha doença que lhe retirava totalmente os pés da realidade, a doença da "excessiva sensibilidade" de quem não consegue tocar o chão, que a fazia atemorizar-se diante de tudo que fosse muito real. A belíssima mulher Ann Deverià, obrigada pelo marido a ir para esse lugar, a fim de se curar da "doença do adultério". Adams, o que poderia ser como um marinheiro qualquer, mas não era, pois representava o homem do qual se fazia necessário salvar as histórias que escondia. Todos eles precisam ir ao mar, em busca de algum alento, de alguma chance, de algum tipo de transformação, que lhes resgate a vida.

Mas, para além dessas personas, parece-nos que o olhar é que acaba sendo o personagem principal, o centro de todas as atenções e aqueles que desaprenderam a perceber o mundo à sua volta serão chamados à lição primordial, o tempo todo, por alguns eleitos, verdadeiros mestres dessa escola da reeducação dos sentidos. E esses eleitos, para nosso espanto, são crianças que, no início da narrativa, aparecem como seres misteriosos, que surgem do acaso, inexplicáveis, quase surreais, quase como se fossem duplos dos demais personagens, já adultos que não sabem ver. Selecionamos, por exemplo, apenas para ilustrar o que estamos analisando, um trecho bastante significativo. Trata-se do momento em que o professor Bartleboom, recém-chegado à Estalagem Almayer, acaba por se deparar com a figura de um menino, que surge em seu quarto, do nada, como se fosse uma aparição:

*O menino foi um pouco para lá no parapeito. Ar frio e vento do norte. À frente, até o infinito, o mar.*

— *O que você faz sentado aqui em cima o tempo todo?*
— *Olho.*
— *Não há muito o que olhar...*
— *O senhor está brincando?*
— *Bem, há o mar, certo, mas o mar afinal é sempre o mesmo, sempre igual, mar até o horizonte, com sorte passa um navio, afinal não é assim o fim do mundo.*

*O menino virou-se para o mar, virou-se novamente para Bartleboom, virou-se ainda para o mar, virou-se ainda para Bartleboom.*

— *Quanto tempo o senhor vai ficar? — perguntou-lhe.*

— *Não sei. Uns dias.*

*O menino desceu do parapeito, foi para a porta, parou na soleira, ficou uns instantes estudando Bartleboom.*

— *O senhor é simpático. Quem sabe quando for embora será um pouco menos imbecil.*

*Crescia, em Bartleboom, a curiosidade de saber quem as tinha educado, aquelas crianças. Um portento, evidentemente.* (BARICCO, 1997, p.22)

O mesmo tipo de mensagem, obtemos de outro fragmento, extraído do monólogo **Novecentos** [90](1994), de Baricco — que deu origem ao filme *A lenda do pianista do mar* (1998), dirigido por Giuseppe Tornatore — em que o autor conta a história de um menino que nasce dentro de um navio, se torna um grande pianista e depois, ali mesmo, morre, sem nunca jamais ter descido do transatlântico Virgínia. Toda uma existência dentro dos limites da proa à popa, naquele espaço móvel flutuante e sempre ao redor, o mar... Em dado momento, o narrador amigo de Novecento (o pianista) lhe pergunta o que estaria fazendo ali, assim parado, com o olhar perdido no oceano. Novecento lhe responde que "olhava o mar". O outro, surpreso, lhe diz, então, que já fazia trinta e dois anos que ele via o mar e que aquela atitude parecia não fazer o menor sentido. Mas Novecento alega que queria ver o mar do "outro lado", porque não era a mesma coisa: "o mar, de fato, não era nunca o mesmo..." (BARICCO, 1994, p. 52 )

Nos dois exemplos, percebemos um apelo à importância de aprender a ver, enfim, a relativizar nossa capacidade de perceber o mundo.

Cremos que o aparecimento das criaturas em **Oceano mar**, que sempre têm algo a ensinar, está relacionado ao fato de que, enquanto crianças, ainda não fomos totalmente alienados ou tragados pelo excesso dos condicionamentos, que passam a nos marcar quando nos tornamos adultos. Ou seja, as crianças, em **Oceano mar**, podem ser consideradas como sábios tutores daqueles adultos embrutecidos. São quase miniaturas de esperança, capazes de desautomatizar o que está deformado, de sensibilizar o que já não consegue ver nem sentir. Elas

---

[90] BARICCO, Alessandro. *Novecentos: um monólogo*. Trad: Y.A. Figueiredo. Rio de Janeiro, 2000.

são agentes iluminados, nessa espécie de "pedagogia do olhar", no audacioso projeto da reeducação dos sentidos, apregoado pelo autor, já que, afirma Berkeley: "Ser é perceber e ser percebido. O que não é percebido não existe, ou seja, o que não é notado e distinguido perde efetividade"[91] (BERKELEY apud CORTELLA, 2004, p.12).

### Edward Bond: a crise da imaginação

Neste interessante percurso de redescoberta de nossa capacidade visual vale recordar a chamada *Teoria da corrupção da imaginação*, elaborada pelo dramaturgo inglês contemporâneo Edwar Bond[92]. Em resumo, buscando, em sua dramaturgia, estabelecer uma análise crítica de nossa sociedade em termos culturais, ele acabou criando toda uma reflexão sobre o que constitui nossa "humanidade". Suas inquietações o levaram a desenvolver um novo conceito do que vem a ser a imaginação, concebida como fundamento da psique humana, em razão de sua própria estrutura. Por meio dela, o indivíduo extrai de sua experiência sensível algumas representações, sob a forma de imagens e de histórias. E então, ele nos faz refletir sobre o quanto somos capazes de imaginar, enquanto crianças. O problema é que, quando a criança se tornar adulta, essa capacidade criativa acabará sendo tragada pela máquina do aparelhamento ideológico que visa corromper a imaginação. Como consequência, estamos vivendo uma séria "crise da imaginação" (BOND, 1995).

Analogamente, percebemos na aparição das crianças em **Oceano mar** a intenção de provocar a capacidade imaginativa de cada um dos personagens adultos, tão atrofiada. Tal como na teorização propugnada por Bond, Baricco parece querer, por meio da apologia do retorno ao universo infantil, explicitar uma das formas de resgatar o que de humano ainda nos resta: nosso infinito e aguçado dom de imaginar, de ver o mundo com olhos ainda não corrompidos pelo sistema. E isso, a criança, que um dia fomos, poderá nos ensinar.

Daí porque se configure, em nosso entendimento, como possível leitura, a de conceber Dood, Ditz, Dol, Dira e a menina belíssima que

---

[91] BERKELEY, George *apud* CORTELLA, Mario Sergio. Ilusionismos. In: *Folha de São Paulo*, 10 de junho de 2004. Disponível em: www1.folha.uol.com.br/fsp/equilíbrio/eq1006200414.htm
[92] BOND, Edward. Notes on imagination. In: *Coffee: a tragedy*. Londres: Methuen Publishing Ltda. – Methuen Drama, 1995.

dormia na cama de Ann Deverià como aqueles adultos, Bartleboom, Plasson, Ann Deverià, transfigurados em suas próprias peles de criança. Seria como se a criança de cada um acordasse de um longo e letárgico sono, como se renascesse, no contato prévio com o mar, ao chegarem na Estalagem Almayer.

Há um belo ensaio de Giovani Pascoli[93] que busca traduzir o poético intimamente associado à criança que habita em nós, numa verdadeira ode:

*Há, dentro de nós, um menino que não tem só calafrios, mas lágrimas e também júbilos. Quando nossa idade é ainda tenra, ele confunde a sua voz com a nossa. Mas depois, nós crescemos e ele continua pequeno; nós acendemos nos olhos a chama de um novo desejo e ele continua com os olhos fixos em sua serena antiga maravilha; nós engrossamos e enferrujamos a voz e ele nos faz ouvir sempre o seu tímido sino... O tilintar secreto desse sino nós não conseguimos distinguir tão bem na juventude quanto na idade madura, porque naquela, muito preocupados em defender certas posturas de vida, quase não cuidamos daquele ângulo da alma onde esse sino ressoa... Os sinais de sua presença e os atos da sua vida são simples e humildes. Ele é aquele que tem medo do escuro, porque no escuro vê ou acredita que vê; aquele que, diante da luz, sonha ou parece sonhar, recordando coisas jamais vistas; aquele que fala aos animais, às árvores, às pedras, às nuvens, às estrelas; que povoa a sombra de fantasmas e o céu de deuses. Ele é aquele que chora e ri sem por que daquilo que foge aos nossos sentidos e à nossa razão. Ele é aquele que, na morte dos seres amados, consegue dizer aquela expressão pueril, que nos faz derreter em lágrimas e nos salva. Ele é aquele que espontaneamente consegue pronunciar, sem pensar, a palavra grave que nos freia...*

*Poesia é encontrar nas coisas — como posso dizer? — o seu sorriso e a sua lágrima, e isso se faz a partir de dois olhos infantis que olham, simples e serenamente, de dentro do obscuro tumulto da nossa alma.* (PASCOLI, 1897, trad. nossa)

---

[93] Considerada uma verdadeira declaração poética, a *Poetica del Fanciullino* foi publicada, pela primeira vez, na revista *Il Marzocco*, em 1897. Neste ensaio, Pascoli, influenciado pela leitura do *Manual de Psicologia Infantil* de James Sully e da *Filosofia do Inconsciente* de Eduard Von Hartmann, conceitua o que, para ele, vem a ser poesia. Trata-se de um texto composto por vinte capítulos em que se desenvolve o tema do diálogo entre o poeta e sua alma de criança. PASCOLI, Giovanni. Pensieri sull'arte poetica. In: *Il Marzocco*. Firenze: Casa Editrice Marzocco, 17 gennaio, 7 marzo, 21 marzo, 11 aprile 1897.

**A definição da cegueira por Saramago**

José Saramago também parece tocar de perto esta problemática da "deformidade visual". De fato, desde a epígrafe do romance **Ensaio sobre a cegueira** temos: "Se podes olhar, vê. Se podes ver, repara" (SARAMAGO, 1995, p.10).

Analogamente ao romance de Baricco, a obra de Saramago põe o dedo em nossas feridas existenciais, denunciando, por meio da alegoria, a história de uma comunidade que se tornará cega, de pessoas que eram normais, que viam bem e que acabarão por contrair a doença da falta de visão. Somos colocados diante do triste pesadelo de que, talvez, seja necessário ficarmos cegos para reaprender a ver o essencial.

Tanto em Baricco como em Saramago parece fundamental a necessidade de chamar nossa atenção à cegueira generalizada em que vivemos imersos, condicionados e submissos a todo tipo de imagens e apelos, em uma espécie de overdose de elementos visuais. E, numa sociedade em que as consciências são alienadas, não é possível falar em liberdade. Conforme afirma Adorno (1993), somos "prisioneiros a céu aberto" e é exatamente a esse tipo de aprisionamento do ser, cegado pelo sistema, a que se refere a obra de Saramago.

Convém notar, na obra do autor português, que a falta de visão vem ligada a um qualificativo muito característico e repleto de simbologias. Contrariamente ao que dita o senso comum, que assevera que a cegueira é entrar num mundo escuro, o das trevas, necessariamente associado ao negro e à noite, o narrador nos conta que esta cegueira que surge e se instaura em todos os habitantes, exceto na mulher do médico, é uma "cegueira branca". Este detalhe pode remeter a um estado de superabundância luminosa, capaz de cegar, talvez semelhante à mesma sensação que temos quando, em um ambiente totalmente escuro, se acende, de repente, uma luz ou se abre uma cortina.

A novidade é que, ao invés do negro absoluto, teremos o branco, como bem descreve o primeiro personagem:

*Não vejo, não vejo... O cego ergueu as mãos diante dos olhos, moveu--as. Nada, é como se estivesse no meio de um nevoeiro, é como se tivesse caído num mar de leite, Mas a cegueira não é assim, disse o outro, a cegueira dizem que é negra, Pois eu vejo tudo branco...* (SARAMAGO,1995, p.12-13)

As possibilidades de leitura deste romance se abrem ao infinito, talvez porque, no limite, estejamos adentrando o insólito, um absurdo semelhante aos do universo kafkiano.

Mas focando apenas esta espécie diversa de cegueira que aqui se apresenta, de certo modo, estamos tocando o mesmo argumento desenvolvido no romance de Alessandro Baricco, em suas propostas de relativização do olhar. A diferença parece residir no que o romance de Saramago acrescenta à questão. Segundo o próprio Saramago, já que vivemos num Luna Park, nossa percepção é a de um caleidoscópio imagético em que o virtual substitui o real, em que os excessos luminosos daquele "mar de leite de um nevoeiro espesso" não nos deixam mais ver o essencial. No fundo, seria como se as luzes artificiais nos dessem uma ilusão da visão não permitindo, por exemplo, que as luzes naturais das estrelas possam ser descobertas no manto negro da noite.

Em ambos os autores, reconhecemos uma abordagem semelhante àquela que tanto fascinou os filósofos da Ilustração, que acreditavam que todo conhecimento dependeria de nossos sentidos, sendo necessário criar o que denominaram "educabilidade do olhar": "É necessário combater com a educação a cegueira produzida pela educação."

### Ruptura

Voltando aos seres que vão à estalagem Almayer, no romance de Baricco, notamos que, desde o início, aquela sua atitude significa uma ruptura com o que vinha sendo admitido como verdade pré-estabelecida. O oceano mar é o mote que induz à reflexão, à dúvida daqueles que correm o risco da viagem, daquela viagem que é, na verdade, a mais difícil de todas: a que se faz em direção aos labirintos inextricáveis do ser. E, simplesmente, parar para contemplar o mar significa subverter o imediatismo de nossos olhares velozes superestimulados pelo caos imagético em que vivemos. Olhar o mar significa, também, ser visto e deixar-se tocar e curar por ele. Nesta dimensão, as ideias extraídas do romance de Baricco encontram as da fenomenologia de Merleau Ponty. Somos sujeitos enquanto olhamos, mas aquilo que olhamos transcende a situação estática de simples "objetos" porque também somos modificados por aquilo que nos olha. Como bem traduziu Octavio Paz [94]:

*Me vejo no que vejo*
*Como entrar por meus olhos*
*Em um olho mais límpido*
*Me olha o que eu olho*

---

[94] PAZ, Octavio. Blanco. In: CAMPOS, Haroldo. *Transblanco: em torno a Blanco de Octavio Paz.* Rio de Janeiro: Guanabara, 1985; 2.ed. ampliada. São Paulo: Siciliano, 1994.

*É minha criação*
*Isto que vejo*
*Perceber é conceber*
*Águas de pensamentos*
*Sou a criatura*
*Do que vejo*

    É interessante lembrar que Alessandro Baricco e José Saramago são autores que escolhem como argumento recorrente, não só em sua ficção, mas também em seus ensaios críticos, como teóricos e como intelectuais atuantes, a necessidade de tratar dos temas fulcrais que nos atingem nestes nossos tempos confusos, como o problema da alienação enquanto distorção da acuidade visual e, enfim, dos nossos modos de percepção.

    O autor italiano propõe a sua resistência ao problema, conferindo às crianças o poder de guardar nossa capacidade de ver e imaginar, acordando os adultos do sono letárgico em que dormiam, ensinando-os a ver profundamente o oceano mar.

    O autor português, também ele, a seu modo, evidencia o problema da saturação de imagens que invadem nossa visão, gerando como consequência a este excesso de luz, uma cegueira em que se vê tudo, sem que se veja nada. E o que é pior: numa sociedade em que os homens se tornam cegos, a humanidade se perde em relações de poder bárbaras e violentas.

    Os dois parecem advertir a algo de contraditoriamente belo, apesar de tudo: ainda somos capazes de recuperar aquilo que nos faz "humanos". Talvez abrindo a janela das "estalagens" de nossas almas, cegados não mais pela doença dos que só conseguem ver um mar de leite branco de um espesso nevoeiro, mas sim, o azul profundo e estético de um oceano mar infinito, a perder de vista.

## SUSTENTAÇÃO INSTÁVEL

Não é difícil notar que **A paixão de A.**, do escritor italiano contemporâneo Alessandro Baricco[95], aqui lançado pela Companhia das Letras em 2009, trava um interessante diálogo com aquele que foi agraciado como "o mais importante romance norte-americano do pós-guerra", **O apanhador no campo de centeio**, de J. D. Salinger, de 1951.

A compor os cenários das duas obras, temos, basicamente, como pano de fundo, a formação às avessas de adolescentes em seus embates e questionamentos que, inevitavelmente, culminam com a perda da inocência. De certa forma, o período conturbado que vivencia o protagonista anônimo do romance do escritor turinês, com seus 16 anos, na década de 1970, em Turim (confessamente carregado de tintas autobiográficas), evoca a via-crúcis do jovem do romance de Salinger (também de 16 anos), Holden Caulfield, em seu perambular desnorteado por Nova York, durante apenas três dias. E nesse sentido, não parece ser nada aleatório o nome escolhido por Baricco para a escola de narrativa que criou em sua cidade natal, homenageando explicitamente o personagem americano: *Scuola Holden*.

**A paixão de A.** é narrada em primeira pessoa por aquele adolescente, que, junto a outros três amigos, Luca, Bobby e Santo, verá a estabilidade de sua vida muito previsível desmoronar. Daí por que, embora toque o universo do *Bildungsroman*, o que percebemos, neste caso, é o que se poderia chamar de "formação nada edificante" ou — ainda em termos procedimentais — de uma investida na releitura daquele gênero, na qual a "formação" se dá muito mais por meio das reviravoltas existenciais, em que a maturação dos adolescentes está visceralmente ligada ao processo de humanização por que passam, em consequência das rupturas, descobertas e perdas, do que pela construção apolínea, falso moralista e conformista, forjadora de caracteres.

---

[95] Alessandro Baricco nasceu em 1958, em Turim. É considerado um dos principais autores italianos contemporâneos. É autor de vários romances, entre eles *Seda, Sem sangue, Esta história, Mundos de vidro, Cidade, Oceano Mar*, além de livros de ensaios e apresentações teatrais como o monólogo *Novecentos*, adaptado para o cinema por Giuseppe Tornatore no filme *A lenda do pianista do mar*. Para informações mais detalhadas sobre a vasta obra do autor, gostaria de remeter à minha tese de doutorado, defendida na F.F.L.C.H. – USP – Teoria Literária e Literatura Comparada (em 2013): FANTIN, Maria Célia. *Sustentação instável. A intertextualidade em Alessandro Baricco*, disponível em: www.teses.usp., br/teses/disponíveis/8/8151/tde-01082013-104034/.
Neste texto, publicado no Jornal Rascunho em outubro de 2012, faz-se referência, sobretudo, à obra *A paixão de A*. Trad: Roberta Barni, São Paulo: Cia das Letras, 2009

A intensificar ainda mais as regras da artificial normalidade, herdada no seio da tradicional família de classe média turinesa, há o fato de que esta se ancora num catolicismo ferrenho, o que, o tempo todo, é alvo da crítica contumaz do inconformado jovem narrador:

*[...] Todos temos dezesseis, dezessete anos — mas sem que realmente saibamos, é a única idade que podemos imaginar: mal e mal sabemos do passado. Somos muito normais, não há outro plano previsto além de ser normal, é uma inclinação que herdamos no sangue. Durante gerações, nossas famílias trabalharam para refinar a vida até tirar dela qualquer evidência — qualquer aspereza que pudesse nos destacar ao olhar distante...*

*[...] No enxoval da normalidade regulamentar, complemento irrenunciável é o fato de que somos católicos — crentes e católicos. Na realidade essa é a anomalia, a loucura com a qual revertemos o teorema da nossa simplicidade, mas tudo nos parece muito rotineiro, regulamentar. Acreditamos, e não parece haver outra possibilidade. E, no entanto, cremos com ferocidade, e fome, não de uma fé tranquila, mas de uma paixão descontrolada, como uma necessidade física, uma urgência. É a semente de certa loucura — a condensação evidente de um temporal no horizonte. Mas pais e mães não leem a tempestade que se aproxima, só a falsa mensagem de uma branda aquiescência quanto aos rumos da família: assim nos deixam ir ao largo. Jovens que passam o tempo livre trocando os lençóis de doentes esquecidos na própria merda — isso ninguém lê pelo que é —, uma forma de loucura. Ou o gosto pela pobreza, o orgulho pelas roupas miseráveis. As orações, o orar. O sentimento de culpa, sempre. Somos desajustados, mas ninguém quer perceber isso. Cremos no Deus dos Evangelhos.* (BARICCO, 2009, p.16)

**Androginia**

O elemento que acabará provocando a subversão de todas essas regras será A., ou melhor, Andre, a adolescente de família rica cujo próprio nome encerra a androginia que tanto intriga e fascina os demais. Ela tem tudo o que as outras moças do lugar não têm: uma beleza masculina.

*[...] O nome dela é Andrea — que em nossas famílias é um nome de meninos, mas não na dela, na qual até para dar nomes instintivamente há certa tendência ao privilégio. E não pararam aí, pois afinal a chamam de Andre, com o acento sobre o A, e é um nome que existe só para ela. Assim sempre foi, para todos, Andre. É por natureza muito bonita, quase todos entre eles são assim, mas é preciso dizer que ela é especialmente bonita, e sem querer. Tem*

*um quê de masculino. Uma dureza. Isso facilita as coisas para nós — somos católicos: a beleza é uma virtude moral e não tem nada a ver com o corpo, portanto a curva de um traseiro não significa nada, nem o ângulo perfeito de um tornozelo delgado tem de significar alguma coisa: o corpo feminino é o objeto de uma sistemática remissão.* (BARICCO, 2009, pp.18-19)

Será justamente Andre que, por "não ser de ninguém, mas também de todos", iniciando os demais nos mais variados jogos de sedução, ajudará aqueles adolescentes a descobrirem a própria sexualidade, até então extremamente reprimida.

### Pasolini e Bertolucci

Carregando nas tintas das experimentações à la "sexo, drogas e rock'n'roll" em que todos eles são envolvidos, certas passagens do romance remetem a algumas cenas de filmes como *Teorema* (1968), de Pasolini, em que um visitante misterioso (no romance de Baricco, de modo análogo, esse papel é encarnado por Andre), que se hospeda na casa de uma família burguesa, vai, aos poucos, seduzindo a empregada, a mãe, o filho, a filha e, por último, o pai. Ou ainda, *Os sonhadores* (2003), de Bertolucci, em que o jovem estadunidense Matthew chega a Paris, em maio de 1968, para estudar francês, e acaba se envolvendo num triângulo amoroso e incestuoso com dois irmãos, Isabelle e Theo.

### Apologia da queda

Mas, para além dessas descobertas e perdas de inocência de jovens que, em contato com o diverso, ousado e fascinante, deixam-se levar, revertendo, de modo radical, preceitos enrijecidos da falsa moral burguesa de suas tradicionais famílias, obsessiva e doentiamente católicas, Baricco, no fundo, retoma um dos temas mais caros e recorrentes de sua vasta poética ficcional, qual seja o da apologia da queda. De fato, em outras de suas obras-primas, como **Mundos de vidro** (1999), por exemplo, todos os personagens projetam sonhos e os concretizam na construção de seus castelos particulares (grandes empreendimentos representativos do espírito vigente, no início do século 20, como ferrovias, palácios de cristal, etc.) para, afinal, presenciarem, um a um, suas respectivas desintegrações, num viés de aguçada crítica à febre capitalista daquela época, já que como Marx anunciara: "Tudo que é sólido desmancha no ar".

É na queda e só a partir da constatação da instabilidade dos sistemas, das regras e da vida, enfim, que, para Baricco, reside a chance de verdadeira humanização, que implica, necessariamente, em olhar para o diverso, sem nenhum tipo de preconceito. Daí por que, neste **A paixão de A.**, a certa altura, o narrador observe:

*[...] Porque a parede de pedra é sólida, mas em seu cerne sempre carrega um encaixe fraco, uma sustentação instável. Ao longo do tempo aprendemos com precisão onde — a pedra oculta pode nos trair. É no ponto exato em que apoiamos todo o nosso heroísmo, e todo o nosso sentimento religioso: é onde recusamos o mundo dos outros, onde o desprezamos, por certeza instintiva, onde sabemos ser insensato, com evidência total... Rompe-se a certeza da pedra e tudo desaba...* (BARICCO, 2009, p.83)

**Emaús**

O título original do romance é *Emmaus*, e quando nos aproximamos da metade do enredo, o narrador confessa que ele e seus amigos adolescentes gostam muito desse episódio bíblico e decide recontá-lo. Como se sabe, alguns dias depois da morte de Cristo, dois homens caminham pela estrada que leva à aldeia de Emaús, discutindo sobre o que acontecera no Calvário. Um terceiro homem se aproxima deles, pergunta-lhes sobre o que estão falando e pede que lhe contem o acontecido. Como era muito tarde, aqueles o convidam para que fique:

*[...] Durante o jantar, o homem reparte o pão, com naturalidade. Então, os dois entendem e reconhecem nele o Messias. Ele desaparece.*

*Já sozinhos, eles dizem: Como pudemos não entender? Por todo esse tempo ele esteve conosco, o Messias estava conosco e nós não percebemos...* (BARICCO, 2009, p.61)

Ainda que às avessas, ressignificando a passagem de Emaús por meio da excêntrica personagem de Andre e de sua revelação final (ela poderia, talvez, ser interpretada como a personagem que encarna o Cristo anti-herói, para o qual ninguém tem olhos compreensivos), esta obra de Alessandro Baricco acena — ainda que de modo indireto — a uma das questões mais agudas da Europa contemporânea (sobretudo da Itália): a do preconceito acirrado de grande parte de europeus xenófobos em relação às mais diversas levas migratórias, que ali aportam a todo o momento.

**Olmi e Crialese**

Transcendendo a problemática da adolescência em seu processo turbulento de formação, ao apontar a sistemática rejeição do outro, do que é diverso, pelos sistemas opressores de dominação (sejam políticos e/ou religiosos), o famoso autor italiano demonstra estar em consonância com alguns de seus conterrâneos cineastas, críticos destes nossos tempos, que denunciaram os flagelos sofridos pelos imigrantes clandestinos em seu país, tais como Ermanno Olmi, em *Il villaggio di cartone* (2011), e Emanuele Crialese, em *Terraferma* (2011, premiado na 68ª *Mostra Internazionale d'Arte Cinematografica di Venezia*).

Em outras palavras, "como não pudemos perceber?" que o outro — seja a excêntrica Andre o elemento estranho, seja o imigrante obrigado a buscar uma *Terra firme* — representa, em verdade, a figura dos enjeitados, à margem de todos os sistemas, encarnações demasiado humanas de um Cristo que nos negamos a ver?

## LUIGI PIRANDELLO: O FILHO DO KAOS

*Minha arte é cheia de compaixão por todos aqueles que iludem a si próprios. Mas, é inevitável, que esta compaixão seja seguida pelo escárnio feroz a um destino que condena o homem à mentira.*
Luigi Pirandello

Na vasta produção literária e dramatúrgica de Luigi Pirandello, há um eixo central que parece orientar qualquer tipo de análise que se queira fazer sobre o grande autor. Como fio resistente, a conduzir a composição deste imenso e colorido bordado ficcional, está o conceito originalíssimo que ele desenvolveu sobre o humor. De fato, embora saibamos que o humorismo e sua conceituação remontem à antiguidade, o que melhor o caracteriza, hoje, é a natureza dividida do homem moderno. Entre os vários autores que tratam da questão deste "homem ao meio", apenas para lembrar um, Italo Calvino em sua famosa trilogia: **O barão nas árvores**, **O visconde partido ao meio** e **O cavaleiro inexistente**, além de tantos outros como Italo Svevo, Georg Büchner, Dostoiévski, Max Frisch, Camus, etc., como bem ilustra Victor Brombert, no estudo: **Em louvor de anti-heróis**.

O que Pirandello acrescentou como pedra de toque de seu repertório ficcional, inovando, de certo modo, a representação desse mal-estar do homem moderno, foi o fato de que seus anti-heróis não vivem, mas vêem-se vivendo. É por esse viés que ele atualiza o trágico na modernidade, na medida em que aponta à inconstância de seus personagens, sempre em crise, devido ao aprisionamento dilacerante do inevitável jogo de máscaras que se lhes impõe. Esses seres problemáticos, em essência, representam a angústia de quem tem que dar conta de uma máscara exterior e de outra interior, quase sempre discrepantes. Daí porque o crítico, tradutor e organizador destas **40 novelas de Luigi Pirandello**, escritas entre 1894 e 1934, Maurício Santana Dias, em seu prefácio, acertadamente, constata:

*As figuras criadas por Pirandello são indivíduos partidos ao meio, como Mattia Pascal, ou pulverizados, como Vitangelo Moscarda. "Heróis da vida intersticial", diz o crítico Giancarlo Mazzacurati, são todos eles "sobreviventes de uma catástrofe da ideologia oitocentista cujo estrondo só se ouvirá plenamente durante a Grande Guerra. Eles já pedem para viver não acima nem dentro, mas debaixo da história: e, enquanto os Andrea Sperelli ou os Giorgio Aurispa (personagens de Gabriele D'Annunzio) reclamavam uma identidade mais forte do que o tempo que estavam atravessando [...], estes, ao contrário, buscarão uma ética mais fraca ou flexível, em matrizes intemporais ou nas dobras secretas de uma sociedade já massificada."*

A sustentar essa linha de raciocínio, o conceito pirandelliano de humorismo traduz o humor como uma qualidade da expressão em qualquer gênero literário e define-se, basicamente, pela busca da criação de um sentimento do contrário. Ora, poderíamos afirmar que qualquer efeito cômico precisa destacar o contrário, a composição de imagens em contraste, para atingir seu propósito. Mas o que Pirandello traz de novo a isso é que ele põe em cena os processos psíquicos de interiorização do cômico, a partir da reflexão, que, em nenhum momento se confundem com a ironia.

Apenas quando se dá conta do que lhe está ocorrendo, por um doloroso processo de internalização dos fenômenos ao redor, ao sentir, na própria pele, o flagelo da descoberta de que tudo é ilusório é que o protótipo deste anti-herói transforma a percepção em sentimento. E o humorista será o artífice dessa farsa trágica da vida.

**Como o outro me vê**

O nó trágico, então, só se ata porque o anti-herói tem plena consciência da farsa. Como se tomasse distância da própria vida e visse a si mesmo, ridicularizado pelo olhar do outro, que, onipotente, será o espelho a apresentar as deformidades que o seu olho egocêntrico e vaidoso, muitas vezes, não consegue ver. Se não refletisse sobre, se não fizesse esse exercício continuado de autopercepção que o crítico Giovanni Macchia compara a uma "sala de tortura", não cairia na dúvida atroz e permanente: vemo-nos na nossa verdadeira realidade ou como gostaríamos que nos vissem? Essa é, por exemplo, a infeliz surpresa que o protagonista Vitangelo Moscarda tem logo às páginas iniciais de **Um, nenhum e cem mil** (último romance de Pirandello, que levou dez anos para ser escrito, de 1916 a 1926) ao descobrir, por meio do olhar de sua mulher, o defeito do próprio nariz. Essa espécie de susto desencadeará a dúvida que o perturbará intensamente, a ponto de fazê-lo imaginar-se, não mais um único Vitangelo, mas mil, pois haveria uma identidade diversa, respectiva a cada um dos olhares que os outros lhe dirigissem. Ao final, diante do insuportável, dessa fragmentação total do eu, acabará reduzido a "nenhum", fora do sistema, internado como louco.

O desconcerto advém do choque da revelação do inusitado, do imponderável, como se, de repente, fôssemos desnudados, diante de um jogo especular, em que se evidenciasse aquilo que, por conveniência, nossa auto-imagem não revela. A consciência de si implica na definição de consciência como: os outros em nós.

"Pirandello reconhece e transmite de maneira premente", diz Raymond Williams, em **Tragédia moderna**, "o sofrimento que leva ao auto-engano e à fantasia". É, precisamente, desse choque entre a ilusão que construímos sobre nós mesmos, em confronto com a imagem que os outros criam de nós, que o autor italiano extraiu o sumo deliciosamente amargo de suas narrativas, num cômico interiorizado, filtrado pela reflexão.

O riso melancólico, assim, se configura não apenas pela justaposição de elementos paradoxais, mas pela exacerbada percepção que, na minuciosa atenção a cada detalhe, o anti-herói pirandelliano vai descobrindo sobre si mesmo, em relação aos outros.

### O perfume dos limões da Sicília

Como marca indelével, sublime cicatriz do corte umbilical, da qual não quer se livrar nunca, Pirandello carrega sua Sicília, terra mãe impregnada em tudo que toca e expressa. Dela parte e a ela sempre torna, como nas viagens de eterno retorno à casa ancestral. Mas, desta vez, as imagens por contraste a compor a primeira novela que abre o livro, intitulada *Limões da Sicília*, não conseguirão preservar o cheiro peculiar daqueles limões, ícones de representação da terra idealizada, na preservação irretocável da memória original, quase paradisíaca.

O anti-herói Micuccio terá que perfazer a dura viagem, partindo da província de Messina, uma noite e um dia inteiro de trem, para ver estilhaçar-se, em cacos, o vítreo espelho de sua ilusão.

Há cinco anos, teria tirado a bela Teresina, sua noiva, da miséria, incentivando-a a investir na voz canora, como forma de libertá-la da vida de sacrifícios que levava na província. Pagara-lhe o professor de canto, comprara-lhe até um piano, a fim de que aprimorasse os dons musicais. Tanto fez que a jovem acabou sendo convidada a mudar-se para Nápoles, a fim de seguir promissora carreira artística. E assim, acompanhada da mãe, Marta, se fôra e, desde então, nunca mais a vira. Porém, ele mantivera aceso o sentimento que nutria por ela, mesmo a distância, imaginando que a recíproca fosse verdadeira.

O que se dá, entretanto, quando Micuccio chega a Nápoles, é a construção de uma série de elementos e imagens em contraste, que vão criando, pela habilidade artesã da voz narrativa em terceira pessoa, aquele espelho que faz com que ele descubra o que antes não conseguia ver. Melhor ainda, faz com que o protagonista se veja vivendo, num esmiuçar torturante de percepção da verdade.

O que ele passará a ver, aos poucos, é comparável ao abrir lento e quase sádico das cortinas do palco teatral, num procedimento requintado de dramaturgia narrativa que, adiando a revelação, sabe do poder desse descortinar arrastado e não abrupto ou pontual. Não é à toa que o organizador destas novelas elegeu como um dos critérios para sua seleção, as que se prestaram, a posteriori, para o teatro.

Assim, Micuccio terá de perfazer, depois da travessia concreta do estreito à península, a mais difícil viagem: a da perda das inocências, por meio da constatação de que o luxo da casa de Teresina — agora, conhecida como Sina Marnis — era fruto, não do brilhantismo de uma carreira honesta de cantora bem-sucedida, mas sim de certos favores, concedidos em retribuição a seu comportamento exuberante e libertino.

Numa primeira leitura, talvez, se pudesse aproximar este simplório anti-herói do viés, um tanto patético, daqueles personagens demasiadamente crédulos e desprotegidos, que acabam espoliados, vítimas do sistema que não abre espaço para inocências. Um pouco como a prostituta Cabíria de Fellini que, cega de paixão, presa fácil das armadilhas que cria para si mesma, acaba cedendo às investidas do sedutor inescrupuloso que só visava a tomar-lhe as economias. Mas, Cabíria, também, um tanto quanto a Macabéa de Clarice Lispector, possui a aura iluminada e frágil que a eleva à condição sublime dos puros que, inevitavelmente, pela falta de consciência do que lhes ocorre, sucumbem às mais diversas atrocidades. São como pássaros de gaiola, não adestrados ao vôo, que terminam nas garras afiadas de uma sociedade cínica e desumana.

Já este Micuccio pirandelliano, exemplo pontual no elenco de tantos outros crédulos, bem-intencionados, complexifica o *pathos* das anti-heroínas mencionadas. Seu sofrimento é aguçado pela consciência que passa a ter do ridículo de seu próprio papel.

O que Pirandello acrescenta, como um refinamento de espírito desses tipos demasiado frágeis, é a dialética-força que passam a adquirir, por meio dos exercícios continuados de auto-reflexão. Muito mais do que o mero compadecimento de si mesmos, que poderia induzir ao fácil melodrama, tem-se aqui o distanciamento necessário do que vai vendo a si próprio, tomando ciência do riso sarcástico que lhe dirigem:

*Estava tudo acabado... fazia tempo, fazia tempo, e ele, tolo, ele, estúpido, só se dava conta agora. O povo da cidade havia avisado, e ele se obstinara em não acreditar... E agora, que papel fazia ali, naquela casa? Se todos aqueles senhores e se o próprio criado soubessem que ele, Micuccio Bonavino, moera os ossos para vir de tão longe, trinta e seis horas de trem, ainda seriamente se acreditando o noivo daquela rainha, quanta risada dariam os senhores e o criado e o cozinheiro e o ajudante e Dorina! Quanta risada, se Teresina o arrastasse diante deles, ali na sala, dizendo: "Olhem, este pobre coitado, tocador de flauta, diz que quer ser meu marido!"*

Com o intento de compor o que chama de sentimento do contrário, na base de sua teoria sobre o humor, Pirandello lançará mão de uma série de artifícios do narrar, consciente de que, para atingir o riso melancólico, faz-se necessário exagerar, ao limite da deformidade e da loucura, o processo de ruptura da imagem que o indivíduo tem de si mesmo com a que passará a ter, a partir dos espelhos que os outros lhe mostrarem. Por isso, a carga dramática precisa estar concentrada nos processos psíquicos de interiorização que o anti-herói vai desenvolvendo, ao longo da narrativa, o que estabelece o elo necessário entre ser e parecer, perceber e sentir.

A personagem contraponto desta novela é a mãe, dona Marta que apenas por meio de gestos, olhares e poucas palavras revela o seu desgosto, em relação à vida desregrada da filha.

Logo ao início, quando da descrição de Micuccio, chegando à casa da noiva, conta-se que ele carregava, de um lado, uma sacola suja, de outro, uma velha maleta em contrapeso. Dentro da simples sacola, se saberá, apenas, ao final, ele trazia perfumados limões sicilianos. Seu intento inicial era o de presenteá-los a Teresina. Quando descobre que ela já não era mais a mesma, resolve dá-los a Marta, como um consolo aos desalentos da pobre velha, que os aceita, comovida.

No desfecho, totalmente desiludido, mais pela consciência de ter tido que se ver com as lentes dolorosas do auto-engano, do que pelo fato em si, Micuccio parte.

Teresina, que se dedicava a entreter elegantes cavalheiros no salão de festas da bela casa, se dirige à ante-sala e vê os limões nas mãos da mãe. Numa atitude intempestiva, sob os protestos de Marta, decide exibi-los aos convidados, gritando eufórica: "— Limões da Sicília! Limões da Sicília!"

Não há como não notar certa semelhança entre o trajeto que os limões vão ter que cumprir, desde que saem da Sicília, à travessia do próprio Micuccio. Originalmente frescos e perfumados, puros representantes das dádivas da terra mãe, dos recônditos lugares da memória do que se cuida ritualisticamente, os limões, assim como o protagonista, ao chegar, estão intactos, preservados nos invólucros do que ainda não se sabe.

Depois que a verdade vem à tona, ainda como último resquício da imaculada terra, há a passagem significativa dos limões, das mãos de Micuccio para as de dona Marta. Aqui, tem-se a impressão de que, ao menos, o sumo da importância de certos valores não se deixará tragar pela voragem das transformações sofridas pelos personagens, nem pelo inevitável desgaste das relações humanas, no decurso do tempo. Como se o perfume daqueles frutos insistisse em permanecer, apesar dos novos e apelativos odores, impregnando o coração dos que o inalam, com o cheiro sinestésico de uma identidade, de um reconhecimento.

Porém, nem esse mínimo alento, será concedido.

Ao retirar das mãos da mãe os limões, levando-os à sala dos prazeres de sua nova vida, a ex-Teresina, pobre moça de Messina, noiva de Micuccio, aspirante à nobre carreira de cantora, assume, por completo, sua nova desgarrada identidade. Ela, agora, é a exuberante Sina Marnis e não há nada que a faça retornar nostalgicamente às próprias raízes, nem mesmo o perfume inigualável dos limões sicilianos.

**Teatro até a alma**

Foi com o sucesso de sua dramaturgia que Pirandello obteve reconhecimento mundial. Explorando, ao máximo, os limites da arte da representação, buscou uma nova linguagem cênica, metateatral, especialmente, a partir da conceituação de personagem.

De fato, nesta antologia de quarenta novelas, em que trinta vieram a se tornar peças, há três narrativas — *Personagens*, *Tragédia de um personagem* e *Conversas com personagens* — que serão o germe inicial de **Seis personagens à procura de autor**, sua obra dramatúrgica mais famosa.

Nelas, o que se evidencia é a passagem da condição de persona à de personagem, como se, de repente, importasse, acima de tudo, revelar, escancaradamente, o que, via de regra, se esconde atrás dos bastidores. Trata-se da tentativa de explicitar o mecanismo e a magia da criação artística, começando pela desintegração do espaço teatral e pela angústia de personagens, que procuram um autor que as revele integralmente.

Antes de serem uma plausível reflexão teórica, a respeito do teatro propriamente dito, estas novelas abrangem a essência de uma verdadeira *Ars Poetica*, aplicável aos conceitos de ficção literária e de arte em geral.

Na primeira delas, *Personagens*, um narrador escritor receberá, em audiência, "os senhores personagens" de suas futuras novelas. O que mais chama atenção, em seu discurso, monológico e direto, é que ele busca apresentar uma teoria sobre como a verdadeira arte deve se reger. De modo veemente, ele critica a postura artística que se fixa em padrões rígidos que "tornam as almas imóveis".

Contrariamente aos artifícios de uma arte que visa à placidez, num mundo sem obstáculos imprevistos, que deformam o caráter dos indivíduos, questiona:

*Na natureza, não encontramos o ouro misturado com a terra? Pois bem, os escritores jogam fora a terra e apresentam o ouro em moedas raras, de metal puríssimo, bem fundido, bem pesado, com suas marcas e emblemas bem impressos. Mas as experiências ordinárias, os particulares comuns, em suma, a materialidade da vida tão variada e complexa não contradizem asperamente todas essas simplificações ideais e artificiosas? Não constrangem a ações, não inspiram pensamentos e sentimentos contrários a toda lógica harmoniosa dos fatos e dos caracteres concebidos pelos escritores? E o imprevisível que há na vida? E o abismo que há nas almas?*

No fundo, esse tom de indignação reage a um conceito de arte, que vigorou especialmente até os questionamentos propostos, sobretudo, em meados do século 19, a partir de Baudelaire. Pirandello, em consonância com a consciência narrativa do personagem escritor de sua novela, reivindica, a mesma perda do halo do poeta francês do *Spleen* de Paris, que deixa cair sua divina coroa de artista, no lodaçal de macadame. A arte encontra-se, sim, nos lugares mais apoéticos e a nova estética precisa da dessacralização, para enaltecer a vida, com todas as suas particularidades, inclusive as mais deformantes, grotescas, imprevisíveis.

Em outros termos, saindo do púlpito, descendo, decaindo ao nível do quotidiano vulgar e pleno de banalidades, o artista terá condições de sujar as mãos de vida, podendo, enfim, representá-la visceral e integralmente. Talvez, como a metáfora do anjo caído de *Asas do desejo*, de Wim Wenders, que abdica, por amor, de sua condição estável, descendo a terra, sofrendo até as últimas consequências, o fato de ter se humanizado.

Indignado contra os personagens que lhe pedem para retratá-los belos, por não suportarem a descrição minuciosa de seus defeitos físicos e morais, este personagem escritor empunha um grande espelho, que cria a alteridade necessária, para que cada indivíduo se conheça, a partir do olhar do outro, aquele capaz de lhe fazer ver o que sua miserável condição humana não permite.

Assim agindo, preconiza uma nítida poética da criação, não apenas na arte teatral, mas como postura filosófica de possível leitura do mundo.

No texto sequencial, *A tragédia de um personagem*, dialogando com o anterior, teremos a mesma voz narrativa do escritor, na abertura, só que, dessa vez, uma das personagens é que acabará assumindo as rédeas do narrar, propondo ao autor uma revisão dos modos como encara seus personagens.

É assim que o doutor Fileno, indignado, pede ao autor que lhe conceda o privilégio de viver, mas com a dignidade, capaz de dar conta de sua existência, para além dos limites do papel:

*Ninguém melhor do que o senhor pode saber que nós somos seres vivos, mais vivos do que aqueles que respiram e vestem roupas; talvez menos reais, porém mais verdadeiros!... Quem nasce personagem, quem tem a ventura de nascer personagem vivo, pode até mesmo esnobar a morte. Não morre mais! Morrerá o homem, o escritor, instrumento natural da criação; a criatura não morre mais! E, para viver eternamente, não necessita de dons extraordinários ou de feitos prodigiosos. Diga-me quem era Sancho Pança! Diga-me quem era d. Abbondio! Entretanto eles vivem para sempre porque, germes vivos, tiveram a sorte de encontrar uma matriz fecunda, uma fantasia que os soube criar e nutrir para a eternidade.*

Seja como personagem autor, ou como personagem à procura de autor, o que essas consciências narrativas proclamam, acima de tudo, é a relativização dos modos de narrar, a volubilidade das máscaras e dos papéis que podem ser múltiplos, porque infinitas são as possibilidades de ver e perceber a realidade ao nosso redor.

A desintegração do palco cênico corresponde à desintegração da identidade coesa do eu em equilíbrio, para ceder espaço ao universo instável e fragmentário de personagens em crise, que representam a vulnerabilidade do homem moderno, numa verdadeira ode ao caos.

### Gerado no Kaos

Na cena que abre o filme *Kaos* dos irmãos Taviani, adaptação feita a partir de contos e novelas de Luigi Pirandello, quase como epígrafe ilustrativa do que se passará a exibir ali, há a seguinte confissão do escritor:

*... eu, portanto, sou filho do Caos, não alegoricamente, mas de fato, pois nasci num campo situado perto do imbricado bosque chamado Càvusu pelos habitantes de Agrigento: corruptela dialetal do genuíno e autêntico vocábulo grego Kaos.*

Se pensarmos que a palavra caos pode ser definida, filosoficamente, como o vazio obscuro e ilimitado que precede e propicia a geração do mundo, talvez encontremos aí um possível índice para decifrar a esfinge que guarda toda obra do famoso autor italiano.

Assumindo-se como caótico, desde sua gênese, Pirandello criador encarna, seja como ficcionista, dramaturgo ou teórico, o célebre preceito nietzscheano de que "é preciso haver um caos dentro de si, para gerar uma estrela dançante".

É, sem dúvida, a partir do caos dilacerante, fragmentário e múltiplo do homem moderno, travestido em suas infinitas máscaras que, ao fim, apenas revelarão a angústia de um vazio existencial, que ele reinventa o trágico, no início do século 20.

Toda sua matéria ficcional, em síntese, parece advir da consciência dessa inevitável cisão entre ser e parecer, o que implica necessariamente tocar na exaltação da decadência como fonte inesgotável de transfiguração da vida. Daí o porquê de se buscar na dinâmica imperfeita e caótica da vida como ela é, cheia de particularidades que fogem a qualquer idealização apolínea, a poção dionisíaca da arte. Daí o porquê de não ser possível atender ao pedido de certos personagens, que interpelam o autor, para que os retrate belos. Ao contrário, é preciso que se lhes apontem os defeitos, pois estes são os únicos antídotos contra a doença do auto-engano, das trapaças da ilusão.

Não é à toa que o travestir-se, disfarçar-se, mascarar-se está na base da criação pirandelliana. De certo modo, como afirma Nietzsche, essa é uma das formas encontradas pelo homem moderno para combater o medo e a fragilidade, diante do horror da total desintegração do eu.

O mascaramento nasce, portanto, da insegurança, do constante estado de alerta e ameaça, em que vive o homem moderno, e que se alarga e arrasta a estes nossos tempos hipermodernos, porque somos nós os herdeiros de Hiroshima, holocaustos, do final das utopias.

A genialidade de Pirandello, nesse sentido, vai muito além das questões da identidade humana (**Um, nenhum, cem mil**) ou da urgência de se criar outra vida dentro daquela que se vive, para não sucumbir às pressões de toda ordem (**O falecido Mattia Pascal**).

À sua época, foi o escritor italiano que melhor compreendeu a necessidade de redimensionar o conceito de arte, que, como representação, precisa abrir-se a um universo que se renova a cada instante, já que em constante metamorfose.

Em Pirandello, a origem genesíaca do caos assume a força movediça e vulcânica da Itália meridional, que, justamente, por fazer a terra toda tremer, traduz a instabilidade do olhar e do sentir, ensinando-nos que nada é, apenas parece ser.

# SUMÁRIO

A alma de Maria Célia e as formas da Literatura ..................... 5
A precisão do bote ..................... 10
A sabedoria da incerteza ..................... 20
A tradução como particular experiência
de leitura - Triz, de Pedro Süssekind ..................... 26
Aldeia violada ..................... 36
Árvores arrancadas à força:
a questão migratória em Vertigem do chão de Cezar Tridapalli ..................... 41
As duas almas de Primo Levi ..................... 60
As reverberações da onda ..................... 66
Assombroso abandono ..................... 76
Como um vírus: A doença do salazarismo e suas manifestações em
A máquina de fazer espanhóis de valter hugo mãe
e Afirma Pereira de Antonio Taucchi ..................... 87
Estranho dom ..................... 103
Figurações do claustro ..................... 113
Loucura lúcida ..................... 125
O dilema do mandarim ..................... 130
O direito à pausa ..................... 142
O guardião de metamorfoses ..................... 149
O inventor de anjos maus ..................... 159
O legado de Perseu ..................... 170
O preso que sonhava ..................... 183
Paisagem de homem e menino ..................... 193
Pintando o próprio rosto ..................... 197
Quando o olhar se faz visão: Oceano mar de Alessandro Baricco
e Ensaio sobre a cegueira de José Saramago – um diálogo ..................... 201
Sustentação instável ..................... 210
Luigi Pirandello: o filho do kaos ..................... 214